〈家族〉のかたちを考える ②

家族と病い

比較家族史学会監修

田間泰子 編
土屋　敦

法律文化社

シリーズ「〈家族〉のかたちを考える」によせて

　1982年に多様な分野の研究者が集り、比較家族史学会（当初は比較家族史研究会）が発足しました。1988年刊行の『シリーズ家族史1　生者と死者：祖先祭祀』以来、「シリーズ比較家族」、「家族研究の最前線」とシリーズ名は変わってきましたが、本学会はこれまで毎年開催されるシンポジウムの成果を監修し、世に問うてきました。これは他の学会にはみられない、比較家族史学会独自の試みだと自負しています。

　21世紀に入って家族を取りまく状況は大きく変化しています。今日では家族を当たり前のこととして語るのが難しくなっています。家族のなかで生まれても、最後は一人で死んでいく人が増えています。家族に関する言説も多様化しています。メディア上に「家族の絆」を賞賛する声があふれている一方で、頻発するDVを問題視して家族を暴力の温床とみなす人もいます。「血のつながり」を絶対視して生殖医療技術に頼る親もいれば、多様な「育ての親」のもとで育っていく子どももいます。若い世代では同性婚など多様な家族のあり方を求める人が増えていますが、依然としてLGBTQ+をめぐる動きに違和感を抱く人もいます。

　新シリーズ「〈家族〉のかたちを考える」では、学会の原点である歴史と地域という二つの比較軸の両立を目指します。広くグローバルな視野が求められる現代において、法学・社会学・文化人類学・歴史学・教育学・人口学・民俗学など専門領域を異にする研究者が集まり、学際性を前面に出す比較家族史学会らしいオリジナリティあふれる研究成果を公刊したいと考えています。

　2020年から世界は新型コロナウイルスに翻弄されたが、今日、調査と学会活動も従来のように活発化しています。現在、家族が直面するさまざまな問題に正面から向き合うと同時に、歴史からも多くの経験を学び、〈家族〉のかたちを考えるための新しい視点を読者に提供したいと思います。

　2023年3月

比較家族史学会

目　次

シリーズ「〈家族〉のかたちを考える」によせて

序　章　「家族と病い」の比較家族史にむけて ⋯⋯ 田間　泰子　1

   1　「家族と病い」の歴史　1

   2　「病い」という視座　4

   3　本書の構成　5

第Ⅰ部　近世／近代における家族と病い

1　日本近世の死と病いと家族

第1章　死が身近な社会の中の家族 ⋯⋯⋯⋯⋯⋯ 平井　晶子　14
            ——歴史人口学的アプローチ——

   1　病いと死　14

   2　いかにして死が身近な社会の家族をみるのか　14

   3　前近代社会の家族と死亡——ユーラシア・プロジェクトの
                             国際比較研究　16

   4　死が身近な暮らしの実像——「かの」と「小市」の事例　21

   5　流動的メンバーで構成される家族　23

   6　前近代の多死社会における家族の死　25

第2章　徳川時代における疱瘡／コレラ
     と家族 ⋯⋯⋯⋯⋯⋯⋯⋯⋯⋯⋯⋯⋯⋯⋯⋯ 中島　満大　29
      ——死亡クライシスから感染症、そして病いへ——

iii

1 感染症に起因する死亡クライシス　*29*

  2 対象地域　*30*

  3 高浜村と疱瘡　*31*

  4 野母村とコレラ　*35*

  5 病いとしての受容　*42*

第3章　幕末の日記史料にみる「家」 と看護 ･･････････････････････ 鈴木　則子　*46*

───看護とジェンダーをめぐって───

  1 江戸時代の男性看病人たち──先行研究と本章の課題　*46*

  2 『袖日記』の概要　*48*

  3 長男松太郎（3歳）の看護　*48*

  4 当主弥兵衛母の看護　*51*

  5 妻ふき実家両親の看護　*53*

  6 『瀧澤路女日記』──女性の日記に記録された看護　*55*

  7 見えない看護労働とジェンダー規範　*57*

  8 近代社会と看護　*58*

補論1　女性の超過死亡率と家族の特徴 ･･････ 鬼頭　宏　*61*

2　家族のいない子どもの病い

第4章　イギリス1834年新救貧法下における家族型施設 養育の展開とその意義 ･･････････････ 内本　充統　*68*

  1 1834年新救貧法下の施設養育の動向　*68*

  2 ワークハウスにおける貧困児童の施設養育　*69*

  3 大規模収容型施設養育の誕生　*73*

  4 家族型施設養育への転換の背景　*75*

  5 施設養育の小規模化──コテージホームの導入　*77*

  6 家族型施設養育の地域化　*80*

目　次

　7　19世紀イギリスにおける家族型施設養育の意義　*83*

第5章　植民地朝鮮末期の香隣園における「病い」と疑似家族 ……………………………… 田中友佳子　*86*
──「父子」「兄弟」関係に基づく孤児養育──

　1　植民地朝鮮における近代的孤児施設の登場　*86*

　2　孤児院における死亡率の問題化　*88*

　3　香隣園における子どもの「病い」の要因と対応　*89*

　4　疑似家族による養育と教化　*93*

　5　「朝鮮の癌」への対応──「父子」「兄弟」関係の利用　*100*

第6章　乳児院における母性的養育剥奪論の盛衰 ……………………………… 土屋　　敦　*103*
──1960～80年代における施設養護の展開から──

　1　社会的養護における母性的養育剥奪論／愛着理論　*103*

　2　母性的養育剥奪論／愛着理論の論じられ方　*105*

　3　機関誌『乳児保育』　*107*

　4　1950年代前半における施設児調査と子どもの発達の劣悪さ　*108*

　5　1960～70年代における施設養護と母性的養育剥奪論　*110*

　6　1980年代乳児院における母性的養育の剥奪・ホスピタリズム克服宣言　*114*

　7　1980年代における乳児院入所児たちの「脱病理化」　*116*

補論2　18世紀ロンドンの訪問医療と貧民家族 … 野々村淑子　*119*

v

第Ⅱ部　病いの特別イシュー

1　家族とハンセン病

第7章　戦前期日本のハンセン病者と家族 …廣川　和花　128
——九州療養所「患者身分帳」の分析から——

　1　「家」とハンセン病——近世から近代へ　128

　2　近代日本におけるハンセン病者と家族——問題の所在　129

　3　戦前ハンセン病法制における「収容」の条件　132

　4　「患者身分帳」にみる〈療養所—本籍地—家族〉関係と法改正　135

　5　「患者身分帳」等にみる〈病者—家族〉関係と法改正　137

　6　「家」とハンセン病療養所——むすびにかえて　141

第8章　ハンセン病をめぐる〈家族〉の経験 ……………… 蘭　由岐子　145
——ある兄妹の語りから——

　1　ハンセン病と家族　145

　2　ある兄妹の語りからみる罹患世帯の状況　147

　3　療養所生活における〈家族〉　152

　4　語りからみえてきた家族と病いのありよう　156

第9章　韓国におけるハンセン人の子どもに対する烙印と差別 ……………… 金　宰亨　162
（翻訳：咸　麗珍・田中友佳子）

　1　非可視化された被害者　162

　2　前近代におけるハンセン人の家族関係の変化　164

　3　近代的防疫制度の導入とハンセン人の家族関係の解体　166

　4　ハンセン人の子どもに対する管理統制の強化と子どもの差別経験　169

　　　　5　回復を促しながら　*173*

| 補論3 | 医学史と家族の交差点 | …………… 愼　　蒼健　*178* |

2　家族とコロナ禍／パンデミック

第10章　「家庭」衛生の位相 ……………… 香西　豊子　*184*
　　　　　　──日本の近代衛生史から考える──

　　　　1　コロナ禍で問われた「家庭」の衛生機能　*184*

　　　　2　「家庭」衛生の時代　*185*

　　　　3　「家庭」と病い──「花柳病」の事例　*194*

　　　　4　「家庭」衛生の現在　*200*

第11章　コロナ・パンデミックによる政治と社会の重症化
　　　………………………………………… 藤原　辰史　*202*

　　　　1　危機はもう存在していた　*202*

　　　　2　社会の危機の重症化　*204*

　　　　3　政治の権威主義化　*210*

　　　　4　無縁社会の重症化と抵抗　*214*

第12章　コロナ禍が浮き彫りにした労働と家族、そして
　　　　家族ケアの課題 ……………………… 緒方　桂子　*217*
　　　　　　──病いに強い社会への展望──

　　　　1　本章の課題　*217*

　　　　2　コロナ禍で明らかになったケアの重要性とその負担の偏り　*218*

　　　　3　ケア負担の苛酷化・偏在化の原因　*221*

　　　　4　私たちは何を考えるべきか　*225*

| 補論4 | コロナ禍、感染、家族のようなもの … 浜田　明範　*235* |

終　章　「家族と病い」の歴史から浮かび上がる現代社会

………………………………………………………… 土屋　敦　239

1　「家族と病い」の歴史を多角的に描き出すために　239

2　「日本近世の死と病いと家族」──マクロ・ミクロ両方の視座から　240

3　「家族のいない子どもの病い」──社会の周縁部での生活を余儀なく
された人々の生活から　241

4　「家族とハンセン病」──「家族と病い」の歴史という視角から　242

5　「家族とコロナ禍」──過去から現代社会を照らし今後の社会を展望する　243

6　「家族」の歴史を「病い」という窓を通して見る　244

索　引

序　章

「家族と病い」の比較家族史にむけて

田間　泰子

1　「家族と病い」の歴史

⑴　日常的生活空間のなかの病い

　本書は、「家族と病い」の歴史の一端を、日本の近世から現代を中心に比較しようとする試みである。

　家族という関係において、病いの経験は不可避である。家族生活が多くの場合に共住をともなうため、まさに言葉どおりの意味で身近に、自他の病いを家族関係のなかで経験することになるからである。これには二つの側面がある。まず感染症の場合には、家族の共住にともなう身体的親密性が共に病む経験をもたらす。また、関係の精神的親密性（義務感となることもある）が看病、あるいは現代的に言えばケアする／されるという形で病いの経験をもたらす。

　前近代社会では、現代よりも死亡率が高く、くわえて災害や飢饉、疫病等のために死亡率が急激に高くなることがしばしばあった。日本の近世には看病は自宅で行われており、医師が関わる場合も往診が常であったため、病いと死は家族の日常的な生活の場で経験されるものであり、その周囲に親族や使用人、村・町・藩といった社会関係が張り巡らされていた。[1]近世後期には諸藩が藩医を設け、全国的な医師のネットワークも発達したが、痘瘡やコレラ、麻疹など容易に家族の枠組みを超えて伝染する感染症の場合には、祈願、遠慮、送り棄て、逃散、見舞いと饗応、護符や、瀉血・鍼灸・生薬など、実に様々な対応が家族を中心にして行われた。患者を家族や地域から隔離する対策をとった地域は、少なかったようである。[2]

　明治時代に国による医療制度が確立されたが、家族のこの関わり方が一気に

変化したわけではない。徐々に感染症（当時は「伝染病」）対策が整えられていったが、人々は伝染病専門の病院（避病院）を「死病院」などと言って入院を忌避し、各地で取締りに反発してコレラ一揆を起こした。明治時代には、国公立病院は自宅で看護できない伝染病患者対策、「花柳病」対策、富裕層向け、あるいは医学教育が主目的であって、一般向けの病院は開業医制に委ねられて数少なく、大正時代になって増加した。[3] また、専門的看護職の登場も近代以降であり、その当初には富裕層を中心に、患者宅への派出看護が発達していた。[4]

　第二次世界大戦後、死亡率が大きく低下し、誕生と死の場所が家族の生活の場から医療施設（病院・診療所・助産所）へと急速に移行した。疾病も通院・入院すべきものとされ、家族の生活の場から分離されていった。[5] このような生死・疾病と医療のあり方の変容は、家族にとっての病いの経験——家族関係そのもの、そしてケア関係——をどのように変容させたのだろうか。これが本書の出発点となった問いである。

(2)　病む家筋？

　家族にとっての病いの経験は、その病いへの社会的な眼差しのありようにも大きな影響を受ける。歴史を繙けば、ハンセン病のように感染性の疾病が遺伝性（あるいは罹患しやすい体質の遺伝）とされた歴史や、結核や癌、精神障害が「病マケ」として通婚忌避をともなう差別の原因となった例がある。[6] 家族という関係性が「家筋」「血筋」などとして、病いの原因と考えられたのである。

　鈴木（2022）は江戸幕府による服忌令を参照し、17世紀後半には癩を含めて「様々な事柄が「家」という枠組みの中で説明される時代となっていた」という。[7] また、波平（1984）は明治時代におこなわれた対策（1877（明治10）年8月27日「コレラ病予防心得」）として患者が発生した家の戸に病名を書いた紙を貼り付ける行為を、「病マケ」と同様に「家」を単位とする「印づけ」だったと指摘している。

　ある疾病が1つの家族に多発して「家筋」などと思われる場合、(1)で述べた生活的親密性や精神的親密性にくわえて、家族の親密性のもう一つの要素、すなわち性と生殖が深く関わっている。家族という関係性を構成する様々な親密性の要素が、家族を病いと結びつけているのである。

明治以降、家の成員は法によって原則として血族および姻族に限定され、近世の「家」制度から変容して「血筋」をより意味するものとなった。[8]では、近代化とともに日本に輸入された西洋近代医学的な眼差しは、「家」「家筋」「血筋」といった家族に関わる観念や明治以降の家制度とどのように関連したのか。これも家族と病いとの関係性への問いと位置づけることができる。

(3) 近代から現代までの家族の変容と病い

本書では特に近代化に留意して、家族の変容と病いの経験との関連を考える。(2)で述べた家単位の「印づけ」は、京都府の場合には1870年代の流行時の対応であり、その後、大家や町の責任体制を問うようになり、1890年代には「貧民部落」を対象とするように変化した。[9]他地域でも同様の動きが見られたとすれば、近代国家と家族の直接的関係にくわえて、「公衆」衛生や「社会」事業といった公領域の成立、「地域」のあり方の変容のなかで、私領域としての家族が形成されてゆく過程が注目される。

近代的な公私領域の成立の力学のなかで、家族がつくる私領域、つまり家庭は「公衆」衛生に欠かせない予防的エイジェントと位置づけられていったが、これはジェンダー化された分業の近代的再編であり、第二次世界大戦後に家族が「民主化」されたのちも推し進められた。[10]このような社会的位置づけは、家族を国民の健全な再生産のための社会的制度とするものである。[11]疾病は医療機関で医療専門職者によって治療・看護されるだけでなく、その前後に家庭で家族によって予防／看病されねばならないものとなる。この規範意識から導き出される「病理」は二方向で生じる。第一に家庭で育成されない子どもたちは「病理」的だという道筋、第二に「健全」であるはずの家庭が「病理」的ならばその成員の「病理」をもたらすという道筋である。病いを手掛かりにして家族をみた場合、近代化がもたらした家族規範とその実態はどのようであったのか——これも本書を構成する重要な問いである。

以上にくわえ、第二次世界大戦後から現代までの約80年間の変化として、人口構造の変化（少子高齢化）、世帯構造の変化（単身世帯率の増加）、就業構造の変化（被雇用者化と第二次産業・第三次産業の増加）、ジェンダーの変化（専業主婦の一時的な増加ののち共稼ぎ世帯が多数派に転じた）が生じている。日常生活の場

としての家庭と家族関係のあり方は、近世から近代、そして現代へと変容し続けている。コロナ禍に見舞われ「ステイホーム」を余儀なくされた私たちは、あらためて家族のあり方を見つめ直すべき機会を得たのだといえよう。

2 「病い」という視座

次に、「病い」という表現について、これが本書の基本的な視座を示すものであるため、説明を加えておく。「人身、病なき事あたはず[12]」。この、人の身が避けることのできない「病」への歴史学的アプローチとして、感染症と特にそのパンデミックが人間の歴史に与えた影響の大きさのゆえに、多数の書籍が著されてきた[13]。これらの研究から、人々にとっての疾病の歴史は、病因となる細菌やウイルスとの医学的な闘いのみならず、科学技術の発達、統治、人・モノ・情報の移動とグローバル化、差別や貧困、環境問題など、政治的および社会経済的な諸要因と複雑に絡み合っていることが知られる。

日本における疾病の歴史についても、富士川（1912）、川上（1965）、酒井（1982）ほか多数がある[14]。しかし、川上武は第二次世界大戦後の患者運動や市民運動に刺激を受けて、自らの著書（前掲書）を含め、それまでの日本の医療史が「医学的知識の歴史」「医家の地位の歴史」「疾病、特に国民病の歴史の枠内にとどまってきた」という限界を指摘し、「疾病を病人の側からみる」病人史の必要性を提唱した[15]。

「病人の側」の経験への注目は、医療社会学者や当事者たちによって起こされた専門職支配への批判や、社会的諸現象の「医療化」論、そして医療人類学によっても推し進められてきた[16]。これらの研究動向に通底する視座を概括すれば、人を医療の受動的対象として位置づけるのではなく、社会のなかで疾病を含む様々な状況に意味を付与し、対処行動を実践する存在として捉える視座である。本書は、このように疾病に関わる諸現象には社会のあり方が様々な形で関わっていることを共通認識とし、そのもとでの人々にとっての経験を「病い（illness）」と表現して基本的視座とする。

この視座からとりわけ重要となるのは、心身の何らかの状態をどのような病いとして捉えるのかという意味付与、社会学でいうところの状況の定義づけで

4

ある。病いは、文化的な意味を担っている。[17]

　意味付与においては、自己／我々に疾病をもたらす存在として「他者」のカテゴリーが構築されることがある。病いの経験は、実際に疾病に罹患した人々のみならず、「他者」へとカテゴリー化された人々に及ぶ。[18]これらの営為は、人々が病いを理解し、闘い、あるいは共生してゆこうとするための営みであるが、疾病以外の様々な現象に隠喩として用いられ、他方ではセクシュアリティや人種・エスニシティ、ジェンダー、宗教的信念、さらには市場経済や植民地化など様々な文脈と共振しながら、人々への差別や排除、ときに受容をもたらす。[19]

　しかし、意味の網の目は歴史的に変容する。[20]病いの経験にとって、とりわけ医学的知が与える影響は大きく、日本においては韓方医学、中医学、蘭方医学、そして西洋近代医学の導入が大きな影響をもった。医学的知のみならず、医療的実践は、明治時代以降に医制を緒として確立された医療制度に影響を受けた。江戸時代には現代の医師免許に相当する公的資格は存在せず、医学教育も私塾に任されていたのに対し、明治時代以後の医療制度は医師免許を国家資格とし、国民の生の管理を目的として、江戸時代に蔓延していた梅毒や幾度も人々を襲ったコレラなど、感染症に対する医学的な知見の発達にそって予防的、監視的な性質を強めたと考えられる。[21]

　くわえて、上で少し触れたように第二次世界大戦後から現代までの状況も、「病い」という視座に立つ本書にとって重要な社会的変化を含んでいる。これらを考慮して、本書は対象とする時代を近代化の前後、日本における歴史区分として近世から現代までに相当する期間とする。

3　本書の構成

　以上の課題の解明は、種々の疾病の違い、それへの政策的、医療的、地域共同体や家族・本人による対処（意味の付与を含め）の違い、さらには階層やエスニシティといった家族の置かれた社会的状況が考慮されねばならないため、決して容易ではない。本書がその一端を担えれば幸いである。

　本書は、比較家族史学会2023年春季研究大会での２日間にわたるシンポジウム「家族と病い」（６月24日・25日）を書籍化したもので、２部４セッションか

ら構成される。第Ⅰ部「近世／近代における家族と病い」は近世日本と近代の英国・植民地朝鮮・日本を対象とし、近代化が「家族と病い」にもたらした変容を考える。第1セッション「日本近世の死と病いと家族」は、日本の近世社会を対象に、歴史人口学（第1章・第2章）と歴史学（第3章）から「家族と病い」にアプローチする。死と疾病がより身近にあった時代に、人々はどのように「家族と病い」、そして死を経験したであろうか。江戸時代のなかでも変容があり、地域差や階層差も大きかったことに留意しながら、近現代と異なる人々のつながり方から「家族と病い」を捉えたい。

　第2セッション「家族のいない子どもの病い」は、第1セッションでの日本近世への理解を踏まえたうえで、死と病いの克服、衛生の担い手としての家族規範が生じた近代の英国・日本・植民地期朝鮮の施設養育にアプローチする。英国（第4章）は、家族の近代化と近代的衛生がヨーロッパのなかで先んじていたのみならず、第二次世界大戦後にも日本の社会保障制度や児童政策に影響を与えた国である。植民地期朝鮮（第5章）は、日本と同じ東アジアの国でありながら儒教的価値観や近代化のプロセスに相違がみられる。これらの国々の事例と、第二次世界大戦後の日本を論じる第6章を併せ読むことで、近代的家族規範の「外」で養育される子どもたちにとっての「家族と病い」、および当時の家族規範を「病い」を通して逆照射することを試みる。

　第Ⅱ部「病いの特別イシュー」は、慢性の感染症であるハンセン病、「花柳病」および急性の感染病（COVID-19）を取り上げ、国家の役割に留意しつつ、近現代社会における「家族と病い」の課題を考える。第1セッション「家族とハンセン病」は、第二次世界大戦前・後の大日本帝国／日本（第7章・第8章）と、朝鮮／大韓帝国／植民地期朝鮮／韓国（第9章）を対象とし、国家と家族の配置の変容のなかでの「家族と病い」の関連を分析する。廣川（2020）は、ハンセン病者にとって近代化とは何だったかを問うなかで施設への収容が近代的なできごとだったと指摘している[22]。このセッションで論じられる人びとの経験と国・社会の対応は、近代的な「施設」収容を視野に入れることで第Ⅰ部第2セッションとも関係するテーマとなろう。

　第2セッション「家族とコロナ禍／パンデミック」では、病いをめぐる国家と家族の配置の現代的状況への変容と、今後の課題を論じる。第10章は近代に

序　章　「家族と病い」の比較家族史にむけて

おける「花柳病」を手掛かりとしながら家庭（ホーム）衛生の成立の歴史を辿る。しかし、家族のあり方が変容しつつある現代、コロナ禍が世界を覆い、「ホーム」の内外で人々は新たな状況に直面している（第11章）。戦後の社会保障制度と労働市場が前提としてきた公私の分離、家族とジェンダーを「ステイホーム」政策が揺るがし、その問題点を露呈させている（第12章）。

　以上の各章にくわえて、シンポジウムで討論者となった４人の方々に補論１〜４を執筆していただき、本書の充実を図った。「補論１　女性の超過死亡率と家族の特徴」は、江戸時代の日本において、妊娠・出産が女性の死亡と家族のあり方に与えた大きな影響を指摘している。現代日本では「病い」の範疇から外れるであろう妊娠・出産だが、家族史において欠かせない論点である。「補論２　18世紀ロンドンの訪問医療と貧民家族」は、近代的な公衆衛生の思想と実践が訪問医療という形で貧民層家族を対象に始まったさまを紹介している。病いが近代国家の政策対象となってゆく時の家族の位置づけの変容に関して示唆に富む論考である。「補論３　医学史と家族の交差点」は、医療施設と家族との「綱引き」（患者はどこにいるべきか）、そしてそのどちらにもいない／いられない人々の存在を指摘する。その状況への植民地化の影響や、現代に通ずる医学研究の影響をも論じて、今後の研究を促す刺激的論考である。「補論４　コロナ禍、感染、家族のようなもの」は、「家族のようなもの」をキーワードにして、種としてのヒトをも超えた関係性を考察する。ハマダラカやウィルスにまで及ぶ、「私」と「家族のようなもの」の論考から、あらためて「家族」とは何かを問い直させる論考である。

　記録されなかった歴史、語られなかった病いの経験があることにも思いを馳せながら、近世から近代、そして現代へという近代化前後の歴史における家族と病いの連関の変容を捉え、「病い」というレンズを通して「家族」そのものに対する研究的知見をより深めたい。現代日本ではひとり住まいが一般世帯の４割近くを占め、近代以降の家族規範や、そもそも家族の存在自体を当然視することが困難となっている。そのような今だからこそ、本書の刊行がコロナ禍後の家族と社会の未来を構想するための一助となることを願う。[23]

注

(1) 川上武、1982、『現代日本病人史——病人処遇の変遷』勁草書房。柳谷慶子、2007、『近世の女性相続と介護』吉川弘文館。妻鹿淳子、2008、『近世の家族と女性——善事褒賞の研究』清文堂。鈴木則子、2022、『近世感染症の生活史——医療・情報・ジェンダー』吉川弘文館。

(2) 富士川游、1912、『日本疾病史』思文閣出版。鈴木 2022。

(3) 川上武、1965、『現代日本医療史——開業医制の変遷』勁草書房。川上 1982。本書第10章資料10-5参照。

(4) 新村拓、1989、『死と病と看護の社会史』法政大学出版局。土曜会歴史部会、1973、『日本近代看護の夜明け』医学書院。看護史研究会、1983、『派出看護婦の歴史』勁草書房。亀山美知子、1982、『近代日本看護史1　日本赤十字社と看護婦』ドメス出版。山下麻衣、2017、『看護婦の歴史——寄り添う専門職の誕生』吉川弘文館。

(5) 杉山章子、1995、『占領期の医療改革』勁草書房。厚生省医務局編、1976、『医制百年史附録　衛生統計からみた医制百年の歩み』ぎょうせい。

(6) 明治以降、結核が女工によって広く農村に感染が広まったために「病マケ」がなくなった現象もある（波平恵美子、1984、『病気と治療の文化人類学』海鳴社）。

(7) 鈴木 2022：85-86頁。なお、らい菌の発見は1873年であって、それまでの「癩」の概念はハンセン病の概念と一致しない。

(8) 米村千代、1999、『「家」の存続戦略——歴史社会学的考察』勁草書房。

(9) 尾﨑耕司、2005、「近代国家の成立」歴史学研究会・日本史研究会編『日本史講座8　近代の成立』東京大学出版会、55-86頁。小林丈広、2018、『新装版　近代日本と公衆衛生——都市社会史の試み』雄山閣。

(10) 香西豊子、2019、『種痘という〈衛生〉——近世日本における予防接種の歴史』東京大学出版会。小山静子、2022、『良妻賢母という規範　新装改訂版』勁草書房。

(11) 制度とは法・慣習・慣行・信念などの集合的行為様式であるが（デュルケム、E.／菊谷和宏訳、2018『社会学的方法の規準』講談社。原著 1895）、決して一様ではない（土屋敦・野々村淑子編、2019、『孤児と救済のエポック——十六〜二〇世紀に見る子ども・家族規範の多層性』勁草書房）。

(12) 貝原益軒、1713、『養生訓　巻第七』→1961『養生訓和俗童子訓』石川謙校訂、岩波書店、137頁。

(13) ジンサー、H.／橋本雅一訳、2020、『ネズミ・シラミ・文明——伝染病の歴史的伝記』新装版、みすず書房（原著 1935）。シゲリスト、H.E.／松藤元訳、1973、『文明と病気』上下、岩波書店（原著 1943）。クロスビー、A.W.／西村秀一訳、2004、『史上最悪のインフルエンザ——忘れられたパンデミック』みすず書房（原著 1989）。速水融、2006、『日本を襲ったスペイン・インフルエンザ——人類とウイルスの第一次世界戦争』藤原書店。マクニール、W.H.／佐々木昭夫訳、1985『疫病と世界史』新潮社（原著 1976）。スノーデン、F.M.／桃井緑美子他訳、2021『疫病の世界史』上下、明石書店（原著 2019）。

(14) 富士川 1912。川上 1965。酒井シヅ、1982、『日本の医療史』東京書籍。

(15) 川上 1982：1-3頁。

(16) フリードソン、E.／宝月誠・進藤雄三訳、1992、『医療と専門職支配』恒星社厚生閣（原

著初版 1970、第 5 版 1979）。コンラッド、P. と J. W. シュナイダー／進藤雄三監訳、2003、『逸脱と医療化――悪から病いへ』ミネルヴァ書房（原著初版 1980、改訂版 1992）。クラインマン、A.／大橋英寿他訳、1992『臨床人類学――文化のなかの病者と治療者』弘文堂（原著 1980）。同／江口重幸他訳、1996、『病いの語り――慢性の病いをめぐる臨床人類学』誠信書房（原著 1988）。（波平恵美子 1984）。

(17) ソンタグ、S.／富山太佳夫訳、1982、『隠喩としての病い』みすず書房（原著 1978）。

(18) ギルマン、S. L.／本橋哲也訳、1997、『病気と表象――狂気からエイズにいたる病のイメージ』ありな書房（原著 1988）。同／高山宏訳、1996、『健康と病――差異のイメージ』ありな書房（原著 1995）。

(19) 女性であることが本質的に病的／病弱だという意味付けもある。ジェイコブズ、M. 他／田間泰子・美馬達哉・山本祥子監訳編、2003、『ボディー・ポリティクス――女と科学言説』世界思想社（原著 1990）。Poovey, M., 1995, *Making a Social Body: British Cultural Formation, 1830-1864*, University of Chicago Press. Thompson, L., 1999, *The Wandering Womb: A Cultural History of Outrageous Beliefs about Women*, Prometheus Books. Ehrenreich, B. & D. English, 2011, *Complaints & Disorders: The Sexual Politics of Sickness*, Second ed., The Feminist Press at CUNY. 妊娠と出産を「自然」であるとする意味付け（医療化）については Oakley, A., 1984, *The Captured Womb: A History of the Medical Care of Pregnant Women*, Basil Blackwell.

(20) フーコー、M.／神谷美恵子訳、1969『臨床医学の誕生』みすず書房（原著 1963）。同／田村俶訳、1975『狂気の歴史――古典主義時代における』新潮社（原著 1972）。

(21) Armstrong, D., 1983, *Political Anatomy of the Body: Medical knowledge in Britain in the twentieth century*, Cambridge University Press. Klinke, A. and O. Renn, 2002, "A New Approach to Risk Evaluation and Management: Risk-Based, Precaution-Based, and Discourse-Based Strategies," *Risk Analysis* 22（6), pp.1071-94. Lakoff, A. 2008 "The Generic Biothreat, or, How We Became Unprepared," *Cultural Anthropology* 23（3), pp.399-428.

(22) 廣川和花、2020、「ハンセン病者の社会史――日本の〈近代化〉の中で」秋田茂・脇村孝平編『人口と健康の世界史』ミネルヴァ書房、236-237頁。

(23) 古墳時代から流行し、近代には帰郷して死亡した女工の死因の約 8 割を占めたといわれる結核のほか、精神病、梅毒など重要なテーマが多数あるが、残された課題とする。石原修、1914、『衛生學上ヨリ見タル女工之現況』国家醫學會→篭山京編・解説、1970、『女工と結核』光生館、77-198頁。鈴木隆雄、1999、「古代日本人の病」酒井シヅ編『疫病の時代』大修館書店、43-64頁。

第Ⅰ部

近世／近代における家族と病い

1 日本近世の死と病いと家族

第1章

死が身近な社会の中の家族
——歴史人口学的アプローチ——

平井　晶子

1　病いと死

　「社会に影響を受けて人々が経験する病気」を「病い」と捉え、家族と病いの関係を考えるのが本書のねらいであるが、本章では病いの究極の形態となる死に注目する。

　死はあらゆる人が経験するものであるが決して平等に訪れるわけではない。家族の社会経済的状況や、同じ家族であってもその中で各々が占める位置（性別や年齢、出生順位や戸主との続柄など）によって死亡リスクに差が出ることもあるからである。死亡率の高い時代では将軍家や大名家でもしばしばあとつぎの確保に苦労したように、裕福だからといって、特権階級だからといって死を遠ざけられたわけではない。生命体である私たちの死には常に予測不可能性がつきまとう。

　そこで本章では、生まれた子どもの半数近くが大人になる前に死亡するという徳川期の庶民家族のありようを、国際比較や事例分析から検討する。死が身近な社会に生きた人々にとって家族の死はいかなるものだったのか、彼らにとって家族はいかなるものだったのかを、歴史人口学的視点から検討する。

2　いかにして死が身近な社会の家族をみるのか

　現在、日本は世界で最も平均寿命が長い国の1つであり、女性87.6歳、男性81.5歳である。[1]高齢者の生存期間が長いだけではなく、乳児死亡率も低く（1.8‰）、生まれた子どもの99.5％が大人になることができる。[2]

近代以前は出生制限を確実に行うことはむつかしく多産となる一方、生まれた子どもの半分が大人になる前に亡くなる多産多死社会であった。特に伝染病などの病いで亡くなることが多かった。近代化はこの多産多死社会を大きく変えた。医療（ワクチン接種の普及など）や衛生環境の改善により乳幼児死亡率の改善が進み、子どもが無事育ち上がることを実感できるようになると、出生制限を受け入れる感覚が広がり、やがて出生率が低下する。もちろん乳幼児死亡率の低下だけで出生制限が自動的に進むわけではなく、何よりそのための手段（タイミング法やコンドームの普及など）が必要になる。出生制限への意識と手段が整うことで多産多死から少産少子への転換、すなわち人口転換が生じる。

このような人口転換は当然のことながら一夜にして実現するわけではない。日本でこの一連のプロセスが動き出すのは20世紀初頭からであった。当初はゆるやかに始まり、半世紀を経た1950年代に少産少死社会が到来する（河野 2016）。

本来なら人口転換直前の19世紀末（明治期）の状況を議論できればよいが、その時代は「空白の四半世紀」（速水 2009a）といわれるように、人口学的資料が最も少ない。そこで本章では徳川期を対象に名もなき人々の暮らしを定量的にみることができる歴史人口学的方法を用いて多死社会の実像に迫る。

歴史人口学とは、近代統計が整備される前の出生率や死亡率、結婚年齢などを求める学問であり、1960年代のフランスで誕生した[3]。教会に残された洗礼（出生）や結婚、埋葬（死亡）の記録（教区簿冊）から出生率や死亡率、結婚年齢などを求めるところから始まった。日本では教区簿冊は作られていないが、その代わりキリスト教徒でないことを示す宗門改帳が作成された。宗門改帳だけではなく、領民を把握するための人別改帳、両者が合わさった宗門人別改帳など、家族や人口を観察するための戸口資料が膨大に残っており、徳川期の日本は歴史人口学的資料の宝庫といわれている。以下で用いる東北農村（陸奥国安達郡仁井田村）の人別改帳はその中でも最も良質な資料の1つである。**資料1-1**は1800（寛政12）年の人別改帳から1軒分を書き出したものである。世帯ごとに、世帯のメンバーの名前、続柄、年齢、イベント（たとえば、出生「去八月出生」、死亡「帳面仕立後死失」、結婚「〇〇村八兵衛方に婚入」、奉公「当村新十郎方給取」）などが記載されている。さらに持高・作高・貸高・借高も毎年記載されている。

第Ⅰ部　近世／近代における家族と病い　　1　日本近世の死と病いと家族

資料1-1　寛政12年申年3月
「安達郡仁井田村人御改帳　（村控）」

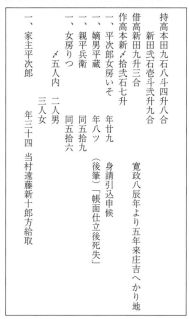

（出所）　故遠藤精吾氏所蔵の資料より筆者作成。

経済指標があることから個々の世帯の社会的地位を、世帯の続柄や年齢、性別があることから個人の世帯内の地位を知ることが可能になる。情報が豊富かつ長期間観察可能なことが最良の資料といわれる所以である。

　仁井田村は人口400人前後の村であるが、1720年から1871年までの151年のうち146年分の資料が残っており、そこには4075人の村民が登場する。その1人ひとりについて、どのような世帯で生まれ、誰と暮らし、いつ奉公に行き、何歳で結婚し、何人の子どもを産み、そしていつ死んだのか、村民のライフコースを追跡することができる。一村の資料であっても4000人（延べ6万人）を超える庶民の詳細な人生が再現できる、これが歴史人口学の強みである。[(4)]

3　前近代社会の家族と死亡──ユーラシア・プロジェクトの国際比較研究

(1)　前近代日本の平均寿命

　まず基本的なところを確認しておこう。

　資料1-2は江戸時代の3つの地域の平均寿命を示している。村によって幾分違いはあるものの女性はおよそ36歳、男性はおよそ37歳と非常に短い[(5)]。しかし、当然ながら30代でバタバタと人が亡くなるわけではない。年齢別死亡率（**資料1-3**）からわかるように、5歳までの乳幼児死亡の多さが全体の寿命を押し下げているが、現役世代の死亡率は相対的に低く、20歳まで生き残ることができれば多くの人が還暦をむかえることができた（**資料1-3**はあくまで記録された死亡率を示している。これらの資料には乳児死亡が記載されないことが多いため、実際

16

第1章　死が身近な社会の中の家族

資料1-2　前近代日本の平均寿命（年）

	東北日本 仁井田村 1720-1870	中央日本 西条村 1773-1830	西南日本 野母村 1776-1871
女　性	36.4	36.7	36.0
男　性	37.7	36.8	33.4

（出所）　仁井田村は成松 1992、西条村は速水 1992、野母村は中島 2016。

資料1-3　年齢別死亡率（‰）：仁井田村1720-1870

（出所）　仁井田村の人別改帳（1720-1870）データベース XAVIER より算出。

の乳児死亡率を求めるには15〜20％をかけて補正する必要がある）。

　現役世代（15〜55歳）の死亡率には男女差があり、女性の死亡率は男性より高い（**資料1-4**）。これは前近代の多くの社会でみられる傾向であり、日本でこの男女差が完全になくなるのは第二次世界大戦後である。[6]

(2)　ユーラシア・プロジェクト（EAP）[7]

　死亡率の高い前近代において家族のあり方が死亡率にどのように影響したのか、このような問いを考えるため、およそ30年前に国際共同研究、通称ユーラシア・プロジェクト（以下、EAP）がスタートした。EAP は日本の歴史人口学を切り開き長く牽引した故速水融が中心となり1995年に開始された文部省の巨大プロジェクトであり、国内外の専門家50名以上が参加した当時としては画期

17

第 I 部　近世／近代における家族と病い　　1　日本近世の死と病いと家族

資料 1-4　男女別・年齢別死亡率（‰）：仁井田村

		15〜24歳	25〜34歳	35〜44歳
1720-1799	女性	13.3	20.6	24.6
	男性	9.6	14.7	16.7
1800-1870	女性	8.0	9.2	17.2
	男性	8.4	4.2	15.6

（出所）　仁井田村の人別改帳（1720-1870）データベース
XAVIER より算出。

的なプロジェクトであった。筆者は大学院生としてプロジェクトの事務局（国際日本文化研究センターの通称「速水プロジェクト室」）に籍を置き、国内の膨大な資料整理・データベース化のプロセスに関わりながら、国内外の研究成果が生み出されるまさにその場に居合わせることができた。本節ではこの国際プロジェクトの1つの成果として T. ベングソン、C. キャンベル、J. リーらにより著された『Life under Pressure: mortality and living standards in Europe and Asia, 1700-1900（圧力下の暮らし——ヨーロッパとアジアにおける死亡率と生活水準 1700-1900）』（Bengtsson and Campbell et al. 2004）をもとに家族と死亡の関係をみてみる。

⑶　5ヶ国の死亡パターンの共通点

　EAP では人口に関する国際比較を行うにあたり、同じタイプの人口学的資料が残存するベルギー、イタリア、スウェーデン、中国、日本が選ばれた。西欧と東アジアの比較が可能ということで、当初は家族構造の違いによる死亡率への影響がみえるのではないかとの期待があった。そのため死亡に影響を与えそうな家族文化の3つの仮説が検討された。仮説①は同書第3章「経済的圧力と死亡」（Campbell, Lee and Bengtsson 2004）において、仮説②と③は第5章「社会と死亡」（Lee, Campbell and Feng 2004）において検討された。

　　　仮説①核家族社会の方が、合同家族社会や直系家族社会と比べて配偶者の[8]
　　　　　死亡の、本人の死亡に与える影響が大きい
　　　仮説②男児優先思想のある東アジアの方が、子どもの死亡率に与える既存
　　　　　きょうだい構成の影響が大きい
　　　仮説③戸主／戸主の妻の死亡率は他の家族成員の死亡率より低い

　仮説①は、家族に占める「大人」の人数が少ない核家族社会（西欧）の方が

第 1 章　死が身近な社会の中の家族

資料 1-5　配偶者の死が寡婦／寡夫の死亡率に与える影響：5 ヶ国比較

国	地　　域	55歳まで		55歳以上	
		女性	男性	女性	男性
ベルギー	サール	―	1.61	―	1.21
イタリア	カザルグイディ	0.77	―	―	―
スウェーデン	南スウェーデン				
中　　国	遼寧省	1.4	―	1.23	1.1
日　　本	東　　北	―	―	1.31	1.5

（注記）　―は相関関係がない。数字は影響力を示す。ベルギーの55歳までの男性
の「1.61」とは寡夫になった場合の死亡率が有配偶者に比べて1.61倍高いという
ことを意味する。資料 1-6 も同様。
（出所）　Lee, Campbell and Feng　2004：118の Table5.5。

　夫婦のどちらか一方の死の、残された寡婦／寡夫に与える影響が大きいだろう
と仮定し、現役世代（55歳まで）と高齢期（55歳以上）に分けて寡婦／寡夫の死
亡率が検討された。その結果、核家族社会の一部（ベルギーの現役世代男性）で
寡夫の死亡率が（有配偶者に比べて）高かったが、西欧社会全体としては配偶者
の死亡が本人の死亡率を上昇させるという事実はみられなかった（**資料 1-5**）。
むしろ、合同家族社会の中国や直系家族社会の日本の方が、高齢期になると寡
夫／寡婦の死亡率が有配偶者よりも高く、配偶者の死が自身の死亡リスクを高
めることがわかった。
　つまり合同家族制や直系家族制といわれる東アジアの方が配偶者の死の影響
が比較的大きいという結果になり、家族内に大人が少ないと想定された核家族
社会の方が配偶者の死亡の影響が大きいとする仮説は棄却された。
　次に、仮説②をみてみよう。中国は父系社会であり、（理念的には）男子によ
り家系が継承される必要があり男尊女卑の考え方が強く、男児優先思想が強い
と想定された。日本は中国ほどではないがヨーロッパの核家族社会より継承を
重視するため男児を優先する可能性が高いと考えられた。つまり東アジア家族
は男児優先思想があるため、兄弟がいる場合（あととりとなる男子がいる場合）
女子の死亡率が高くなるのではないかとの想定の下、死亡率が比較された。と
ころが結果は逆であった。中国では姉がいれば弟（1〜15歳）の死亡率が高く
なり、日本では兄がいれば弟（1〜15歳）の死亡率が高くなった。つまり兄弟

19

第Ⅰ部　近世／近代における家族と病い　　1　日本近世の死と病いと家族

資料1-6　きょうだいの存在が子どもの死亡率に与える影響：5ヶ国比較

国	地　域	0-1歳		1-15歳	
		女性	男性	女性	男性
ベルギー	サール	—	—	—	—
イタリア	カザルグイディ	—	—	—	—
スウェーデン	南スウェーデン	—	弟・UP	姉・UP	—
中　国	遼寧省	—	—	—	姉・UP
日　本	東　北	—	—	—	兄・UP

（出所）　Lee, Campbell and Feng　2004：120-121のTable5.6。

がいれば姉妹の死亡率が上がるという単純な結果はみられず仮説は棄却された。

「戸主／戸主の妻の死亡率は他の家族成員の死亡率より低い」という仮説③については、家族の中心をなす戸主や戸主の妻に比べて、おじやおばなど「周辺」の家族成員の死亡率が高いと想定した仮説であるが、実際には（55歳以上の）続柄による死亡率の差はほとんどなく、この仮説も棄却された。

　西欧の核家族制と中国の合同家族制、日本の直系家族制、これら家族制度の違いが死亡率の差を生み出すのではないかと想定し、比較研究が行われたが、実際には家族システムから想定される思想が直接死亡率に影響するといった単純な結果は得られなかった。むしろ年齢や性差による死亡パターンには家族文化（家族制度）を超えた共通点が浮かび上がった。たとえば現役世代では女性の死亡率が高いこと、55歳まで生き延びることができた高齢者の平均余命は15〜17年で、高齢期の死亡率には男女差がほとんどないことである。すなわち死亡リスクが高い不安定な社会に生きる人々にとって、単純な恣意的力が働く余地はそれほどなかったのではないか、そう思わざるをえない結果が示された。

　なお、死亡率のジェンダー差について、妊娠・出産時のリスクが高いことから女性の死亡率が男性より高いことは知られていたが、今回の研究では結婚前でも女性の方が死亡率が高く、現役世代の死亡率の性差は妊娠・出産だけでは説明できないことも明らかになった。

⑷　短期的経済ストレスがもたらす死亡パターンの相違

　3つの仮説が棄却されたことからわかるように、家族システムや家族文化か

ら導き出された関係が死亡率に直接影響を及ぼすことはなかった。

しかし、先に挙げた『圧力下の暮らし』の最終章（第14章「エイジェンシーと人口学——圧力下の死亡率のユーラシア比較」）において、J. リー、C. キャンベル、T. ベングソンは、飢饉などの影響で短期的に米価が上昇した場合に限定した上で死亡率の影響を比較し、家族システムによりジェンダーや年齢、続柄による死亡率に差があることを明らかにした（Lee, Campbell and Bengtsson 2004）。具体的には、短期的な経済ストレスがかかると、日本で嫁の死亡リスクが上がったり、中国で女児の死亡率が男児より高くなったりと、ジェンダー差が浮かび上がった。平常年にはみられない「選択」が飢饉年には発動されたのか。

しかし、リーらはその差はわずかであり恣意的な結果とは考えにくいとまとめている。そして前近代社会における個々人の死亡リスクは、核家族社会か合同家族社会かといった家族制度から単純に説明できるものではなく、地域の環境や経済的ストレスに対して家族というエイジェンシーがいかに作用したのか、その複雑な関係をみる必要があると結論づける。

4　死が身近な暮らしの実像——「かの」と「小市」の事例

家族システムや家族規範が直接には死亡率の差に結びついていないことから、多死社会の死亡率が恣意的に選択できないほど厳しい社会ということの一端が垣間見えた。そこで前節とは対照的に、死が身近な社会での暮らしというのが家族のあり方にどのような影響を与えるのか、1817年に陸奥国安達郡仁井田村で誕生した「かの」と彼女の甥「小市」の人生から、死亡率の高い時代の家族というものを考えてみる。[9]

資料1-7に示したのは「かの」の家族経歴である。「かの」は両親と祖母、兄のいる5人家族で誕生した。「かの」が生まれた時点で兄は町へ奉公に出ていたため一緒に暮らしたのは両親と祖母となる。ところが数え3歳になると兄が奉公から戻り、母が奉公に出る。64歳の祖母がいるため母は安心して奉公に出ることができたのだろうか（この祖母は元気な方だったのか、その後20年生き84歳で亡くなる）。そして「かの」が数え6歳になったとき母が病死する。人別改帳という資料の性格から、母の死亡の原因が妊娠出産に伴うものか、それ以外

第Ⅰ部　近世／近代における家族と病い　　　1　日本近世の死と病いと家族

資料1-7　「かの」の家族経歴（同居家族と家族の移動より）

1817	かの　誕生：彦次郎・かよ夫婦＋祖母	兄（8歳）は町へ質物奉公
1819	かの（数え3歳）：彦次郎＋祖母＋兄	母は兄にかわり同じ家に質物奉公
1821	かの（数え5歳）：彦次郎・かよ＋祖母＋兄	
1822	かの（数え6歳）：彦次郎＋祖母＋兄	母　病死
1823	かの（数え7歳）：祖母	父と兄　奉公に行く
1828	かの（数え12歳）：祖母＋兄	兄　18歳で奉公から戻る
1829	かの（数え13歳）：祖母＋兄夫婦	兄　村内から嫁を迎える
1831	かの（数え15歳）：祖母＋兄夫婦＋甥（小市）	甥　誕生
1834	かの（数え18歳）：祖母＋兄＋甥	兄　離縁　嫁　実家に「立帰」
1837	かの（数え21歳）：祖母＋兄夫婦＋甥	兄　他村から嫁を迎える
1838	かの（数え22歳）：祖母＋兄夫婦＋甥＋夫	結婚　越後から婿を取る
1839	かの（数え23歳）：兄夫婦＋甥＋夫	祖母　84歳で病死
1840	かの（数え24歳）：兄夫婦＋甥＋夫＋倅	息子　誕生
1842	かの（数え26歳）：兄夫婦＋甥＋夫	息子　3歳で病死
1844	かの（数え28歳）：兄＋甥＋夫＋倅	兄　離縁　嫁　不縁立帰
		息子　誕生
1846	かの（数え30歳）：兄＋夫＋倅	甥　実母のところに養子に行く
1847	かの（数え31歳）：夫＋倅＋父	兄　元嫁のところに入夫（甥の所）
		父　長期の質物奉公から戻る
1848	かの（数え32歳）：夫＋倅＋父＋娘	娘　誕生

（出所）　仁井田村人別改帳ベーシック・データ・シート（BDS）より構成。

の病いだったのかは判別できないが、「かの」は母に育てられた記憶がほとんどない状況で母との死別を経験する。母の死後、父も奉公に出ることになり、「かの」はほとんど祖母に育てられる。

　その後、兄夫婦との同居期間を経て「かの」は数え22歳で遠方の越後国から婿をむかえる。しばらく兄夫婦（プラス甥）と同居していたが、やがて兄家族は家を離れることなり、結果として「かの」夫婦が家を継ぐ。

　続けて「かの」の兄夫婦の息子「小市」のケースをみてみよう。彼は両親と曾祖母と叔母（「かの」）のいる家で誕生するが、両親が離婚したため数え5歳で母との離別を経験する（当該地域では結婚の約3割が離婚しており、離婚は珍しいことではなかった〔黒須 2012〕）。とはいえ母の実家は村内にあるため離縁しても会えないわけではなかっただろう。しかし日常の世話は母に代わって18歳の叔母「かの」と79歳の曾祖母が担当したと考えられる。

　「かの」も「小市」も幼少期に母との別離を経験するが、「かの」は婿を取り、子どもにも恵まれ（息子のうち1人は3歳で病死してしまうが）、年老いた父の世

話をしながら「家付き娘」として人生を歩んだ。また「小市」は長じては、離婚により離れて暮らしていた実母の家の養子にむかえられ、実母の実家のあととりとしてのその後の人生を歩んだ。

このように死が身近な江戸時代の農村では死別に加えて、離別も頻繁に生じており、幼い子どもは必ずしも父母の手で育てられたわけではなかったが、母に代わる養育者、祖母や叔母が大きな役割を担っていた。

5　流動的メンバーで構成される家族

(1)　家族の流動性[11]

「かの」や「小市」は例外的な人生を歩んだのか。

前節と同じ仁井田村の人別改帳を資料として、数え15歳の子どもを抽出し、15歳になるまでの彼らの育ちを誰が支えたのか、遡って同居する家族成員を調べてみた。資料は1720年からあるが、育ち上がるプロセスを追跡するため、1750年を始点とし、10年ごとに15歳の子ども（64人）について、その育ての親を求めてみた。

生まれてから数え15歳になるまで「両親と祖父母」や「両親と祖母」など同じ大人に囲まれて育った子どもは11人（全体の17％）と少なく、大多数（8割以上）の子どもは家族内の大人が出入りする環境で育っている。現代であればきょうだいが増えることがあっても、それ以外はほぼ同じメンバーで暮らしていることが多いが、前近代では8割以上の子どもが、祖父母の死や曾祖母の死、兄嫁や姉婿の登場といった家族メンバーが出入りする中で育っている。

(2)　子どもにとっての家族の死・家族の不在

しかも直接、同居家族の死を経験した子ども（15歳以下）は43人（67％）である。ただし、**資料1-3**で示したように前近代でも死亡率が極端に高いのは5歳以下の子どもか高齢者であるため、父母との死別を経験するものは少なく、両方を合わせて6％（母の死は3ケース、父の死は1ケース）である。祖父母や曾祖父母、おじ・おばの死を経験したのが半分、きょうだいの死を経験したのが2割である。

第Ⅰ部　近世／近代における家族と病い　　1　日本近世の死と病いと家族

　死別による親の不在は少ないが、同じ程度で離縁や欠落などといった社会的
理由による父母の不在がみられた。

(3)　親・祖父母にとっての子や孫の死

　60歳まで生き残った場合、「逆縁の不幸」に遭うことは多いのか。

　「人別改帳」は1年に1回作成される資料であり、子どもの誕生や親の死亡
などが発生した場合、手元にある帳面に移動のメモを記入しておき、翌年の帳
面に正式な記録を掲載することが一般的である。しかし、死産や乳児死亡につ
いてはほとんど記録に残っていない。毎年3月にお調べを行っているため、4
月に生まれて9月に死亡したというような記録は出てこない。したがって私た
ちが知ることができる子どもの死、孫の死はあくまで「記録」された限りでの
死亡ということになる。

　それでも「子どもがいた」記録があり、かつ60歳まで生き残った30人のうち、
20人（67％）が子どもの死を経験していた。子どもの死に直面しなかった場合
でも6割が孫の死に直面している。つまり、60歳まで生きた場合、9割の人が
自身の子か孫の死を経験していることになる。死産や乳児死亡を加えなくてこ
の数字である。いかに死か身近であるかわかるだろう。

(4)　親の死／不在と子どもの死

　多死社会といえども、子どもが15歳になるまでに親が死亡するケースは少な
く、あくまで例外的な出来事であることがわかった。ただし、離縁や欠落、長
期間連続しての奉公が多かったため、親の不在を経験することは珍しくなく、
2割の子どもたちがそのような状況にあった。しかしながら、親の不在に直面
しても直ちに危機にさらされたわけではない。多くは祖父母やおじ・おばと
いった保護者となる大人の存在があったからである。

　逆に、60歳まで生きた大人側からみた場合、人生のどこかの段階で子や孫と
の死別を経験している。多死社会の暮らしには逆縁の不幸を経験しながら生き
なければならなかったことがみえてきた。

24

6　前近代の多死社会における家族の死

　EAP では家族制度が異なる 5 つの社会の家族・人口の比較を行い、前近代社会の家族制度が人口に与える影響を統計的に計測することを試みた。その結果、乳幼児死亡率が高く、疫病や飢饉がくれば大きく人口を減じるような前近代の多死社会では、理念的に考えるような家族制度と死亡率との直接的な関係は浮かび上がらなかった。直系家族や父系社会だからといって、あとつぎとそれ以外の死亡率が変わるというような単純な相関は見出せなかった。多死社会の死は私たちの人為的な意図を超えたところにあったのだ。

　日本の前近代社会の家族の死について、より具体的に東北農村の事例分析、メゾレベルでの量的検討を行ったところ、60歳まで生きた大人にとって、子や孫の死は多くの人が経験する共通の出来事であることがあらためて確認できた。出産時のリスクや乳児のリスクを除いても、子や孫の死は文字通り身近な出来事であった。他方、15歳まで生きた子どもにとって親の死は例外であり、その際には祖父母やおじ・おばが親の役割を担ってくれた。そして子どもにとって親との別離は死よりも、離縁や欠落、長期間の奉公といった社会的要因の方が多かった。

　これまでの研究から庶民の間でも世代を超えて単独で継承される「家」が近世後期に一般化してきたことがわかっている。東北農村の「家」の確立は他地域よりも遅いがそれでも19世紀中葉までには一般化していた（平井　2008）。

　世代を超えて代々継承される「家」というと、三世代の直系家族が想像されるのではないか。たしかに「家」が直系家族であることは間違いではないが、多死社会の直系家族は、その家族メンバーが流動的であることをふまえておく必要がある。「家」の成立は、それ以前の家族と比べてより家族の自立性が高まったと筆者は考えているが（個々の世帯が「家」的存在として単独相続で代々継承するものとなる前の世帯は、より大きな家に包摂されており個々の自立性が低かったと考えられる）、それでも死亡によるメンバーの変化、社会移動によるメンバーの変化が頻繁に生じており、家族成員が流動的であった。現在のように死亡率の低い社会では子どもたちは固定した親子 3 ～ 4 人の家族で20年ほどを過ごし、夫

婦は30歳で結婚しても80歳まで50年間夫婦を続けることとなる（現代は離婚・再婚も増えてはきたが）。

　人口転換が落ち着くのは1950年代であり、それまでの日本は直系家族制といえどもメンバーの流動性が高かったことを念頭に置いておく必要がある。また、人口転換により少産少子社会が到来する中で、近代家族が普及した。子ども中心主義や性別役割分業といった近代家族が成立するためには、人口転換により多死社会から少死社会への移行が不可欠だったのではないだろうか。

　家族変動は意識や理念だけで生じるものではなく、私たちの人生のリスクがいかなるものであるのか、親子や夫婦の関係がどの程度安定しているのか、壊れやすいのかといった人口学的要素にも大きく依存する。私たちの意識の及ばない人口指標は、その点を理解するための有益なヒントを与えてくれる。家族の変化を理解する上で、死や病いを考える意義はここにあるのではないだろうか。

　　謝辞：本章では、筆者も参加した文部省科学研究費創成的基礎研究「ユーラシア社会の人口・家族構造比較史研究1995-1999」（代表：国際日本文化研究センター速水融名誉教授）が作成したデータベースを使用した。データベースの作成を一貫して指導されました故速水融先生、資料の利用を許可くださいました故遠藤精吾氏、ベーシック・データ・シート（BDS）を作成されました成松佐恵子先生、データベースの作成作業を担当されました宇野澤正子氏をはじめとする慶應義塾大学古文書室の皆様、データベースプログラムを作成されました北海道大学の小野芳彦先生に、この場を借りてお礼を申し上げたい。

注
(1) 国立社会保障人口問題研究所編『人口統計資料集（2024年）』の表5−2参照。
(2) 乳児死亡率とは1歳までに死亡する割合を指しており、2022年の乳児死亡率は人口1000人あたり1.8人である（同編『人口統計資料集（2024年）』の表5−2参照）。また20−24歳までの生存率は同書の表5−13参照。
(3) 歴史人口学の成り立ちや日本への導入、その方法などについては（速水 1997〔2012再録〕；2020）を参照。
(4) 仁井田村の資料の特徴やその扱い方については（平井 2008）を参照。
(5) 野母村男性の寿命が3年ほど短いのはここが海村であり海難事故が多いからである（中島 2016）。
(6) 国立社会保障人口問題研究所編『人口統計資料集（2024年）』表5−6より。
(7) ユーラシア・プロジェクト（EAP）とは、文部省科学研究費創成的基礎研究「ユーラシア社会の人口・家族構造比較史研究1995-1999」（代表：速水融）のことである。現在、

EAP の成果は「麗澤大学家族史人口史プロジェクト」（代表：黒須里美）ならびに「徳川日本家族人口データベース委員会（事務局：神戸大学社会学研究室内、代表：平井晶子）」に引き継がれている。

国内の主な成果は、（速水編 2002a；2002b）、（落合編 2006；2015）、（Ochiai and Hirai eds. 2023）、（黒須編 2012）、（岡田 2006）、（高橋 2005）、（中島 2016）、（速水 2009b）、（平井 2008）他多数。

国際共同研究には家族班と人口班があり、それぞれに研究が進められた。家族班の主な成果は（Derosas and Oris eds. 2002）、（Fauve-Chamoux and Ochiai eds. 2009）、（落合・小島他編 2009）がある。人口班の主な成果は（Bengtsson and Campbell et al. 2004）、（Lundh and Kurosu et al. 2014）、（Tsuya and Feng et al. 2010）である。日本側の代表として、家族班は落合恵美子が、人口班は津谷典子・黒須里美が牽引した。

⑻ 合同家族とは、結婚後も複数の子どもが親元に残り同居する家族のことである。

⑼ 仁井田村の「人別改帳」、ベーシック・データ・シート（BDS）、データベース XAVIER を資料とする。

⑽ 当時、仁井田村を含む二本松藩は人口減少が著しく、越後国から多くの移住者を受け入れており、「かの」の事例が特殊というわけではない。移動の詳細は（長岡・黒須他 2020）参照。

⑾ 家族の流動性に関しては、次世代育成の多様な担い手についても著した（平井 2022）も参照。

引用・参考文献

岡田あおい、2006、『近世村落社会の家と世帯継承――家族類型の変動と回帰』知泉書院。

落合恵美子編著、2006、『徳川日本のライフコース――歴史人口学との対話』ミネルヴァ書房。

―――編著、2015、『徳川日本の家族と地域性――歴史人口学との対話』ミネルヴァ書房。

―――・小島宏・八木透編、2009、『歴史人口学と比較家族史』早稲田大学出版部。

黒須里美、2012、「第2章 婿取り婚と嫁入り婚――東北農村における女子の結婚とライフコース」黒須里美編著『歴史人口学からみた結婚・離婚・再婚』麗澤大学出版会。

―――編著、2012、『歴史人口学からみた結婚・離婚・再婚』麗澤大学出版会。

河野稠果、2016、『世界の人口（第2版）』東京大学出版会。

高橋美由紀、2005、『在郷町の歴史人口学――近世における地域と地方都市の発展』ミネルヴァ書房。

長岡篤・黒須里美・高橋美由紀、2020、「近世東北における陸奥国二本松藩町村の人口移動の空間的広がり」『言語と文明』18（2）、140-149頁。

中島満大、2016、『近世西南海村の家族と地域性――歴史人口学から近代のはじまりを問う』ミネルヴァ書房。

成松佐恵子、1992、『江戸時代の東北農村――二本松藩仁井田村』同文舘出版。

速水融、1992、『近世濃尾地方の人口・経済・社会』東洋経済新報社。

―――、1997、『歴史人口学の世界』岩波書店（再録：岩波現代文庫、2012年）。

―――、2009a、「第2章 幕末・明治期の人口趨勢――空白の四半世紀は？」『歴史人口学研究――新しい近世日本像』藤原書店。

―――、2009b、『歴史人口学研究――新しい近世日本像』藤原書店。

────、2020、『歴史人口学事始め――記録と記憶の九〇年』筑摩書房。

────編著、2002a、『近代移行期の人口と歴史』ミネルヴァ書房。

────編著、2002b、『近代移行期の家族と歴史』ミネルヴァ書房。

平井晶子、2008、『日本の家族とライフコース――「家」生成の歴史社会学』ミネルヴァ書房。

────、2022、「第3章　近世村落における後継者育成の前提条件――歴史人口学の視点から」鈴木理恵編『家と子どもの社会史――日本における後継者育成の研究』吉川弘文館。

Bengtsson, T., C. Campbell, J. Lee, et al., 2004, *Life under Pressure: mortality and living standards in Europe and Asia, 1700-1900*, MIT.

Campbell, C., J. Lee, and T. Bengtsson, 2004, "Chapter 3 Economic Stress and Mortality," *In* Bengtsson, Campbell, Lee, et al., *Life under Pressure: mortality and living standards in Europe and Asia, 1700-1900*, MIT.

Derosas, R. and M. Oris eds., 2002, *When Dad Died: individuals and families coping with family stress in past societies*, Peter Lang.

Fauve-Chamoux, A. and E. Ochiai eds., 2009, *The Stem family in Eurasian Perspective: Revisiting House Societies, 17th-20th Centuries*, Peter Lang.

Lee, J., C. Campbell, and W. Feng, 2004, "Chapter 5 Society and Mortality," *In* Bengtsson, Campbell, Lee, et al., *Life under Pressure: mortality and living standards in Europe and Asia, 1700-1900*, MIT.

Lee, J., C. Campbell, and T. Bengtsson, 2004, "Chapter 14 Agency and Demography: Eurasian Comparisons of Life under Pressure," *In* Bengtsson, Campbell, Lee, et al., *Life under Pressure: mortality and living standards in Europe and Asia, 1700-1900*, MIT.

Lundh, C. and S. Kurosu, et al., 2014, *Similarity in Difference: marriage in Europe and Asia, 1700-1900*, MIT.

Ochiai, E. and S. Hirai eds., 2023, *Japanizing Japanese Families: Regional Diversity and the Emergence of a National Family Model through the Eyes of Historical Demography*, Brill.

Tsuya, N. O., W. Feng, G. Alter, and J. Lee, et al., 2010, *Prudence and Pressure: reproduction and human agency in Europe and Asia, 1700-1900*, MIT.

資料・関連ホームページ

国立社会保障人口問題研究所編『人口統計資料集（2024年）』

https://www.ipss.go.jp/syoushika/tohkei/Popular/Popular2023RE.asp?chap=0（2024年8月11日最終閲覧）

「麗澤大学人口・家族史プロジェクト（代表：黒須里美）」

http://www.fl.reitaku-u.ac.jp/pfhp/index.html（2024年8月11日最終閲覧）

第2章

徳川時代における疱瘡／コレラと家族
——死亡クライシスから感染症、そして病いへ——

中島　満大

1　感染症に起因する死亡クライシス

　本章は、死亡クライシスから感染症の事例を析出し、徳川時代に生きる人々が感染症を病い（illness）として受容していく過程を描くことを目指す。

　歴史人口学では、死亡率の急激な高まりをあらわす死亡クライシスの研究が蓄積されてきた。徳川時代の享保、天明、天保の三大飢饉が有名であるが、それ以外にも平常時の人口を急減させるような死亡クライシスが発生していた。歴史人口学者の木下太志は、三大飢饉以外にも、麻疹、疱瘡、流行性感冒、発疹チフス、腸チフス、赤痢などの伝染病の流行によって、死亡クライシスが発生していたことを指摘している（木下 2002）。また木下は、「該当年を中心とした普通死亡率の25ヵ年移動平均を求め、その値を該当年の普通死亡率が50％上回る年」を死亡クライシスの操作定義として採用している（木下 2002：118）[1]。

　死亡クライシスは、死亡以外の事象にも働きかける。P. グベールによれば、大量死亡が発生した際には、婚姻数の減少とその後のキャッチアップ、出生をもたらす妊娠数の大幅な低下が生じるという（グベール 1992）。また「危機の期間における出生『欠落』〔妊娠数の低下〕は、妻が妊娠中に死亡したことから生じたのかもしれないし、夫または妻自身の死亡によって妊娠が不可能になったから生じたのかもしれない」として、彼はそのメカニズムにも言及している（グベール 1992：45）。このように飢饉や感染症によって引き起こされた死亡クライシスは、今度は自らが原因となって、出生や家族に影響を与えていく。

　本章は、これまで死亡クライシスの中に含まれていた感染症の事例をすくい上げていく。感染症が死亡率の高まりをもたらすときに、どのように出生と家

族が変化するのかを、他の死亡クライシスと峻別し記述していこう。さらに徳川時代の村落に暮らす人々が感染症を、病いとして受け入れていくプロセスを本章では描いていく。病いとは、病者やその家族メンバー、あるいはより広い社会的ネットワークの人々が、いかにして症状や能力低下を認識し、それとともに生活し、それらに反応するのかということを示すものである（クラインマン 1996）。加えて病いには、苦悩や、それが日々の暮らしに生み出す実際上の問題に、どう対処するのが最もよいと患者が判断しているのかということも含まれていなければならない（クラインマン 1996）。それでは未知なる感染症、名前のついていない感染症に対して、徳川時代に暮らす人々が、どのように知識を収集し、経験を蓄積することで、感染症を病いとして受容したのだろうか。歴史人口学の視点から素描していこう。

2　対象地域

本章ではふたつの村における病いの経験を取り上げる。ひとつは、肥後国天草郡高浜村である。もうひとつは、肥前国彼杵郡野母村である。

高浜村は、天草下島の西海岸に位置し、東シナ海に接している。生業としては天草陶磁器のルーツとされている高浜焼の製造が有名であるが、漁業も行われていた。また1671（寛文11）年以降、高浜村は幕府直轄領であった。

高浜村には、上田家文書と呼ばれる文書総数が6911点にも及ぶ史料群が残っており、史料内容は土地、勤役、砥石陶山、酒造など多岐にわたっている（東 2016）。中でも上田家の歴代当主が書き継いだ日記が18世紀末から19世紀後半まで現存しており、それによって感染症流行時に高浜村がどのように対応したのかを現代に生きる私たちは詳細に知ることができる。

今回、本章が主たる史料として用いるのが、高浜村に残る宗門改帳『宗旨御改影踏帳』である。宗門改帳は、本来、村落に住む人々の宗旨を確認する際に作られた文書であり、高浜村の宗門改帳は1770（明和7）年から1866（慶応2）年まで残っている。年によって史料が欠けていたり、時期によって残存している村落内集落が異なったりしていることはあるものの、継続した史料によって当時の高浜村の人口や死亡、出生の状況を把握することができる。

第2章　徳川時代における疱瘡／コレラと家族

　野母村は、長崎半島の先端に位置した海に囲まれた村落であり、徳川時代から現代に至るまで漁業が営まれている。特に徳川時代においては、カツオ漁と水産加工業が盛んであった。高浜村と同様、野母村もまた幕府直轄領であった。

　本章では野母村で作成された宗門改帳『野母村絵踏帳』を史料として用いる。また野母村の宗門改めは、絵踏という行為と結びついていた。現在残っている『野母村絵踏帳』は1766（明和3）年のものが最も古い。いくつかの年の史料が欠けているものの、1871（明治4）年までの約105年間、史料が継続している。

　ふたつの村落に共通しているのは、徳川時代を通じて、壊滅的な人口減少を経験しなかった点にある。高浜村の人口は17世紀末から19世紀にかけて、約900人から3600人へと増加した（東 2016）。野母村も1766年の人口は2346人であったが、史料最終年の1871年には3569人にまで人口が増えていた（中島 2016）。両村落は、一時的に感染症などの影響によって人口が減ることはあったが、減少分を平常時の人口増加で補うことができていた。したがって本章が取り上げるふたつの事例は、感染症によって壊滅的な人口減少を経験した村落ではなく、感染症による被害はあったものの、それに対処することで徳川時代中期から後期を通して、人口維持・拡大してきた村落であるといえよう。

3　高浜村と疱瘡

(1)　疱瘡という病い

　疱瘡（天然痘）は、天然痘ウイルスが空気伝染により侵入することで発症する。疱瘡は12日程度の潜伏期間を経て、頭痛を伴う高熱で始まる（相川 2018）。特に乳児の痘が口腔・咽頭・食道に波及すると、哺乳できなくなるため、乳児死亡率は5割を超えていた（相川 2018）。疱瘡の特徴として、第1にヒトからヒトへと感染すること、第2に顕性感染であること、第3に一度罹患すると終生続く免疫が得られること、第4に「流行病」として存在しえなかったということが挙げられている（香西 2019）。したがって疱瘡は、大人は子どものときに発症し、抗体を保持するとその後一生罹ることはなく、まだ感染していない小児のみが罹る小児の疾患として日本列島に定着していた（相川 2018）。

　疱瘡流行の発生サイクルと人口規模との関連性について、地理学者の小林茂

は、麻疹流行の波モデルが疱瘡にも当てはまるかどうかを検討している（小林 2000）。流行の第Ⅰタイプは、人口規模が大きく、常時天然痘患者がおり、短い間隔でほぼ周期的に流行する場合である。第Ⅱタイプは、後述する第Ⅲタイプに比べて、人口規模が大きく、病原体は内部で循環できないが、免疫をもたない人の増大がはやく、流行の条件が整いやすい。今回の高浜村に該当する可能性があるタイプは第Ⅲタイプである。第Ⅲタイプは、人口規模が小さく、病原体が内部で循環できないだけでなく、免疫をもたない人の増大にも時間を要する。免疫をもたない人がかなり増大したところで病原体が侵入すると、大流行が発生する。つまり疱瘡が流行病として立ち上がってくる間隔は、人口規模に規定されている側面がある。

　続いて疱瘡流行と子どもの死亡に関する歴史研究を参照しておこう。地理学者の渡辺理絵は、出羽国中津川郷を対象として、1795年から1796年の天然痘の流行について、疱瘡の罹患者の大半が10歳以下の子どもであったことを明らかにしている（渡辺 2010）。疱瘡の伝播は、ウイルスの媒介者の大半が10歳以下の子どもであったため、伝播速度が極めて遅く、次の流行までに未罹患者が再生産されていた（渡辺 2010）。さらに次の流行によって村内の未罹患者の大半が感染し、回復後には免疫を獲得したため、大人が感染することは少なく、社会生活が立ち行かないほどの壊滅的な被害を受ける恐れは低かった（渡辺 2010）。歴史地理学者の川口洋は、武蔵国多摩郡中藤村原山における疱瘡流行を検討している（川口 2001；2002）。川口の研究によれば、1834年から種痘が導入された1852年末の間では子どもの死亡者90人のうち、52％が天然痘による死亡であること、1853年から1871年の間では子どもの死亡者40人のうち、25％が天然痘による死亡であり、牛痘種痘法の導入によって子どもの死亡数が減少したことを示している。このように種痘法導入以前においては、特に子どもの罹患、そしてそれに伴う死亡が、疱瘡の特徴であった。

⑵　高浜村における疱瘡への対応

　天草郡高浜村では、文化期に３度にわたり疱瘡が流行していた（東 2016）[2]。１度目は1807（文化４）年から1808（文化５）年、２度目は1809（文化６）年、３度目の流行は1813（文化10）年であった。中でも１度目の流行は大規模なも

のとなった。高浜村と同じ大江組に属する崎津村でも、1801（享和元）年、1813（文化10）年、1834（天保5）年に疱瘡が猛威をふるっていた（東 2008）。先述の通り、高浜村では疱瘡が流行したものの、徳川時代を通じて人口増加を基調としていたが、崎津村では疱瘡によって人口が急激に減少していた（東 2016）。ふたつの村落における人口変動の差は、疱瘡への対応の差によって生まれている。高浜村では山小屋や除小屋に患者を隔離するなどの措置をとったことにより、大規模な人口減少を回避したが、崎津村ではそのような対策をとらなかったため、人口減少が生じていた（Murayama and Higashi 2012）。さらに高浜村では、他国養生が対策として採用されていた（東 2009）。

　高浜村では、1807年の疱瘡流行の契機が史料に記録されている（東 2016）。1807年11月28日に高浜村諏訪で漁師の慶助が死亡した。彼の葬式に参列した20人が疱瘡に感染し、全村に拡大した。12月13日には病人は山入、つまり山小屋に送るという措置がとられている。また1808年1月23日に諏訪の加兵衛が亡くなった際には、親類中が疱瘡の蔓延した諏訪を嫌い、葬式にはすでに疱瘡に罹患した者のみが参列した（東 2016：190）。このことからもわかるように、疱瘡に一度罹患すると再び罹患しないという認識が高浜村では共有されていた。けれども1808年2月に高浜村で疱瘡が再発し、以前に疱瘡に罹っていた者が、再び疱瘡に罹ったことが記録として残っている。そこから病人が増え、病人を山小屋で隔離するという対策が継続してとられている。4月には散発的に疱瘡が発生しており、山小屋での隔離ではなく、病者は他国養生という方針がとられるようになった。

　それでは宗門改帳から1807年から1808年の死亡数を確認していこう（**資料2－1**）。まず1807年12月の死亡数をみると、同年11月の3人から、12月は28人に急増している。続く1808年1月にはさらに死亡数が増え、41人が亡くなっていた。高浜村では1807年11月末の葬式をきっかけとして疱瘡が流行したが、その影響は宗門改帳上の死亡数にも反映されていた。1808年2月の疱瘡再発は、3月の死亡数を微増させていた。4月にも疱瘡が発生したと記録には残っているが、死亡数の増加を確認することはできなかった。つまり2月や4月の疱瘡再発に対して、高浜村では山入や他国養生という対策をとることで、死亡数を抑えることにある程度成功していたといえよう。

第Ⅰ部　近世／近代における家族と病い　　　1　日本近世の死と病いと家族

資料 2 − 1　高浜村と野母村の月別死亡数：単位（人）

高浜村	1月	2月	3月	4月	5月	6月	7月	8月	閏8月	9月	10月	11月	12月
1807*	1	1	4	1	3	3	4	1	—	4	5	3	28
1808*	41	5	12	7	0	18	16	23	—	1	3	2	8

野母村													
1821	4	13	5	1	2	6	4	1	—	6	4	4	3
1822*	2	12	6	2	8	2	4	4	—	7	41	10	1
1823	1	7	2	5	2	6	2	4	—	1	6	4	3
1857	11	8	4	5	8	5	6	10	—	4	4	6	4
1858*	5	13	12	19	9	4	57	25	—	13	7	2	3
1859	5	2	3	5	3	7	26	21	—	12	3	5	8
1861	3	9	5	6	7	7	5	9	—	4	2	7	8
1862*	6	2	7	12	16	18	64	31	5	5	4	8	3
1863	18	9	8	3	5	3	23	13	—	4	2	3	10

（注記）　＊は感染症（疱瘡もしくはコレラ）が流行した年を示している。
（出所）　筆者作成。

　疱瘡流行期の死亡について年齢という視点からみていくと、1807年12月と1808年1月の死亡69人のうち、15歳未満の死亡は20人であった。子どもの罹患やそれに伴う死亡という疱瘡の特徴をふまえると、高浜村における文化期の1度目の疱瘡流行では、成人や高齢者の方が死亡していたといえるだろう。ではこの点をどのように解釈すればよいのだろうか。

　ひとつ目の可能性は、高浜村における疱瘡流行の間隔の問題である。高浜村では人口規模が数千人であり、文化期以前に疱瘡が流行したかどうかに加えて間隔の長さが重要になる。たとえば文化期以前に疱瘡が流行しておらず、もしくは流行していた場合でも文化期の流行までの間隔が長いのであれば、高浜村に暮らす人たちは疱瘡に対する免疫を有していない可能性が高い。今回、成人や高齢者の死亡数が多いということは、疱瘡の免疫をもっていない人たちが多かったということだろうか。

　ふたつ目の可能性は、史料の性質によるものである。本章では宗門改帳という史料に記録されている死亡から高浜村の疱瘡流行を論じている。宗門改帳には「記録されない出生」という問題がある。ある年の宗門改めと翌年の宗門改

めの間に生まれた子どもで、その間に亡くなってしまった子どもは宗門改帳には記録されない。この記録されない出生は、乳児死亡を過少に評価することにつながる。すなわち今回の分析では疱瘡による乳児死亡を捉えられていない。したがって宗門改帳から疱瘡と子どもの死亡の問題に接近するときには、記録されていない乳児死亡に留意する必要がある。このように疱瘡流行時の死亡数に占める子どもの死亡が少なかったことは、宗門改帳という史料の性質に起因している可能性がある。[3]

　最後に疱瘡が、高浜村の家族にどういった影響を与えたのかをみておこう。高浜村諏訪では1807年には82軒の家があった。そのうち疱瘡の流行によって、家頭が死去した家は14軒であった（東 2021）。14軒のうち10軒は、家頭が死亡した時点で継承者がおり、替門（家頭の交代）によって乗り切っていた。3軒は、家頭が死亡した時点で継承者がおらず、別家入となり、他家に統合されていた。残りの1軒は絶家していた。疱瘡流行という突発的な事態によって家頭を失うという危機に対して、諏訪の家々は替門や別家入という方法で対応していた。

4　野母村とコレラ

⑴　コレラという病い

　本節では、コレラという感染症に見舞われた野母村の事例を取り上げる。徳川時代において数少ない海外との接点であり、「感染症の入り口」とも呼ばれた長崎にも野母村は近い。さらにコレラは水や食物を介して感染するため、野母村のような海村や漁業を生業とする村落で、どのように、あるいはどの程度、感染が広がっていったのかについてもまだわからない点が多い。

　コレラは代表的な経口感染症のひとつで、コレラ菌で汚染された水や食物を摂取することによって感染し、下痢、嘔吐、脱水症状を引き起こす（竹田 2000）。1882（明治15）年の流行に際して、年齢別コレラ患者数をみると、成人の罹患率が高かった（杉山 2001）。

　コレラが初めて日本に入ってきたのは、1822（文政5）年といわれている（富士川 1969）。1822年の旧暦8月下旬、対馬にコレラが発生し、九州、中国、大坂地方に広がった（酒井 1999）。徳川時代には少なくとも3度にわたって大規

35

第Ⅰ部　近世／近代における家族と病い　　1　日本近世の死と病いと家族

模なコレラの流行が発生している。2度目の流行となった1858（安政5）年には、長崎港に入港したミシシッピー号から長崎の出島より長崎市内にコレラが拡大した（酒井 2008）。また1858年の流行は、夏季集中型で壮年層の死亡率が高い（菊池 1978）。長崎では7月に、熊本では8月にピークをむかえていた（菊池 1978）。3度目の流行である1862（文久2）年は、徳川時代において最もコレラが流行した年との指摘もあり、その説明として麻疹先行流行説が提示されている（菊池 1978）。麻疹先行流行説とは1862年の夏には先に麻疹が、その後にコレラが流行したことによって、感染がさらに広がったという仮説である。[4] そのためこの年の死亡数の推移は、夏季にふたつのピークがあった。

　では3度にわたるコレラの流行は、野母村ではどのように観察されたのだろうか。まず1822年は上述の操作定義で算出した死亡クライシスに該当している。この年の特徴は、15歳未満の死亡数が相対的に少なく、総死亡数に占める割合は6.7％であった。月別死亡数をみると、1822年10月の死亡数は41人となっており、前年と翌年の同じ月の死亡数と比較しても、死亡数の高さが際立っている（**資料2-1**参照）。したがって8月下旬に対馬で発生したコレラは、10月には野母村に侵入し、猛威をふるっていたといえよう。

　次に1858年のコレラ流行についてみていこう。1858年の野母村の総死亡数は169人であり、死亡クライシスの基準を満たしていた。1822年に比べると、総死亡数に占める15歳未満の割合は、26.9％と高くなっているものの、15～60歳未満の割合は53.8％であった。月別にみると野母村では7月に死亡数のピーク（57人）をむかえている。同年5月にミシシッピー号が長崎港に到着しており、長崎では6月に患者が発生していた。野母村にコレラの脅威が迫ったのは、長崎市内よりも1ヶ月遅く7月であり、8月になってもコレラの流行は野母村で続いていた。さらに1858年のコレラ流行で特徴的な点は、翌年1859年にも再流行している点にある。感染症が波を作ることは、新型コロナウイルスの経験からも知るところであるが、1858年のコレラもまた翌年に、もう一度野母村を襲っていた。

　最後に徳川時代の中でも最大のコレラ流行年と呼ばれる1862年を検討する。1862年も死亡クライシスが生じており、野母村の死亡総数は181人であった。総死亡数の15歳未満の死亡が占める割合は29.8％、15～60歳未満の死亡が占め

36

資料2-2　女子／男子死亡率と総出生率の散布図　期間：1766-1871年

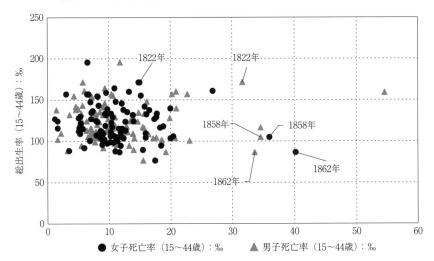

（出所）筆者作成。

る割合は52.5％と、1858年のコレラ流行とほぼ同じ傾向にあった。1862年は、4月頃から徐々に死亡数が増えていたが、7月に入ると死亡数が急増した。3回のコレラ流行のうち、月別死亡数で比較すると、1862年が野母村にとっても最も大規模な流行であり、全国的なトレンドとも一致しているといえる。麻疹先行説については死亡数に関するふたつの山は観察できないものの、徐々に死亡数が増えている点が、他の2回の流行とは異なっている。加えて1858年と同じく、1862年のコレラ流行は、翌年7月に再度流行していた。

(2)　コレラと出生

ここまで徳川時代に野母村が経験した3度にわたるコレラの流行を、月別死亡数から確認してきた。ではコレラが野母村に侵入した際に、出生にはどのように波及していたのだろうか。

資料2-2は、15～44歳の死亡率を横軸に、同じく15～44歳の総出生率を縦軸にとった散布図である。散布図内の黒色の丸が女子死亡率と総出生率との関係を、灰色の三角が男子死亡率と総出生率との関係を示している。

資料2-3　1822年を基点とした女子／男子死亡率と総出生率の散布図

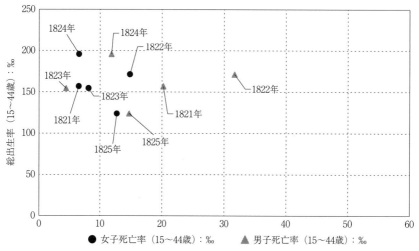

（出所）　筆者作成。

　初めに確認しておきたいことは、性別を問わず15〜44歳の死亡率に対してコレラの流行が強く寄与している点である。コレラが青年期や壮年期の人々の命を数多く奪っていたことは明らかであろう。
　次に3度のコレラ流行をそれぞれみていこう。1822年の流行については、女子死亡率よりも男子死亡率の方が高く、さらに他の2回の流行と比べても最も死亡率の男女差が大きい年であった。総出生率をみると、コレラ流行年だけでなく、他の年と比べても高い水準にあった。したがって1822年における15〜44歳の女子死亡率が、何らかの理由で低く抑えられていたため、総出生率は相対的に高い水準を維持することができた。
　今度は視点を変えてコレラ流行年を基点とし、出生率と死亡率との関連性を検討していこう。**資料2-3**は、1822年を基点とし、その前年から1825年までの推移をプロットしたものである。先にみたように1822年のコレラ流行年は、女子死亡率が相対的に低く抑えられており、それに伴い、1822年のコレラ流行後も1824年までは総出生率は高い水準で推移していた。
　時代は下って1858年のコレラ流行年をみると、1822年に比べて死亡率の男女

資料 2-4　1858年を基点とした女子／男子死亡率と総出生率の散布図

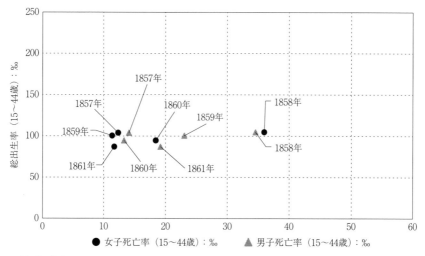

(出所)　筆者作成。

差は小さくなっている。しかし死亡率の水準は男女ともに1822年を上回っている。特に女子死亡率に関しては、1822年には14.8‰だったが、1858年に流行した際には36.0‰という死亡率を記録している。それに関連して、総出生率もまた1822年には171.3‰であったが、1858年には104.6‰と相対的にかなり低い水準まで下がっている。ただしコレラ流行の前年にあたる1857年の総出生率も、1858年とほぼ同じ水準であったので、この時期の野母村の総出生率は低い水準で推移している中で、コレラが発生したということになる（**資料2-4**）。さらに1858年のコレラ流行は、性別を問わず死亡率が高い状態にあり、翌年にもコレラが再流行した。その影響もあってか、総出生率は1861年まであまり変化しておらず、比較的低い出生率の水準で推移し、回復や上昇の兆しはみられなかった。

　最後に1862年のコレラ流行をみてみると、3回の流行のうち、最も15～44歳の女子死亡率が高かったのが、この年である。また1822年とは反対に、今回は女子死亡率の方が同年の男子死亡率よりも高く、男女差が顕在化している。総出生率をみても、1862年は86.3‰と、史料で確認する中でも非常に低い水準に

第Ⅰ部　近世／近代における家族と病い　　1　日本近世の死と病いと家族

資料2-5　1862年を基点とした女子／男子死亡率と総出生率の散布図

総出生率（15〜44歳）：‰

1865年
1865年
1864年
1864年
1863年
1861年
1863年
1861年
1862年
1862年

0　　10　　20　　30　　40　　50　　60

● 女子死亡率（15〜44歳）：‰　　▲ 男子死亡率（15〜44歳）：‰

（出所）　筆者作成。

まで落ち込んでいた。1862年を基点としてみると、総出生率は前年の1861年から低い水準で推移し、コレラ流行年の1862年、再流行年の1863年でもほぼ同じ水準に位置していた（**資料2-5**）。しかし1864年、1865年と野母村の総出生率は徐々に上昇していた。1858年のコレラ流行と、そう離れていない時期に起こった1862年のコレラ流行であったが、前者と後者が進んでいく水路は異なっていた。前者は流行年を基点として4年間は低い水準のままであったが、後者は1863年のコレラ再流行の後、出生率が上昇していた。

　ここまではコレラ流行時における死亡率と出生率との関係性を検討した。ここで一度、立ち止まり、以下の2点を確認しておきたい。1点目はコレラ流行時においても、流行年ごとに性別による死亡率の水準が異なっていたことである。この点に関しては、ジェンダーと感染可能性という点で大変興味深い。コレラによる死亡率の男女差に、感染経路や男女の役割の違いが反映されている可能性がある。仮説の域を出ないけれども、1822年の流行では男性の方が女性よりも村外へ行く機会が多く感染しやすかった、1862年の流行では女性の方が男性よりも看病といったケアの役割を担っていたため、コレラに感染するリス

40

クが高くなっていたといったことは考えられるのではないだろうか。[5]

　2点目はコレラ流行年においては、男子死亡率よりも女子死亡率が総出生率に関連していた可能性が高い点である。15〜44歳の女子死亡率が高い水準にあった1858年と1862年のコレラ流行時には、両年の総出生率は低い水準にあった。他方、1822年では男子死亡率が高かったものの、女子死亡率はそこまで上昇していなかったため、その年の総出生率は相対的に高い値をとっていた。野母村の事例からみると、コレラによる女性の死亡あるいは死亡リスクの高まりは、夫婦が子どもをもつこと、あるいは産み控えることにも関係していた可能性が高い。

(3) コレラと継承

　前項では、コレラが野母村の死亡と出生に与えた影響についてみてきた。本項においては、コレラが猛威をふるった時期に宗門改帳の世帯の筆頭者（戸主）が亡くなった場合、どのようなかたちで継承が行われていたのかを明らかにしていこう。[6]

　分析に進む前に、野母村ではコレラが流行した年に何人の戸主が死亡していたのかを確認しておこう。1822年では死亡総数が99人であり、コレラが発生したと考えられる9月から12月の死亡数は59人であった。59人のうち、戸主の死亡は22人で、1822年の9月から12月の死亡に占める戸主の割合は37.3％となっていた。1858年において、死亡総数が169人、6月から10月の死亡が106人、その期間の死亡者のうち、戸主が占める割合は52.8％であった。この年は、3度のコレラ流行の中で最も戸主の死亡数が多かった。1862年の死亡総数は181人、6月から閏8月の死亡数は118人、そのうち戸主の死亡が占める割合は22.9％であった。1862年は野母村においてコレラの被害が最も大きかったが、戸主の死亡割合は最も低かった。

　まず野母村では、コレラ発生時に戸主が死亡した場合、ほとんどのケースにおいて、天草高浜村でいうところの替門（世帯内での戸主の交代）で対応していた。別家入や絶家の事例もあったが、その数は少なかった。[7]

　それでは次に戸主が亡くなった世帯では誰が継承者になっていたのだろうか（**資料2-6**）。3回の流行年を通じて、最も多かったのが、戸主の妻であった。

41

第Ⅰ部　近世／近代における家族と病い　　1　日本近世の死と病いと家族

資料2-6　戸主からみた継承者の続柄

	妻	息子	家主	弟	母	娘	甥	兄	妹	孫	合計
1822	9	6	1	2	2	1	1				22
	(40.9)	(27.3)	(4.5)	(9.1)	(9.1)	(4.5)	(4.5)	(0.0)	(0.0)	(0.0)	(100.0)
1858	23	17	4	4	3	2	1	1	1		56
	(41.1)	(30.4)	(7.1)	(7.1)	(5.4)	(3.6)	(1.8)	(1.8)	(1.8)	(0.0)	(100.0)
1862	10	9	4	2		1				1	27
	(37.0)	(33.3)	(14.8)	(7.4)	(0.0)	(3.7)	(0.0)	(0.0)	(0.0)	(3.7)	(100.0)
合計	42	32	9	8	5	4	2	1	1	1	105
	(40.0)	(30.5)	(8.6)	(7.6)	(4.8)	(3.8)	(1.9)	(1.0)	(1.0)	(1.0)	(100.0)

（　）内は％
（出所）　筆者作成。

全期間を通じて、コレラが発生した際に戸主が亡くなった場合、妻が戸主を継承することが多かった。野母村における継承の特徴のひとつとして、女性が継承するケースが多いこと、さらに中継ぎとしての継承が多いことが挙げられている（中島 2016）。中継ぎとしての継承とは、戸主が亡くなった時点で、世帯内に適切な継承者がいない場合、妻が次の戸主が育つまで、あるいは現れるまでの中継ぎとして戸主という役割を担うことを示している。2番目に多かったのは、戸主の息子が継承者となる場合であった。3番目に継承者となることが多かったのは家主であり、この点は幾分特徴的である。この継承では戸主が死亡した後、別の世帯から家主が入ってくる。亡くなった戸主の娘の結婚相手として家主が登場する事例が多かったが、家主が自身の妻や子どもたちを伴って、戸主が亡くなった世帯に入る事例もあった。高浜村が別家入という戸主を失った世帯が他の世帯に合流するというかたちをとっていたこととは対照的に、野母村では他の世帯から家主を連れてくることで対応していた。

　コレラのように突発的に感染症が流行した場合、そうした危機に対応するためにも、女性による継承や多様な継承者の確保は、生活していくためには必須の実践であった。

5　病いとしての受容

　高浜村では疱瘡、野母村ではコレラという感染症を、人々はいかにして病い

として受容してきたのだろうか。

　疱瘡は、一度罹患し免疫を得ることで再び疱瘡には罹患しない。この知識を村落で暮らす人たちが認識・共有することで対応の水準を上げることができた。1807年に高浜村で発生した疱瘡においても、疱瘡は感染病であるということを知っていたからこそ、山小屋への隔離や他国養生という対策をとることができた。そして一度疱瘡に罹患した者が再び感染しないということを認識していたからこそ、葬式に参列する者や山小屋に物資を届ける者を、すでに疱瘡に罹ったことがある者に限定することができた。つまり疱瘡を病いとして受け止めていたからこそ、壊滅的な人口減少を高浜村は回避することができた。そして病いとして受け止めるためには、さらに病いの経験を後生に伝えていくためには、その記録を書き残すことが重要であった。

　コレラは感染症であるけれど、疱瘡のように一度罹れば再び罹らないということはない。それならば疱瘡よりもコレラの方が、当時の人々が病いとして受け入れることは難しく、時間がかかったのではないか。なぜなら誰が、どのように感染したのかが、ある程度目星がつかなければ、病いとして受容できないからである。たとえば、野母村の事例が示唆するように、コレラは、女性が子どもを産むことや夫婦が産み控えることにも作用していた可能性がある。したがってコレラの感染についても、ジェンダーの影響を考慮しなければならない。感染可能性が高いと想定されるケアに従事する者に、あるいは村外へ出る機会が多い者に、ジェンダー差があったのであれば、その帰結は死亡というかたちで顕在化するはずである。より精緻な分析を準備する必要があるが、ジェンダーと感染可能性という視点は意識しておかなければならないだろう。

　どうすれば疱瘡やコレラに罹患するのか、何をしたら感染するのかについての日常知や生活知も含む知識や経験を蓄積していかなければ、人々は病いとして受容することはできない。このように感染症という未知なるものに対して、幾度かの流行やそれに伴う死亡という犠牲を引き受けながら、徳川時代に生きる人々は、疱瘡やコレラを病いとして受容することで自らの生活と病いとの折り合いをつけていたのではあるまいか。

第Ⅰ部　近世／近代における家族と病い　　1　日本近世の死と病いと家族

謝辞：本章は文部省科学研究費創成的基礎研究「ユーラシア社会の人口・家族構造比較史研究1995-1999」（代表：国際日本文化研究センター速水融名誉教授）より作成されたデータベースを使用した。また本章の執筆にあたり、『野母村絵踏帳』の使用を認めていただいた速水融先生、ならびに史料を現代語に訳し、データベースの基礎となるベーシック・データ・シート（BDS）を作成していただいた成松佐恵子先生、データベースを作成していただいた小野芳彦先生、そしてデータを入力していただいた東美由紀さん、仁田坂真弓さん、松浦早江子さん、花内じゅんこさんに心からお礼を申し上げます。今回、高浜村のデータは、麗澤アーカイブス人口資料（人口・家族史研究プロジェクト所蔵）から提供いただきました。また本章はJSPS科研費課題番号［18K02035］、［20H01569］の助成を受けたものです。

注

(1)　本章で取り上げる野母村に対して、この死亡クライシスの定義を当てはめると、約105年の史料残存期間中、13年が該当した（中島 2016）。後述する野母村における３度のコレラの流行年も死亡クライシスが発生していた。

(2)　高浜村の事例では、長年にわたってこの村落を研究し続けている東昇の論考を土台として議論を進めていく。そこに適宜、筆者が算出した値をあわせて分析を行う。

(3)　本章が参照した先行研究では子どもの死亡のうち、疱瘡による死亡が占める割合を算出しており、今回の分析とは求めている割合が異なることにも注意しなければならない。

(4)　麻疹は免疫記憶を破壊するため、他の疾患への感受性が高まるという報告もある（Wei-Haas 2019）。

(5)　ジェンダーと感染可能性という視点は、本書に収録されている鈴木則子論文（Ⅰ-1-3）や鈴木（2021）から着想を得た。

(6)　宗門改帳における記載単位、いわゆる一筆のことを世帯と、そして一筆の筆頭者を戸主と表記して議論を進めていく。野母村における一筆に関する議論については、中島（2016）を参照のこと。

(7)　分類上、今回は戸主の死亡に伴う継承に限定しているものの、コレラによって戸主だけでなく、継承候補者も亡くなっていたことにも留意する必要がある。

(8)　だからこそ1808年２月に以前疱瘡に罹患した者が再び罹ったことは、疱瘡に関する知見を揺るがす逸脱した重要な事例として、記録されていたのではないか。

引用・参考文献

相川忠臣、2018、「天然痘――地方病から地球規模の病気へ、そして根絶へ」青木歳幸・大島明秀・W.ミヒェル編『天然痘との闘い――九州の種痘』岩田書院、16-26頁。

川口洋、2001、「牛種痘病法導入期の武蔵国多摩郡における疱瘡による疾病災害」『歴史地理学』43（1）、47-64頁。

―――、2002、「種痘の導入にともなう天然痘による子供の死亡数の減少」『多摩のあゆみ』105、42-49頁。

菊池万雄、1978、「江戸時代におけるコレラの流行――寺院過去帳による実証」『人文地理』30（5）、63-77頁。

木下太志、2002、『近代化以前の日本の人口と家族——失われた世界からの手紙』ミネルヴァ書房。

グベール、P. ／遅塚忠躬・藤田苑子訳、1992、『歴史人口学序説——17・18世紀ボーヴェ地方の人口動態構造』岩波書店。

クラインマン、A. ／江口重幸・五木田紳・上野豪志訳、1996、『病いの語り——慢性の病いをめぐる臨床人類学』誠信書房。

香西豊子、2019、『種痘という〈衛生〉——近世日本における予防接種の歴史』東京大学出版会。

小林茂、2000、「近世の南西諸島における天然痘の流行パターンと人痘法の施行」『歴史地理学』42（1）、47-63頁。

酒井シヅ、1999、「近世社会とコレラ」酒井シヅ編『疫病の時代』大修館書店、65-90頁。

———、2008、『病が語る日本史』講談社。

杉山伸也、2001、「第4章　疫病と人口」速水融・鬼頭宏・友部謙一編『歴史人口学のフロンティア』東洋経済新報社、91-112頁。

鈴木則子、2021、「安政五年コレラ流行をめぐる〈疾病経験〉——駿州大宮町桝屋弥兵衛の日記から」『歴史学研究』1011、12-25頁。

竹田美文、2000、「感染症の話」『感染症発生動向調査 週報』2（1）、9-11頁。

中島満大、2016、『近世西南海村の家族と地域性——歴史人口学から近代のはじまりを問う』ミネルヴァ書房。

東昇、2008、「文化二年『天草崩れ』と宗門改帳——肥後国天草郡崎津村文書を中心に」『京都府立大学学術報告．人文・社会』60、69-84頁。

———、2009、「近世肥後国天草における疱瘡対策——山小屋と他国養生」『京都府立大学学術報告．人文・社会』61、143-160頁。

———、2016、『近世の村と地域情報』吉川弘文館。

———、2021、「近世後期天草郡高浜村における疱瘡流行と迫・家への影響」『京都府立大学学術報告．人文』73、129-152頁。

富士川游、1969、『日本疾病史』平凡社。

渡辺理絵、2010、「近世農村社会における天然痘の伝播過程——出羽国中津川郷を事例として」『地理学評論』88（3）、248-269頁。

Murayama, Satoshi and Noboru Higashi, 2012, "Seashore villages in Amakusa: Takahama and Sakitsu A Comparative Study of Population Registers and Disaster Management in the 19th Century, Kyushu, Japan," *Populazione e Storia*, 1, pp. 9 -28.

資料・関連ホームページ

WEI-HAAS, Maya, 2019, "Measles vaccines protect against more than just measles. Here's how," *National Geographic*（https://www.nationalgeographic.com/science/article/measles-vaccine-protect-disease-immune-amnesea）（2024年8月19日最終閲覧）

第3章

幕末の日記史料にみる「家」と看護
——看護とジェンダーをめぐって——

鈴木　則子

1　江戸時代の男性看病人たち——先行研究と本章の課題

　1858（安政5）年7月24日、駿河国富士郡大宮町神田丁（現：静岡県富士宮市大宮町）に住む浅屋おちへが、吉原宿の親戚宅から駕籠に乗せられて無言の帰宅をした。おちへは「流行ボウショ病」、すなわちコレラに罹った親戚の「伽」（看病）のために泊まり込みで出かけ、感染して死亡したのである。この年、日本中が未知の新興輸入感染症コレラの流行の波に飲み込まれて大量の死者を出すことになったのだが、神田丁では彼女が最初の犠牲者だった。[1] とりあえずここでは、神田丁の最初のコレラ犠牲者が、親戚宅の看護要員として動員された女性であった、ということを確認しておきたい。

　江戸時代の庶民女性が、おちへのように実家も含めた家庭の重要な看護要員であったという事態は、現代日本人にとって想像に難くない。むしろ自明のことと受け取られるだろう。だが、こういった江戸時代の介護とジェンダーに関する先入観に対し再考を促したのが、柳谷慶子『近世の女性相続と介護』であった。柳谷は近世における家族介護の第1の特徴は、「看病・介護の責務は当主が負うものとされていた点」にあり、「介護をもっぱら女性の役割とする現代社会の風潮」は、近代以降の歴史的産物であることを指摘した。

　なお、柳谷は著書で「看病」「看護」「介護」という表現を使う。「介護」とは『日本国語大辞典（第2版）』によれば「病人や老人を、日常生活の身体的困難などに対して補助したり看護したりすること」である。柳谷の著作中の「介護」の範疇も、老人を中心としつつも老人でない病人にも及ぶ。現代は「介護」が「老人介護」の意で狭義に理解・使用されることも多いため、本章は基本的

第3章　幕末の日記史料にみる「家」と看護

に「看護」(「けが人や病人などの手当てをし世話をすること」『日本国語大辞典（第2版）』)、もしくは史料用語である「看病」の語を用いて考察を進めることとする。

　柳谷は日記史料などの分析から、上層の家では病人が出れば男性当主が医者や投薬内容の是非を見極め、家族・親族・雇用人を含む看護体制の設定を行い、自ら病人の容態を把握したことや、武士身分では幕府や藩の「看病断」という制度を使って、10日から2週間程度の看取りや看護の休暇を取った様子を明らかにしている。貧困層にあっても孝義録で褒賞された長男たちが、離婚や未婚を通すことでときに自分の結婚生活を犠牲にしながら、親の看護のために孤軍奮闘した状況を示した。こうした看護を担うための知識・技術は「男子教育の領域」として養生書や男子の教訓書には記載されるが、女子向けの書籍では女訓書を含めほとんど記載されなかったと指摘する。その背景として「介護は家の扶助機能として当主の男性の責任において行われるものであったことに加え、女性は劣等視され、責任能力を期待されない男女差別の社会構造のなかで、介護役割をめぐる社会通念は、男性に役割を強いることになった」という近世社会の特性を挙げる。

　このように近世では「家族や親族、さらに雇用人を含めて、女性であるだけで介護の現場に貼り付けるような、性別の固定化はなかった」のが、明治以降は「女性が[看護の]担い手の中心に据えられ」([　]内引用者注)、女学校教育・婦人雑誌・処女会や女子青年団活動などを通じて「看病介護が女性にふさわしい務め」と教えられ、看護知識や技術が伝授されるようになったとする。女性への看護の押し付け、特に長男の嫁への押し付けは近代社会が生み出したものであるという柳谷の指摘は、そもそも看護とジェンダーの問題を歴史的に問うことさえほとんどしてこなかった日本史研究の状況に対する、斬新で魅力的な問題提起であった。[(2)]

　本章はこの柳谷の問題提起を受け、筆者がこれまで分析する機会をもった近世庶民日記史料にみられる、男女それぞれの看護をめぐるジェンダー規範について検討を加えるものである。まず1点目に、柳谷が指摘する近世の男性当主が果たした役割、すなわち医者の選択、投薬の種類や効果の見極め、家族・親族・雇用人による看護体制確立といった事柄を主導する役割をあらためて確認する。それは男性たちが家族看護の「責任」をジェンダー規範として背負い込

47

第Ⅰ部　近世／近代における家族と病い　　1　日本近世の死と病いと家族

んでいたことを意味している。2点目には、このように男性がジェンダー規範
に縛られる状況は、女性たちが看護の実働は女性にふさわしい務め、特に嫁が
果たすべき責務であるというジェンダー規範を押しつけられ、内面化し、その
期待に応えていく状況とパラレルに存在していたこと、ただし、女性の看護労
働の実態はきわめてみえにくく、史料に残りにくい労働であったことを示した
い。

　史料はまず幕末期駿河国の造り酒屋当主の日記『袖日記』を取り上げて、病
児・老親の看護に関する記述を抽出し、夫婦の看護労働のあり方を検討する。
次に、女性によって書かれた『瀧澤路女日記』の分析から、男性の日記には記
載されない女性たちの看護労働のありさまを確認する。

2　『袖日記』の概要

　『袖日記』は富士山の麓に位置する駿河国富士郡大宮町の造り酒屋「桝屋」
9代目当主である弥兵衛（1820〔文政3〕～73〔明治6〕年）の手になる日記で
ある。1843（天保14）年9月朔日から1863（文久3）年8月14日まで現存する（1846
〔弘化3〕年8月16日から1848〔嘉永元〕年11月16日分は欠落）。

　大宮町は東海道吉原宿から分岐して甲斐府中に至る右左口路の宿駅である。
町内には富士浅間神社が鎮座し、門前町としても繁栄した。大宮町は江川太郎
左衛門支配の代官所領と、富士浅間神社支配地の相給地である。弥兵衛の住む
神田丁は代官所領で、弥兵衛は村役人も務めていた。

　家族構成はもっとも多いときで弥兵衛、五味島（現：富士市五味島町）出身の
妻ふきと5人の子ども（6人生まれたが1人夭折）、そして弥兵衛の実母である。
この地域は日蓮宗が盛んで、桝屋もまた熱心な日蓮宗の信者であった。

3　長男松太郎（3歳）の看護

　まず、1849（嘉永2）年に長男松太郎が疱瘡に罹患したときの対応、看護の
状況をみていく。1849年当時はまだ下の子どもたちは生まれていない。

　疱瘡は天然痘ウイルスを病原体とする感染症である。感染経路は飛沫感染と

第3章　幕末の日記史料にみる「家」と看護

接触感染で、ウイルスに汚染された患者の衣類や寝具も感染源となるような感染性の高い病気であったから、牛痘接種が導入される以前は、感染はほぼ逃れようがなかった。疱瘡は1回罹れば終生免疫が得られて再感染することがないが、発症すると100人中30人は死亡、30人は死を免れても「あばた」・「盲聾」・四肢の障害などの後遺症が残ると記す幕末の医書もある（鈴木 2022）。したがって疱瘡は子どもの人生にとって大きな関門であり、家族も緊張を強いられることになる。江川太郎左衛門支配地の大宮町に牛痘接種が導入されたのは、松太郎の罹患から2年後の1851年であった。

　弥兵衛による松太郎の疱瘡対策は、疱瘡に罹る前から始まる。大宮町の近郷で疱瘡が流行しはじめたという情報を受けて、まずは1849年正月18日、身近な神田丁内の道祖神を祭り、「疱瘡をかるくする呪」をした。疱瘡除けではなく、軽くするまじないという点が、人々の疱瘡に対する覚悟や諦観を示している。

　同月21日には弥兵衛は男4人連れだって、疱瘡祈願で有名な曽比奈村八王子権現へ参詣した。おそらく、いずれも疱瘡にまだ罹っていない小さな子どもがいる若い父親たちなのだろう。疱瘡の御守りとともに、境内にある疱瘡への効験で著名な八王子ケ池の「御水」を授与された。八王子権現では豆3粒を借りて疱瘡が済むと倍返しする習慣があった。その後、さらに杉田新田の子安大菩薩などを拝んでから家路に就いている。

　2月13日に大宮町でも疱瘡の病人が出て、3月13日に松太郎が発熱する。15日、座頭の浅尾一と医者中西隔（秀）才の診察を受ける。夜に入ると発疹がみえ（「今夜少々疱瘡相見へ候」）、疱瘡であるという診断が確定した。中西は、松太郎の疱瘡が重いたちのものであることを告げる（「重きたての由申候」）。

　座頭の浅尾一が呼ばれているのは、彼が鍼や按摩を生業とするからで、江戸時代は大宮町に限らず、座頭による医療が広く行われていた。疱瘡のときもまた例外ではなかった。

　松太郎の病状は中西の見立て通り重症で、18日には全身に痘が広がる（「松太郎疱瘡出来候て五日目也、顔惣身すき間なく出来候」）。疱瘡に罹ると、各家庭で疱瘡神を祭る疱瘡棚を吊る習慣があった。しかし弥兵衛は疱瘡棚を吊ることに迷いがあった。弥兵衛は中西に疱瘡神を祭ることの是非を質問したようだ。19日の日記に「中西氏日、疱瘡神も祭る時ハ必来ル」とある。医者中西の、疱瘡

49

第Ⅰ部　近世／近代における家族と病い　　1　日本近世の死と病いと家族

神を家に祭れば必ず疱瘡神は訪れるという言を受けて、弥兵衛は疱瘡棚を設置することを決めた。20日、「松太郎、今日疱瘡棚つる。内ニて拵る」「当町方所々ニて自身ニ棚つり候家ハ無難の由」とある。弥兵衛は親戚の手を借りて自分で疱瘡棚をこしらえた。大宮町で疱瘡棚を吊るのは、習慣として村山修験と呼ばれた富士山興法寺を拠点とする修験道の山伏に依頼していたが、この年の疱瘡は自分で棚を吊ると疱瘡が無事に済むという評判があったことがわかる。実は庶民が疱瘡神を祀る習慣はさほど古いものではなく、江戸後期に修験者をはじめとする宗教者などを中心に拡散されたものであった（鈴木 2023）。山伏に依頼せず各家庭で疱瘡棚を吊るという流れは、病児を抱えた親の弱みにつけ込む商業主義への、庶民の側からの対応策でもあったのだろう。

　3月28日、発疹から14日目のこの日に、疱瘡が無事済んだことを祝う「湯かけ」（酒湯）の儀式と赤飯配布を行った。もっとも、重症の松太郎はいまだカサブタで「目口ふさがり、かゆミ付候」という状態であった。しかし疱瘡のピークをとりあえず乗り越えたということで、親戚や近所の人々を招いての祝宴も催した。

　弥兵衛の日記によれば、このところ松太郎がカサブタをかゆがってかきむしったりしないように、連日徹夜で見張っていた。カサブタを人為的に掻き落とすと、痕があばたとなって残るからだ。ところが湯かけ翌日の29日の夜、「松太郎疱瘡ニ付此間十夜さ寝ず候得共、いつの間にか今夜鼻の先をかき、ふたを落す」とあるように、松太郎はいつの間にか鼻の先のカサブタを落としてしまっていた。

　松太郎の闘病中、弥兵衛の妹が里帰りし、22日から30日まで滞在している。弥兵衛の日記には妹が何のために滞在しているのか書かれていないが、時期的に考えて松太郎の看病に動員されていたとみなして間違いないだろう。ふきもまた1852年、実家の子どもが重症の疱瘡に罹った際「かん看」を依頼されて帰省している（この子は結局死亡した）。当時第一子松太郎は6歳、第二子の花は1歳9ヶ月（種痘済）で乳飲み子だった。たとえ子育て中であっても、女性たちが一族の看護要員として出向くことは当然視されていたことがうかがわれる。

　さて、弥兵衛の日記には、彼が疱瘡を軽くするまじない、医療の選択、疱瘡棚の設置などをめぐる判断・差配、松太郎の病床に付き添うことなどを行って

50

いたことが詳細に記される。いっぽう妻ふきと、わざわざ看病の手伝いに来ている弥兵衛妹まつ、さらには同居する弥兵衛の母についてはどんな働きをしたのかまったく記録されていない。子どもが疱瘡に罹れば病児の看病以外にも、医者や座頭ら医療従事者が出入りし、親戚や近隣の人々が疱瘡見舞いに訪れ、疱瘡棚の設置や湯かけの行事に伴う饗応などの労働が生じる。また、江戸時代は松太郎の3歳という年齢ではまだ乳離れしていないことが多い。授乳を介した濃密な母子関係の時期に、母親であるふきにかかった看護負担は特に大きかったはずである。毎日何度も細かな日常を記載する筆まめな弥兵衛の日記に、女性の看護労働はなぜ一切記載されないのか。これについてはのちに検討する。

4　当主弥兵衛母の看護

(1)　「霍乱」

　次に、同居している弥兵衛の母に対する看病についてみていく。1853（嘉永6）年9月4日、母親が「急病」（急性疾患）に罹ると、弥兵衛は医者吉田隼人と座頭の勝尾一・浅尾一を診察に呼ぶ。「霍乱」（現在の日射病や腸カタルなどを指す）であろうとの診断だったが、母親は4日から7日朝まで物が食べられない重篤な状態にあった。弥兵衛は夜も看病人が泊まり込む体制を整え、4日と5日の晩は近くに住む勝尾一、6日の晩から8日の晩はおらく、8日晩はおらくにおみよも加わって看病している。母は8日に快方に向かい、19日にほぼ全快となる。

　今回も弥兵衛は医師や座頭の診療の手配をし、日常賃仕事で出入りするおらく・おみよに夜とぎを依頼して看護体制を整備している。母親の病状の変化も日記に記録する。だが、妻ふきの働きはまったく記録されないため、彼女が果たした役割は不明である。

(2)　流行り風邪と死去

　弥兵衛の母は1857（安政4）年に流行り風邪で亡くなる。このときはどうだったのか。1857年の流行り風邪は正月から全国的に流行し、江戸では「尾張風」、上方では「播州風」と呼ばれた。大宮町でも流行して3月10日に「風神送り」

51

をしたことから、ようやくこの頃に終息したことがわかる。

弥兵衛の母は2月12日、遷宮祭に出かけた晩に急に気分が悪くなって寝込む。日記には「流行風也」とあって、すぐに診断がついた。翌13日、おみよに看病を依頼する。「世間一統引風、江戸・上方共ニ流行。江戸ニてハ三日コロリと云」とあって、江戸では「三日コロリ」（3日で死亡する）の異名が付くくらい死者が出ていた。

弥兵衛の母は流行り風邪に回虫による癪の症状も重なり、苦痛が大きかった。15日は座頭春の一に泊まりを依頼している。17日の晩からは近所の年配の女性やおみよたちが交代で泊まり込む。

近隣の人々の協力は看病だけではない。19日と20日の晩は、信心する日蓮宗寺院に神田丁内から2、30人が集まって題目を唱えた。集まった人々に対しては、夜食と酒を振る舞っている。母は21日に死去するが、最期は苦しむこともなく眠るように息を引き取る。

弥兵衛は72歳という母の年齢や吉田の「歳やみ」（老衰）という診断に得心したのだろう。基本的に「薬もしいて用ず、但信心ゐたす」という方針を定め、医療による延命ではなく極楽往生のための看取りを行った。母の臨終は次のように記録されている。

　　今夜五ツ時より息つかい遠く、脈たへ、臨終近しと見受候間、いつミヤ又
　　兵衛殿其外八、九人ニて静ニ題目を唱へ、タラニ品を読、段々ニ息遣ひ細く
　　なる時、題目を静かニとなへ、物音をおさへひっそりいたす時ニ四ツ時の頃
　　臨終候

弥兵衛は母のために理想的な往生の環境を整えることに成功し、当時家長に期待されていた介護役割を無事果たしたことになる。

弥兵衛が担ったのは前回同様に医療の選択、看護体制の差配であり、ここに今回は臨終に向けて題目講の依頼と講中への飲食接待が加わった。彼がどの程度看護の実働に携わったのかは、日記に記載がないため確認できない。長男の嫁であるふきが姑の臨終にあたって行った看護についても、まったく記されていない。

第3章　幕末の日記史料にみる「家」と看護

5　妻ふき実家両親の看護

　次に、ふきの両親の看護に対して弥兵衛とふきがどのように関わったのかを確認しよう。

(1)　ふき父久五郎の「大病」

　1849（嘉永2）年5月18日、ふきの父久五郎が「大病」に罹り、実家から使いが来るとふきは即日里帰りしている。このとき松太郎の子守およしを伴っているので、日記には記載がないが、3歳の松太郎を一緒に連れて行ったことがわかる。松太郎は既述のようにこの年の3月に重い疱瘡を患っている。疱瘡が治癒した後も体調不良が続き、服薬や様々な神仏祈願を行って閏4月16日、つまり先月にようやく痘後衰弱から回復したばかりであった。

　翌5月19日には弥兵衛自身が五味島へ「見舞い」に行き、「今夜看病いたす」（傍点引用者、以下同様）とある。そして一晩「看病」すると20日に帰宅している。ふきが帰宅するのは27日であるから、27日には快方のめどが立ったのだろう。6月3日、弥兵衛は下男を「病気并ニ土用見舞」としてふきの実家に遣わし、下男から「病人全快」の報告を受けた。

　ふきの滞在は5月18日から27日の10日間で、その間に実家でどのような働きをしていたのかを弥兵衛の日記からは知ることはできない。また、弥兵衛自身が1泊して夜「看病」しているが、その内容についても確認できない。

(2)　ふき母かねの痢病と死去

　1851（嘉永4）年8月3日未明、ふきは今度は母かねが重い痢病（「痰癪痢疾」）に罹ったために里帰りする。日記には明確に書かれていないがその後の記述から、今回は5歳の松太郎を家に置いて、1歳の花のみ伴って帰ったことがうかがわれる。

　弥兵衛は8月朔日にふきの実家へ「病気見舞」に出かけている。だが、その後12日夜、ふきの実家から弥兵衛の元に、かねが「大病」であるとの使いが来る。弥兵衛は夜道を使いと同道して急遽五味島へ行く。かねはすでに病床にあっ

53

第 I 部　近世／近代における家族と病い　　1　日本近世の死と病いと家族

て20日余りになるが、この10日余りは絶食状態であった。今度の弥兵衛の五味
島行きは、下記のように「看病」と記載され、病状とともに看護方針まで記録
されている。

　　　今日五味島久五郎様方ニて看病致す。病人痰積痢疾也。今暁御符の水を頂。
　　夫より大ニ元気つく。ふけさめあり。夜ニ入様子よき向。医師禁し候得共、
　　とても存命無覚束と見受候間、西瓜・梨子・水等あたへ候処、病人の元気相
　　見へ、薄き重湯なと納る

　臨終が迫った病人を心安らかに往生させるために、医師の治療方針よりも本
人の希望を優先させることを協議する場に、弥兵衛が加わった可能性も高い。
弥兵衛は14日朝に帰宅する。
　かねは16日に死去し、夕刻には弥兵衛の元に知らせが入る。44歳だった。弥
兵衛は長男松太郎を連れて五味島へ行き、17日の葬儀に参列した。弥兵衛が住
む神田丁からも14人が参列している。ふきが実家から帰ったのは初七日を終え
た24日であった。
　今回、ふきは葬儀と初七日の法事を含めて22日間の里帰りとなった。滞在期
間は2週間程度だが、彼女が実家で乳飲み子を連れ、どのような働きをしてい
たのかは、弥兵衛の日記には記載されていないので不明である。

⑶　ふき父久五郎の「風邪」

　ふきはその後1859（安政6）年に、父の看病のため里帰りする。閏3月4日
に実家から使いが来る。弥兵衛の日記には「御老父様、四五日風邪之処、今日
ハ様子悪敷ニ付、ふきを迎ひニ来ル。当廿七日より床ニつく由」とあり、すで
に風邪で7日間寝込んでいて重症化していた。ふきは即日駕籠で実家に帰って
いるが、次男熊吉（1歳半）の子守を伴っているので、熊吉を連れて行ったこ
とがわかる。翌5日に冨士浅間神社にてふきの実家の家族が護摩焚の祈祷を
行っていて、病状の深刻さをうかがわせる。
　すでに14歳の長男松太郎は、6日に1人で五味島へ「病気の便聞」に泊まり
がけで行った。元服前で、かつ孫である松太郎は、泊まりがけで行っても看病

54

を期待される立場にはないようだ。一方弥兵衛は、9日に五味島より使いが来て「病気甚悪敷」状態と告げられ、即刻五味島へ赴く。この日は「夜明迄看病いたす」とあり、弥兵衛は夜通し「看病」して翌朝帰宅している。弥兵衛は今回も詳細に病人の状況を把握していて、「陰証也。物言処ハ正気也。大ニおとろへつかれ、たんせきあり。舌黒タイ也。手の爪の色紫黒ミあり。医師方難症と申」と記す。同じ泊まりがけの訪問でも、義理の息子の弥兵衛は「看病」すべき立場、もしくは「看病」が期待される立場にあったことがわかる。

その後、12日に松太郎を、14日には下男を様子を見に遣わしたところ、14日は回復の兆しが見え、19日には「大分様子よろしく候」となって、ふきも帰宅する。23日に弥兵衛が訪ねたときは「追々全快」、4月6日に下男を遣わすと「日々全快」という回復ぶりだった。

ふきは今回は16日間の滞在であった。症状が悪化したときに呼び出されて、回復の兆しが見えると帰宅した。弥兵衛の日記には実家でのふきの様子は書かれないので、今回も彼女の働きは不明である。わかるのは、弥兵衛が徹夜の「看病」をしたことだけだ。ただし、人手の多い妻の実家で彼が直接的に病人とどのような関わり方をしたのかは不明である。

これまでみてきたように弥兵衛の日記からは、彼が家長や義理の息子として果たした役割はわかるが、妻ふきが姑や実の両親の病気に対して行った看護内容を、一切うかがうことはできない。彼女の3回の里帰りからいえることは、重症化してから実家より突然の呼び出しがあって、乳飲み子を連れて里帰りし、回復の兆しが見えるか、もしくは死亡するまで帰ってこない、ということである。こうしてみると、ふきの実家が彼女を呼ぶのは最期の可能性があるような重症のときに限定されていて、里帰り期間も10日〜2週間程度であった。弥兵衛による義理の両親に対する徹夜の「看病」もまた、生死に関わる重篤な状態であることを前提に行われている。

6 『瀧澤路女日記』——女性の日記に記録された看護

弥兵衛の日記から、家父長である弥兵衛が医者の選択、治療方針の決定、看護体制の手配、臨終への宗教的サポートに至るまで率先して行っていたことは

第Ⅰ部　近世／近代における家族と病い　　1　日本近世の死と病いと家族

わかる。しかしながら、彼の日記からは現代人が真っ先にイメージする看護の実働、すなわち病人の起居の介助や服薬・食事・下の世話、汚れ物の洗濯といった病人の身体や排泄物に直接触れるケア労働を、弥兵衛も含めて誰がどのように行ったのかはわからない。

　そこで、次に戯作者滝沢馬琴（1767～1848）の長男の妻、路（1806〔文化3〕～58〔安政5〕年）が記した日記から、路の長男太郎が1849（嘉永2）年10月に21歳で死去するまでの看護の様子を確認する。

　江戸で生まれ育った滝沢太郎は、祖父馬琴によって御家人株を買い与えられ、12歳で年齢を17歳と詐称して出仕する。もともと病気がちであったが20歳の1848年12月には脚の腫れ物の悪化により役所に病気届を出し、完全に療養生活に入った。当時の家族構成は母路・長男太郎・次女さちの3人で、長女さきはすでに嫁いでいる。この年の11月に馬琴は死去しているが、葬式のときにすでに太郎は歩くことができなかった。

　太郎は寝たきりであったから、褥瘡に悩まされた。激痛のために夜眠れない太郎に付き添う母路もまた、眠ることができない。妹さちも太郎の好物などの買い物や雑用に奔走し、路は「大難儀かぎりなし」と記している。

　路は寡婦であり、家督を継いだ長男太郎は病床にあったため、実態として路が家長と主婦の両方の役割を兼ねた。したがって路の日記には、医療の選択肢が豊富な江戸の町で口コミを中心に医療やまじないの情報を集め、医者や薬・祈祷対象を選択し、高額な医療費を調達するという家長としての役割の記録とともに、太郎の好む食事を調理したり、道具を使った排泄介助、終夜病人の体をなでさする、結髪といった具体的なケア行為が記録されている。

　死の1ヶ月程前には「看病のたすけ致候者無、母一人ニて終日看病致候間、殊の外疲労。何分長き事ニて大義かぎり無し」「他に看病人なし。あわれむべし」と疲労を隠せなくなる。死の半月くらい前から親戚や隣人・知人が徹夜の看病に来てくれるようになるが、今度はこれらの人々の食事の支度などに追われる。路は心身ともに限界だった。太郎が危篤状態に陥った死の1週間前から、路は何度も倒れて介抱を受けている。

　路の中には、看病は女性が適している、女性ならば献身的看病を行って当然、という認識があったことは、太郎の臨終期に徹夜の看病をしてくれた男性に対

56

し「今晩看病被致候事、女子も不及老実の業也」と感謝の言葉を日記に記していることからうかがえる。女性は身を粉にして看護すべきというジェンダー規範が、一層彼女の看護生活を過酷なものにしていった可能性がある。

また、看護学の平尾真智子は、現代の看護の範疇からみると太郎に対して当然行われたはずの衣服・下着の交換、洗面、髭剃り、手洗い、体拭き、歯磨き、爪切りが記載されていないことを指摘する（平尾 2019）。平尾は「これらの行為はあまりにも日常的で記載するほどの事項ではなかったと想定される」とみている。実際の路の看護生活には、彼女がわざわざ記さない、すでにルーティーンとなっている世話が多くあったはずである。

7　見えない看護労働とジェンダー規範

ここで『袖日記』に弥兵衛の妻ふきによる具体的な看護の様子が、まったく記載されていない問題に立ち帰ろう。これも看護が日常女性が行っていた雑多な家事労働の中に埋没して可視化されにくかった、もしくは意識されなかったことが、1つの原因ではないか。

男子向け教訓書と異なり女訓書が看護の仕方を説かなかったのもまた、看護が家事労働の延長線上の行為、家事の一環と位置づけられていたからだろう。女訓書は看護だけでなく、そもそも基礎的家事労働のノウハウを教えることも通常しない。それは、家事労働は女子が各家庭で母親から学ぶべき事柄、わざわざテキストで教える必要もない非熟練労働とみなされたからと考えられる。

また、瀧澤路の日記にみられたような、看護は生得的に男性より女性に適している、というジェンダー認識は他の史料にも確認される。『袖日記』の中で弥兵衛の妻ふきをはじめ、女性たちが看護要員として動員された背景はここにある。たとえば柳谷も武士の看護事例として紹介した『水野伊織日記』。筆者の沼津藩士水野伊織は、中風発作で倒れた実父金澤八郎が療養後に江戸詰めに戻ったとき、いまだ万全ではない父のために国元から下女を上京させる。その理由として「何事之御世話も婦人ニ而ハ都合宜事」と、ケアが女性向きの仕事であることを日記に記している。

実は伊織は他家の婿養子に出ていて、実家金澤家は養子久三郎夫婦が継いで

第Ⅰ部　近世／近代における家族と病い　　1　日本近世の死と病いと家族

いた。にも関わらず、実父が再び中風発作で倒れたときには、父を国元に帰してくれるよう藩主に願い出て、自ら看取りにあたった。伊織は介護体制の決定から下の世話に至るまで、中心となって担う。そこには実家の嫁であるお清による看護を、父が強く拒絶したという特殊事情があった。「お清事、義嶽君（父の戒名）御病中、誰を置而も御看病御世話可仕道理之処、抑御意ニ不応、既ニ先年離縁と内決候処」という記述からは、舅の看護は誰を置いてもまず嫁がすべきというのが、武士社会の規範だったことがわかる。そのような規範のある社会で、藩の要職にあった伊織が実父の看病願を藩庁へ提出し、1ヶ月看護に専念するという事態は、養子久三郎にとって、そして殊更その妻お清にとって、極めて世間体の悪い、過酷な仕打ちであったというべきだろう。父の死後、遺言によってお清が産んだ男子は廃嫡とされた。

　近世とは、身分を問わず男性が家長として「家」の構成員の看護責任を担い、ときには孝義録にみられるように、その重圧によって大きな自己犠牲を払うような時代であった。しかしながら、男性であるというだけで看護の責任を負わせる社会は、同時に女性たちにも女性であるというだけで、ケア行為を献身的にこなすことを当然のこととして求める社会でもあった。男性も看護の実働を担ったとしても、看護とは女性がすべき労働、女性に適した労働というジェンダー規範が存在したことに代わりはない。冒頭で紹介した神田丁のコレラによる最初の犠牲者が親戚の看護に動員された女性であったという事実は、江戸時代の女性たちがそのようなジェンダー規範の下、看護の最前線要員であったことを象徴的に示している。

8　近代社会と看護

　近代以降、こうした家庭看護現場のあり方に変化が起こる。幕末から明治にかけての社会変動の過程でコレラのような新興輸入感染症をはじめ、様々な感染症が猛威をふるう。明治政府は当初急性感染症への対応を急務とし、続けて慢性感染症への対応を課題とした。日本の疾病構造が大きく変化し、医学そのものも西洋近代医学へと転換する時代、家庭看護はもはや従来のように家庭内の経験則の中で対応しきれるものではなくなる。さらに、帝国主義の展開の中、

第3章　幕末の日記史料にみる「家」と看護

家庭は単なる病人看護の場を超えて、積極的な疾病予防と、より強い国民身体育成の場としての機能が求められた。女性に対する衛生教育が学校や地域の中で、あらゆる回路を通じて施される時代になっていく。

　成田龍一は1900年前後、政府が慢性感染症対策に本格的に乗り出す中、女性が「家庭衛生を担う担い手」と位置づけられるとともに、「婦人の温和なる心と周到なる扱」（1898年刊『家事教科書』）は「病者の看護」、「老幼の看護」にふさわしい特性であるとして、看護が女性役割に固定されていったことを指摘する。しかしながら、これまでみてきたように看護が女性にふさわしい仕事であり、責務であるというジェンダー規範自体は、近世から存在した。したがって1900年代前後からの変化とは、従来男性当主が担ってきた家庭看護の監督者・主導者の役割までもが女性に転嫁され、女性の家庭衛生・介護に対する責任と負担が強化・増大した動きとみるべきではないだろうか。

　三成美保は「『ひと』は、子ども期の18年と健康寿命以降の9〜12年をだれかのケアを受けて生きる存在」であり、「『ひと』は本質的に『ケアし、ケアされる存在』である」こと、そして「欧米で確立された近代市民社会の担い手としての『近代市民』は、『ケアを免れた壮年期の健康で自律的男性モデル』にのっとっていた」ことを指摘する。1900年前後の日本社会は、まさにこの「ケアを免れた」男性モデルを創出していった時代であった。

　2020年春に始まったコロナ禍は、医療・介護現場をはじめとするエッセンシャルワークを、女性たちが低賃金で下支えしているという現代社会のひずみを顕在化させた。エッセンシャルワーカーの中でも、監督・指導の地位にあるのは少数の男性職員であり、それを反映するように世界経済フォーラムが評価する日本のジェンダーギャップ指数は、世界でも最底ランクをさまよう[3]。日本の医療・介護におけるジェンダー構造の際だった後進性の歴史的背景は、近代を始点に近代化の問題としてのみ考えても、同様に近代化を遂げた国々との差異はみえてこない。現代日本社会の現状は、近世にまで遡る歴史的スパンの中で捉え直し、考察することが必要ではないだろうか。

注
⑴　日本に初めてコレラが入ってきたのは1822（文政5）年だが、西日本の流行にとどまった。2回目の流行が1858（安政5）年で、西日本だけでなく東北地方にまで流行拡大した。

第Ⅰ部　近世／近代における家族と病い　　1　日本近世の死と病いと家族

(2)　日本前近代の看護、特に老人介護に関する先行研究については、柳谷の『近世の女性相続と介護』が簡潔に整理しているので参照のこと。柳谷は1987年の「〈老い〉の比較家族史」をテーマとする比較家族史学会が、歴史学が高齢者問題に取り組む契機となったと位置づけている。また、看護史研究会による幕末の家庭看護指南書『病家須知』の翻刻・訳注・解題は、看護史および出産史研究の基礎史料として重要である。

(3)　World Economic Forum, Global Gender Gap Report 2023”（2023年6月20日発表）https://www.weforum.org/publications/global-gender-gap-report-2023/（2024年8月1日最終閲覧）。

引用・参考文献

看護史研究会編、2006、『病家須知　研究資料篇』農山漁村文化協会。

小学館国語辞典編集部編、2000〜2002、『日本国語大辞典（第2版）』小学館。

鈴木則子、1996、「江戸都市社会における病と死——滝沢太郎の場合」『現代生命論研究』国際日本文化研究センター。

―――、2010、「幕末沼津藩における湯治の諸相——『水野伊織日記』の分析から」日本温泉文化研究会編『湯治の文化誌　論集【温泉学Ⅱ】』岩田書院。

―――、2022、『近世感染症の生活史——医療・情報・ジェンダー』吉川弘文館。

成田龍一、1990、「衛生環境の変化のなかの女性と女性観」女性史総合研究会編『日本女性生活史4　近代』東京大学出版会。

沼津市史編さん委員会・沼津市教育委員会編、1993、「水野伊織日記」『沼津市史　史料編　近世1』沼津市。

平尾真智子、2019、「『瀧澤路女日記』（1849）にみる母親による看病の実態」『日本医史学雑誌』65（2）、220頁。

平野重誠、2006、『病家須知　翻刻訳注篇』上・下、農山漁村文化協会。

富士宮市教育委員会編、1996〜2001、『袖日記』一〜五、富士宮市教育委員会。

妻鹿淳子、2008、『近世の家族と女性——善事褒賞の研究』清文堂。

三成美保、2024、「総論——『ひと』から世界史を問うことの意義」三成美保・小浜正子・鈴木則子編『「ひと」とはだれか？——身体・セクシュアリティ・暴力』大阪大学出版会。

柳谷慶子、2007、『近世の女性相続と介護』吉川弘文館。

補論 1

女性の超過死亡率と家族の特徴

鬼頭　宏

寿命における男女較差

　世帯あるいは家族のあり方は死亡をめぐる重要な社会的な要因である。世帯の大きさやその構成、世帯主との関係、世帯内の地位など、家族のあり方によって疾病の影響の受け方は異なるだろうし、逆に疾病構造が家族に対して特徴を与えることもあるだろう。本補論では近世日本社会における死亡現象の特徴として、女性の男性に対する超過死亡について取り上げる。

　2020年の日本の出生時平均余命、いわゆる寿命は、男性81.56年、女性87.71年と世界最長のグループに属している。そして女性が男性よりも6年以上長く、女性の方が長寿となっている。しかし寿命の性差がこれほど大きくなったのは第二次世界大戦後のことだった。1947年の寿命は男性50.06年、女性53.96年でその差（女性−男性）は3.90年であったものが、2005年には6.96年と最大になった。

　これに対して戦前期には男女ともに50年未満と寿命が短く、性差も小さかった。19世紀末期の寿命は、第1回生命表（1891〜98年）では男性42.8年、女性44.3年で、差は1.5年だった。第3回生命表（1909〜13年）には寿命が停滞しているとともに、男女差は0.48年と最も小さかった。大正・昭和戦前期になると寿命が延伸しはじめるとともに、男女差は拡大した。第6回生命表（1935〜36年）に寿命は男性46.92年、女性49.63年まで延伸し、男女差は2.71年に拡大した。

　明治以前はどうだったろうか。美濃・信濃・出羽の農村について計算された数え年2歳時の平均値は、前期群（17世紀の出生と1750年までの死亡からなる3事例）では男性37.1年、女性34.7年、後期群（18世紀の出生と死亡からなる5事例）では男性42.1年、女性41.8年だった（鬼頭 2004）。男女差は前期群で−2.4年、後期群で−0.3年と、男性の寿命が女性よりも長かったことになる。

　ただしこの数値は宗門人別改帳に登録された数え年2歳時の平均余命である。

61

第Ⅰ部　近世／近代における家族と病い　　1　日本近世の死と病いと家族

宗門人別改帳は通常年に1回、調査時に生存していたものだけが登録の対象になるので、前年の調査後に生まれて、当年の調査までの間に死んだ乳児が含まれていない。そこで様々な方法で乳児死亡を補正して出生時平均余命を推計する試みが行われている。一例として、モデル生命表を適用して出生時平均余命を推計した美濃農村（3ヶ村）の事例の場合（2モデルの平均値）、男性37.2年、女性38.6年、男女差は0.6年である（斎藤 1992）。江戸時代の例は人口規模が小さく、豊凶や疫病の影響も大きかったので、地域差や時期による変動が大きかったと推測される。しかし出生時平均余命が大正末期よりも短く、男女差はより小さいか、場合によっては女性の寿命が男性よりも短かいことも珍しくなかったとみなしてよいだろう。

女性の超過死亡率——出産と寿命

信濃国湯舟沢村（1741〜96年の死亡事例）では数え年2歳児の平均余命は男性43.2年、女性42.0年で、男女差は−1.2年だった。生命表の年齢5歳階級別の死亡率をみると、15〜44歳の間で女性の死亡率が男性を上回っていた。特に25〜34歳女性では男性の2倍ほどの高さであった（鬼頭 2000：図10）。その背景には妊娠、出産に関わる高い死亡率があったと推測される。

衛生局年報の1909年の年齢別死因構成（男女計）によると、死亡率の男女差をもたらした要因は、「婦人生殖器ノ疾患」、「産褥熱」、「爾他ノ妊娠及産ニ因スル疾患」であったことがわかる。これら女性特有の疾患による妊産婦死亡が顕著に集中していたのは、15〜29歳および30〜59歳だった（鬼頭 1998：表4）。

江戸時代の死因に関して飛騨国の寺院過去帳は豊富な情報を提供している。「過去帳日記」の表題をもつこの資料には、1711（正徳元）年から1852（嘉永5）年の142年間の6489件について、病気、事故、自殺、餓死など、檀家の人々の死因が記録されている（須田 1973：表8）。最も件数が多いのは、「病死」（2373）、「二三日煩い」（30）、「長患い」（281）、「頓死」（98）と漠然としたもので、合計2782件であった（全体の42.8％）。本項に関連のある死因は、須田が「婦人病」（合計117、1.8％）と区分したもので、内容は「長血」（子宮出血、4）、「白血」（悪露・おりもの、1）、「産後死」（66）、「難産死」（46）である。このうち年齢がわかるケースの分布は、11〜20歳6件、21〜50歳66件、51〜60歳14件となっている（須

62

田 1973：表 7 ）。

　江戸時代から昭和戦前期にかけて、寿命の男女差が小さく、ときに男女差が逆転していたのは多産であったことと、リプロダクティブ・ヘルスが良好ではなかったことに由来しているだろう。その影響は、再生産年齢にあたる15～44歳の女性の超過死亡率にみることができる。生命表の年齢別生存数を利用して、15歳から45歳までの死亡率を算出し、女性の死亡率が男性のそれをどれほど上回っているかを超過死亡率として調べた。それによると第二次世界大戦以後は、1947年（－14％）から1950～52年（－10％）へ若干、上昇した後は一貫して、2000年（－49％）まで低下を続けた。2020年は－43％だが、長期的にみて、女性の15～44歳死亡率が男性を大きく下回ってきたのである。これに対して戦前期 6 回の生命表では、15～44歳女性の超過死亡率は常にプラスであり、女性死亡率が男性を上回っていた。較差の最大値は1909～13年の17％だった。超過死亡率がプラスであることは江戸時代農村にも当てはまる。先に挙げた美濃農村（ 3 ヶ村）の場合、＋ 2 ％未満であり、これは昭和戦前期の水準に近く、最も良好な例といえよう。

　出生率と超過死亡率の関係をみてみよう。第 1 回生命表（1891～98年）から最近の第23回（2020年）までの超過死亡率と普通出生率の関係（n＝22、r＝0.927）、および第 5 回生命表（1926～30年）以降の超過死亡率と合計特殊出生率との関係（n＝18、r＝0.943）は、いずれも統計学的に有意な相関関係にあった（有意水準 1 ％未満）。すなわち多産の時代であるほど15～44歳女性の男性に対する超過死亡率は大きかった。出生児数が減ると超過死亡率が低くなり、さらにはマイナスになるという傾向が明らかになった。

栄養摂取・労働・地位

　妊娠や出産が女性の生命にとって危険なライフイベントであることは、よく知られている。元禄期の小児科医、香月牛山は著書『小児必要養育草』(1703年)において、乳母による授乳を戒めている。実母が母乳哺育をしないで乳母を雇うと、毎年のように妊娠する。したがって母親は命の危険にさらされる上に、子どもが虚弱になる。それに対して実母ができるだけ長期間にわたって母乳哺育を行うことによって、出産後の不妊期間が延長されて、 3 ～ 4 年に 1 回の出

産にとどまるから、母親も子どもも健康に育ち、家計への負担は軽減されると
いうのだ（山住・中江 1976）。

　しかし江戸時代農村の女性の超過死亡率を拡大していたのは多産だけではな
かっただろう。藤野（五島）（1990）は幕末の長州藩と明治初期の飛騨国におけ
る食品生産統計から、住民1人あたりの栄養摂取量を推計した。それによると
エネルギーの大半は穀類から得られており、タンパク質も穀物と豆類が中心で、
魚類を含む動物性タンパク質の摂取は少なかった。鉄分の摂取はまずまずであ
るが、カルシウムは不足している。ビタミンに関しては玄米を多く食べていれ
ばB1は充足されていたはずだが、その他は不足気味であること、（さつまいも
を多量に摂取する西南日本を除いて）CとAは極端に不足していた。このような
栄養摂取状況は、感染症に対する抵抗力が弱く、女性の場合、難産死や出血死
による妊産婦死亡率を高めた可能性があると推測している。さらに世帯におけ
る権力構造が男性優位で女性の地位が低ければ、食事の摂取量やその内容にも
差があったとも推測される。

再生産年齢女性の超過死亡率と家族

　再生産年齢の女性の死亡率が高いことは、結婚行動にも影響を与える。それ
は結婚後、早い時期の死別は、夫よりも妻の死亡によるケースが多かったこと
である。信濃国湯舟沢村で1675〜1735年に結婚した初婚同士の夫婦のうち、夫
の死亡による終了事例（43件）の75％が結婚後20年以上であったのに対して、
妻に死亡による終了事例（34件）のうち60％が結婚後20年以内であった（KITO
1988）。また離死別によって配偶者を失った男女は、高い頻度で再婚していた。
それも、50歳まで村内で生存した男性では35歳まで、同じく女性も30歳までは
100％に近い割合で再婚していた。農業労働、家事、育児、介護などのために
成人男女の存在が欠かせなかったのだろう。さらに再婚が活発に行われていた
年齢をみれば、家の継承にとっても、村落人口を維持する上でも、再婚によっ
て一定数の子どもを確保する必要があったのだろう。再婚が行われなければ必
要な後継を確保できないことが、簡単なシミュレーションによって明らかにさ
れている。

　この村では1675〜1735年に結婚した夫婦（255組）のうち初婚同士（119組）が

47％、夫婦のいずれかが再婚以上であるケース（136組。結婚歴不明を含む）が53％と再婚、再再婚が活発に行われていた。それは世帯内の人間関係を複雑なものにしたかもしれないが、人口統計からはうかがうことができない。

引用・参考文献

鬼頭宏、1995、「前近代日本の出生力と授乳慣行」『上智経済論集』40（2）、19-28頁。

―――、1998、「もう一つの人口転換――死亡の季節性における近世的形態の出現と消滅」『上智経済論集』44（1）、11-35頁。

―――、2000、『人口から読む日本の歴史』講談社。

―――、2004、「江戸時代人の寿命とライフサイクル」『科学』74（12）、1438-1442頁。

厚生情報開発センター編、2009、『我が国の生命表』厚生統計協会。

斎藤修、1992、「人口転換以前の日本における mortality――パターンと変化」『経済研究』43（3）、248-267頁。

須田圭三、1973、『飛騨 O 寺院過去帳の研究』生仁会須田病院。

藤野（五島）淑子、1990、『19世紀中葉に日本の食生活に関する研究――「防長風土注進案」と「斐太風土記」の分析を通じて』（山口大学学位請求論文）。

山住正己・中江和江編注、1976、『子育ての書 1』平凡社。

KITO, Hiroshi, 1988, "Remarriage and Reproduction in a Rural Japanese Village in the Late Seventeenth and Eighteenth Century," *Sophia Economic Review*, 33（2）, pp.84-102.

2　家族のいない子どもの病い

第4章

イギリス1834年新救貧法下における家族型施設養育の展開とその意義

内本　充統

1　1834年新救貧法下の施設養育の動向

　入所施設における子どもの養育において、家族に類比した養育（本章では「家族型施設養育」として論ずる）は、多くの施設養育関係者に受け入れられてきた。本章はイギリス新救貧法（Poor Law Amendment Act 1834～1948：以下、新救貧法）による貧困児童の施設養育を取り上げ、19世紀における展開を検討することにより、同法下における家族型施設養育の意義を考察する。

　19世紀イギリスでは、産業革命後の社会変革により発生した貧民、とりわけ数多くの貧困児童への対応が重要な課題となっていた。慈善・博愛団体を含め様々な担い手による救済活動が実施された中で、新救貧法による公的な救済制度が対象としたのは、最底辺層の子どもであった。

　新救貧法によって救済された子どもの総数は、救貧法当局年次報告書の1849年から1900年の統計では、約21万人から43万人の間を推移している。このうち入所施設による救済を受けた子どもは約5万人から7万5000人であり、1875年までは入所施設に収容された子どもの人数が成人男性、成人女性の人数を上回っていた。

　多数の子どもを入所施設においていかに養育すべきか、という課題への対応として、新救貧法下では多様な入所施設が誕生した。**資料4-1**は入所施設の種類と設立年を図示している。これらの子どもの入所施設には、ワークハウスによる養育からの離脱を目指す中で、大規模収容から家族をモデルとした養育へと展開した施設養育の軌跡が見てとれる。

　本章では**資料4-1**に示した7種類の入所施設のうち、家族型施設養育の導

第4章　イギリス1834年新救貧法下における家族型施設養育の展開とその意義

資料4-1　1834年新救貧法下における子どもの入所施設の展開

種別	1830年代以前	1830年代	1840年代	1850年代	1860年代	1870年代	1880年代	1890年代	1900年代
ワークハウス (Workhouse)	- - - - -	1834 ━━━							━━▶
分離学校 (Separate School)			1843 ━━						━━▶
校区学校 (District School)			1849 ━━		<1877～新規設立なし>				━━▶
認可学校 (Certified School)					1862 ━━				━━▶
訓練船 (Training Ship)					1869 ━━				━━▶
コテージホーム (Cottage Home)						1874 ━			━━▶
分散ホーム (Scattered Home)								1893 ━	━━▶

（出所）　筆者作成。

入と展開を検討するため、ワークハウス（Workhouse）、分離学校（Separate School）、校区学校（District School）、コテージホーム（Cottage Home）、分散ホーム（Scattered Home）を取り上げる。

2　ワークハウスにおける貧困児童の施設養育

イギリスでは、1601年に施行されたエリザベス救貧法の時代から、ワークハウスが貧民救済の一方法として利用されてきた。同法下で約2000件存在したとされる小規模なワークハウスは、1834年の新救貧法の施行によって250～300名を収容する大規模な施設へと再編された（Driver 2004：66）。

大規模化したワークハウスに求められたのは運営と処遇の効率化である。その一環として行われたのが貧民の分類である。新救貧法の中央当局である救貧法委員会（Poor Law Commissioner）が発足直後に発令したワークハウス規則（Order and Regulation to be observed in the Workhouse of the Union）では、貧民が7つのカテゴリーに分類されている。それらは、①老齢ないし身体虚弱の男子、②労働能力のある男子および13歳以上の少年、③7歳以上13歳未満の少年、④老齢ないし身体虚弱の女子、⑤労働能力のある女子および16歳以上の女子、⑥7歳以上16歳未満の女子、⑦7歳未満の子ども、である（第9条）。ワークハウ

69

スでは貧民をこれらの分類に沿って別々の区画や棟に収容し、原則として相互のコミュニケーションは禁止した（第10条）。家族全体が収容された場合、そのメンバーはこれらのカテゴリーによって別々の区画に収容され、家族であっても面会が制限された。分離学校など子ども専用の入所施設が設立されると、子どもと親はそれぞれの施設に離ればなれに収容された。

　ワークハウスに収容された貧民には劣等処遇の原則（被救済者の状況が地域の最下級の独立労働者と同等以上にならないように処遇すること）が適用された。親には厳しい生活と就労環境が課せられた。それは、救済よりも職につくことを選ばせ、ワークハウスから早々に退所し、家族の立て直しに仕向けるためであった（川田 1997：150；Crowther 1983：42）。

　子どもにも劣等処遇の原則が適用された。食事はその典型であった。9歳以上の子どもの朝食は女性貧民と同等とされ、成長期の子どもには貧弱な内容であった（PLC 1836：56-59）。食事は子どもに対する罰則としても用いられることもあり、量が減らされることもあった（Ross 1955：242）。

　ワークハウスに収容された子どもの背景は多様であった。1847年以降に中央当局となった貧民法庁（Poor Law Board）は、子どもの入所背景を15種類に分類している。**資料4-2**は1847年から1848年にかけてワークハウスに収容された子どもの背景と人数を整理したものである。このうち、婚外子の入所が全体の30％を占めており、こうした親と子どもの多くがワークハウスへの入所を余儀なくされるほど、厳しい状況に置かれていたことがわかる。

　両親とも不在の子どもは17％余りであり、多くの子どもには両親または父母のいずれかが存在していた。また、親の就労の有無によってワークハウスに頻繁に出入りした「Ins and Outs」と呼ばれる子どもたちが存在した。「Ins and Outs」はワークハウス学校の教育や活動を妨げた上、感染症を運び込むことも多く、他の子どもに悪影響を及ぼす存在として蔑視されていた。

　子どもの養育は、ワークハウス規則第18条において、「少年及び少女は、毎日の労働時間のうち少なくとも3時間は、読み、書き、そしてキリスト教の原理を教えられなければならない。また、その他の授業でも、彼らに有用、勤勉、有徳の習慣をつけることが可能と考えられるものは教えられるべきである」と規定され、教育と職業訓練を軸として行われた（PLC 1835：60）。子どもへの教

第4章　イギリス1834年新救貧法下における家族型施設養育の展開とその意義

資料4-2　1847～1848年にワークハウスに収容された子どもの背景

項番	子どもの分類	人数	割合（％）
1	母親がワークハウスに収容されている婚外子	10,001	20%
2	母親がワークハウスに収容されていない婚外子	5,229	10%
3	母親が未亡人でワークハウスに収容されている	3,777	7%
4	母親が未亡人でワークハウスに収容されていない	1,985	4%
5	父子家庭で父親がワークハウス収容されている	1,330	3%
6	父子家庭で父親はワークハウス収容されていない	1,085	2%
7	両親が死亡	8,509	17%
8	父が養育放棄	5,698	11%
9	母が養育放棄	1,550	3%
10	両親が養育放棄	1,410	3%
11	父が服役	1,586	3%
12	父か母が身体・精神障害	1,913	4%
13	夫婦が有能貧民でワークハウスに収容されている	4,502	9%
14	夫婦が有能貧民でワークハウスに収容されていない	1,229	2%
15	その他	1,433	3%
	合計	51,237	100%

（出所）　Parliamentary Papers（1847-48）Children in Workhouse をもとに筆者作成。

育と職業訓練を徹底するために、ワークハウスの敷地内に子どものみを収容するワークハウス学校が設置された。1847年に発行された議会文書『ワークハウス学校（Workhouse School）』（PP 1847）には、救貧法委員補佐（Assistant Poor Law Commissioner）が収集した156教区連合の166ヶ所のワークハウス学校の実態が記録されている。その中には、子どもが狭い教室に押し込まれている状況や、成人貧民が教師を担う事例が多数確認される。当時は有資格の教師の採用は困難であったため、ワークハウス監守、女性監守、職員の関係者が教師を務めることもあった。適切な指導者の確保がワークハウス学校の課題となっていた。

　19世紀の半ばになると教育と訓練の充実が図られ、生活にも秩序と規則性がみられるようになった。その具体相をロンドンのメリルボーン・ワークハウスの日課をもとに資料4-3に整理した。

71

第Ⅰ部　近世／近代における家族と病い　　　2　家族のいない子どもの病い

資料4-3　ロンドンのメリルボーン・ワークハウスの子どもの日課

時間	男児日課	時間	女児日課
6：00- 7：00	起床、ベッドメーキング、祈り、洗面、靴磨き	6：00- 8：00	起床、ベッドメーキング、祈り、洗面、靴磨き、宗教指導
7：00- 7：45	体操		
7：45- 9：00	祈り、朝食、遊び時間	8：00- 9：00	朝食、レクリエーション
9：00-10：00	歴史書読み、説明	9：00-11：30	読み、綴り、算術、計算表
10：00-11：00	普通の計算と暗算、計算表、時計の針を用いた時間の学習		
11：00-12：00	文法、読解と書き取り	11：30-12：30	書き方帳を用いた作文、書き取り
12：00- 2：00	昼食とレクリエーション	12：30- 2：00	昼食、レクリエーション
2：00- 3：00	書き方帳を用いた作文、算術	2：00- 5：00	針仕事、編み物、家事手伝い
3：00- 4：00	読みと説明		
4：00- 5：00	地図を用いた地理	5：00- 6：00	夕食、レクリエーション
6：00	夕食	6：00- 8：00	針仕事、編み物、家事業務
8：00	祈り、就寝	8：00	祈り、就寝

（出所）　Neate 1967: 21-22をもとに筆者作成。

　この日課からは、当時において男児と女児の日課が大きく異なっていたこと
が把握される。男児は午前9時から午後5時まで、2時間の休憩を除くと6時
間の教育を受けている。科目には、読み・書き・算術に加えて歴史、地理が並
んでいる。一方、女児の学習時間は3時間半の、読み・書き・算術に制限され
ていた。女児は午後には針仕事、編み物、家事手伝いに従事し、さらに夕方6
時以降も約2時間の作業を行うなど、職業訓練に費やされた時間は1日5時間
に上る。性別によって異なる日課は、当時において男児の職業選択の幅が広かっ
た一方で、女児の就労が家事使用人に制限されていたことを背景としている。
　ワークハウスにおける教育と職業訓練は、将来において救済に頼ることなく
生活できるようにする、という救貧法当局の意図を反映したものであった。学
校をモデルとした環境は、教育と職業訓練の実効性を高めるために適した形態
であったと考えられる。教育と職業訓練を軸とした施設養育は、次に述べる校
区学校と分離学校においてさらに強化される。

3 　大規模収容型施設養育の誕生

　ワークハウスでは子どもと成人貧民との接触が課題となっていた。救貧法委員補佐のタフネル（Carlton Tufnell）は、「成人貧民と同じ施設にいる子どもたちは、成人貧民による道徳的汚染という重大な危険にさらされている」（PLC 1839：72）と指摘し、道徳上の措置として子どものみを収容する入所施設の必要性を主張した。

　子どもをワークハウスとは別の施設で養育する方法が検討されはじめた中、救貧法委員補佐のケイ（James P. Kay）は、1838年に新救貧法による救済の対象となった子どもに関する報告書を発表した。この中でケイは、ワークハウス学校における教育と職業訓練に関わる様々な困難を解消する方法として、校区学校（District School）の設置を提案した（Kay 1838）。校区学校はいくつかの教区連合が結び付き、教育の実施を目的とした校区（District）を結成した上で設立される入所施設であり、子どもと成人の完全な分離を前提としていた。ケイは1839年に設置された枢密院教育委員会の初代委員長として就任し、校区学校の構想を推し進めた。1848年には校区学校法（District Schools Act 1848, 11 & 12 Vict. C. 28）が制定され、ケイの構想は、翌1849年にロンドンを中心とした6ヶ所の校区学校の設立として結実した。

　一方、マンチェスターやリヴァプール、ロンドンなどの多くの子どもを抱える都市部の教区連合では、子ども専用の施設である分離学校（Separate School）の設立が進んだ。分離学校は、校区学校における教区連合間での調整等の必要がなく、設立主体の教区連合が単独で設立することができたため、ロンドンなどの大規模教区連合を中心として導入された。校区学校や分離学校は「バラックスクール（Barrack School）」と揶揄されたが、成人貧民との接触を絶ち、子どもを1ヶ所に集約することにより、効率的で経済的な養育と運営を実現した。

　校区学校と分離学校における教育と職業訓練の具体的形態として、1845年にリヴァプールに設立された分離学校である、カークデイル産業学校（Kirkdale Industrial School）を取り上げよう。同校では子どもたちが6段階のクラスに編成され、それぞれの到達度に応じた教育を受けていた。授業は将来の教員を目

第Ⅰ部　近世／近代における家族と病い　　2　家族のいない子どもの病い

資料4-4　ハンウェル校区学校での夕食の状況を描いた図

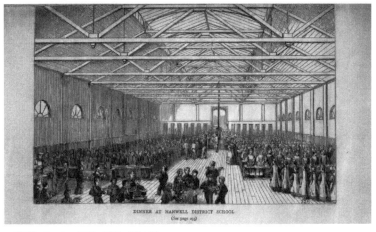

（出所）　Bartley 1871＝2010：288-289

指す子どもが生徒教員として教員の補助を担っていた（CCE 1847：549-550）。男児に対しては、大工、洋裁・靴製造、庭師、パン製造、鍛冶、蒸気機関の操作など、多様な職業訓練が準備されていた。また、男児は1週間を3日と半日の教育、2日の職業訓練、1日半は休日として過ごしていた。これらの他にも日常的に庭や部屋の掃除、豚の飼育など、施設内外の様々な仕事に関わっていた。一方、女児の職業訓練は裁縫などに制限されていた（CCE 1847：550）。

　校区学校と分離学校は、少数の職員が多数の子どもの世話をするという体制であったことから、大規模集団を維持するための方策として、子どもたちの日常生活の管理が徹底された。たとえば、食事時間は施設の正式な行事とみなされていた。**資料4-4**はロンドンのハンウェル校区学校（Hanwell District School）での夕食の風景である。子どもたちは制服を着用して食事をしており、食堂の端（**資料4-4**では奥の出口あたり）に配置されたブラスバンドの演奏に合わせて、女児と男児が食事の給仕を受けそれぞれの指定された着席場所に向かって、整然と列をなして歩いている様子が描かれている。

　職業訓練は生活維持のために必要とされる経費を削減するために利用され、施設内の清掃などの業務に子どもが駆り出された。大規模収容型施設養育のこうした実態が明らかになったこと、また運営の困難さなども重なり、校区学校

については1877年以降の設立は行われなくなった。

4　家族型施設養育への転換の背景

　子どもの施設養育における家族型施設養育の導入を促した要因として、19世紀後半に生じた校区学校等の大規模収容施設での感染症の蔓延、女児の養育の不備に対する批判、また、地域の小学校での教育の実施を取り上げたい。

(1)　感染症の蔓延
　19世紀の入所施設では、皮膚病やしょう紅熱、はしか、ジフテリア、天然痘といった感染症の拡大が課題となっていた。感染は子ども同士の直接的な接触や空気感染によって広がり、犠牲になる子どもは多数に上った（Ritch 2019：71）。

　1860年代以降に全国的規模で流行したのが眼病である。特にロンドンの感染拡大は深刻であり、その対策をめぐって多大な資金と労力が費やされた。

　眼病は1870年代にはさらに拡大し、北部サリー校区学校（North Surry District School）では、1873年には690名の子どもたちが眼病に感染した。このうち300名が別のワークハウスに隔離され、数名の教員が治療中の子どもの教育のために付き添うことになった（LGB 1874：214；LGB 1875：86）。

　眼病の感染拡大は、タオル交換などの感染拡大防止策の徹底など、衛生管理の強化につながった。しかし、子どもたちは長期にわたって眼病に苦しめられ、感染拡大を招いた入所施設の対応に批判が高まることとなった。

(2)　女児の施設養育の改善
　19世紀において女児の唯一の就職先が家事使用人であるという状況は、女児の施設養育の内容を規定していた。女児の職業訓練は入所施設の環境維持が中心であり、これは家事使用人としての就職を前提としていたことを示している。教育内容も男児に比較して単調な内容であった。

　女児の施設養育に関する懸念は早くから指摘されていた。貧民法学校査察官のブラウン（T. B. Browne）は、ワークハウスで養育された女児が再入所するケー

スを検証する中で、失業した女児の多くが十分な専門的訓練を受けておらず、不慣れな場所で複雑な業務に携わっている状況を指摘した（PLB 1871：215-217）。

　後に、女児の養育方法の改善策を探るための具体的な調査が、ナッソーシニア夫人（Nassau Senior, Jane Elizabeth：以下、シニア夫人）によって実施された。シニア夫人は、施設養育の立て直しを図る地方行政庁（Local Government Board）の依頼を受け、首都圏の17の校区学校と分離学校、またイギリス、スコットランド、パリの様々な入所施設、さらに里親家庭の女児の養育を比較調査した。この調査は、1874年に『貧民学校における女児の教育に関する報告書（Report on Education of Girls in Pauper School）』（LGB 1874：311-394）として地方行政庁第3巻年次報告書に掲載され、施設養育関係者に大きな影響を与えた。

　この報告書におけるシニア夫人の指摘は次のようである。宿舎には子どもが過剰に押し込まれた状態にあり（LGB 1874：323）、衣服も夏冬の区別をせず、同じ衣服を1週間着続けている者もいた（LGB 1874：324）。食事のメニューは単調な上、野菜も不足し栄養の高さは期待できない内容であった。食前には長いお祈りがあるために、食べるときには食事は冷め切っている（LGB 1874：325）。男児には水泳、音楽隊の練習、訓練などが定期的に実施されている一方で、女児にはこうした機会がほとんど与えられておらず（LGB 1874：326）、自由時間には放置されている状態にあった（LGB 1874：327）。

　また、シニア夫人は施設養育を受ける女児の身体的特徴として、肩が丸みを帯び、胸幅が狭いこと、性格的にはふてぶてしさ、やる気のなさ、激昂傾向があることや、金銭感覚が弱いという特徴を指摘した（LGB 1874：328）。

　シニア夫人は大規模収容型施設のシステム自体に女児の発達の遅れの要因があるとして（LGB 1874：320）、職員と子どもたちとの個別的関わりの強化を挙げている。そして、「マザーリング（Mothering）」（LGB 1874：320）という言葉を用いて、女児には「慈しみがあるケア（cherishing care）」と「個人への注目（individual attention）」（LGB 1874：311）を重視した施設養育の必要性を強調した。

　シニア夫人は、子どもの施設養育には個別的で愛情のある関わりが必要であること、また、子どもの分類はその特性をふまえて行うことの必要性を明らかにした。さらに、具体的な養育方法として里親制度か、施設養育であればコテー

ジホームが適切であるとして、これらの導入を提言した（LGB 1874：345）。シニア夫人の報告に対しては、校区学校による養育の推進者であるタフネルの反論があったが（PP 1875）、新救貧法による施設養育の質的向上の改善策として、コテージホームによる家族型施設養育が注目されることになった。

(3) 教育における公立小学校の利用

　ワークハウスの子どもたちが地域の公立小学校で教育を受ける機会は、1870年教育法（Elementary Education Act 1870）の施行によって拡大した。この制度の発足当初には、子どもたちの感染症への罹患とその蔓延に対する危惧が報告されたが（LGB 1895：31-32）、1874年には98ヶ所の教区連合が公立小学校での教育を導入し、その数は1883年には215ヶ所、1893年には400ヶ所に達した（Ross 1955：44）。

　ワークハウスにおける規則正しい生活に慣れた子どもたちは、公立小学校での評価もよく、成績も向上したことが指摘された（LGB 1884：121）。また、ワークハウスの子どもたちの清潔さや規律、そして時間の正確さが地域の子どもたちの手本になっていることも報告された（LGB 1882：138）。

　一方、公立小学校での教育の拡大に伴い、ワークハウスの職業訓練は見直されることになった。職業訓練は子どもが自立のための具体的な技術を身に付け、従順さや勤勉さを培う機会とされていた。しかし、子どもたちが地域の学校で過ごす時間の増加に伴い、職業訓練の時間は短縮され、時間を持て余しワークハウス内で無為に過ごす子どもたちの増加にもつながった（LGB 1884：121）。

　地域の公立小学校への通学は、ワークハウスの子どもたちの地域での教育の可能性を示すものであった。一方で、ワークハウスにおける教育と職業訓練の意義が問い直され、施設養育の内容の再検討が求められることになったのである。

5　施設養育の小規模化──コテージホームの導入

　大規模収容型施設養育に対する批判や制度の変化を受けて、1870年代以降の新救貧法による施設養育では、救貧法当局の方針である有用、勤勉、有徳の習

慣をつけるという方針の維持と、多数の子どもの収容と個別的な関わりの両立が課題となった。この課題への対応として浮上してきたのが、コテージホームである。コテージホームは子どもたちの集団を20～30名の小グループに分け、それぞれを独立した宿舎において養育する方法である。各宿舎には親代わりとして夫婦、または養育母親が配置され、家庭的な環境の下で子どもとの関係を重視した養育が行われることが期待された。救貧法当局は当初この方法を「ファミリーシステム（Family System）」と呼称しており（LGB 1878：153）、コテージホームに家族に類比した養育の実施を期待していたことがうかがえる。

　イギリスでは1850年代より、慈善・博愛団体が犯罪少年の矯正施設としてコテージホームを導入し、その成果が一定の評価を得ていた。そこで新救貧法当局は慈善・博愛団体のコテージホームを対象とした調査を実施し、その導入を検討することとした。1878年に実施されたこの調査は、議会文書『児童の教育（Education of children（poor））』として発行された。調査を担当した救貧法委員補佐は、コテージホームの導入が新救貧法による施設養育の向上につながることを期待しつつ、改善すべき4点を指摘している。この指摘は、調査実施当時のコテージホームを含む新救貧法による施設養育の特徴を示すものとして注目される。

　①慈善・博愛団体施設は、子どもの養育に関心のある個人や団体によって運営されており、養育に対する姿勢が献身的である。一方、新救貧法の施設では職員の採用に事務作業の処理能力が重視されることから、子どもの養育に関心の高い者が子どもの養育に関わるわけではない。

　②慈善・博愛団体施設では子どもが、年齢、性別、健康状態に関する基準に沿って選別されていることから、専門的な養育が可能である。新救貧法の施設では収容に制限を設けておらず、子どもたちの背景も多様である。

　③慈善・博愛団体施設では子どもの入退所が少なく、安定した生活を提供している。新救貧法の施設では子どもの入退所が頻繁にあるため、生活の安定さが損なわれている。

　④慈善・博愛団体施設の子どもの滞在期間は新救貧法施設の子どもに比して約2年～3年長いため、職業訓練がより効果的に実施される。また、退所にあたっては職業訓練の実効性が重視される（PP 1878：10）。

第4章　イギリス1834年新救貧法下における家族型施設養育の展開とその意義

残念ながら、新救貧法によるコテージホームの施設養育が開始された後も、これらの指摘への対応は十分になされなかった。さらに、コテージホームによる施設養育に対して、その閉鎖性を問題視する指摘がされるようになった。

コテージホームは多数の宿舎を設置するための広大な土地を必要としたため、多くが地域から離れた郊外に開設された（**資料4-5**、**資料4-6**）。また、子どもの生活が敷地内で完結するように、学校や診療所も設けられた。コテージホームの子どもは、地域の子どもと接する機会が少なく、コテージホームの子ども同士、また職員との人間関係に制限されていた。こうした閉鎖的で不自然な施設養育に対して「周辺の人々から切り離されたまったく異なる空間」との批判もあった（PLSC Mins 1896：104）。

また、養育職員の負担も課題の対象となった。コテージホームの養育職員は1人で20名以上の子どもの世話をする場合もあった。勤務は住み込みが原則とされ、職員も友人や家族、地域と切り離された生活を

資料4-5　レスター教区連合コテージホームの宿舎

（出所）　2017年2月15日筆者撮影。

資料4-6　レスター教区連合コテージホームの見取り図

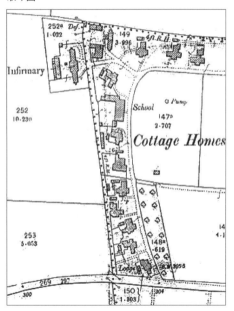

（出所）　Higginbotham HP「The Workhouse」http://www.workhouses.org.uk/ より作成者の許可を得て引用（2023年8月24日最終閲覧）。

79

送っていた。

　さらに、グループを小規模化しただけで、従来と同じく、男児と女児を宿舎に分離収容し、互いの交流を禁止したコテージホームも存在した（PLSC Mins 1896：104）。コテージホーム関係者からも「コテージホームは多くの点において、校区学校よりも明らかに進歩したが、細かいところに目をやると、校区学校にみられる欠点を繰り返しているように思われます」という意見が出された（PLSC Mins 1896：378）。大規模収容型施設養育にみられた大人と子どもとの関係構築をめぐる課題は、コテージホームによる施設養育にも残存したのである。

6　家族型施設養育の地域化

　20世紀を目前に控えた1893年、シェフィールド教区連合が分散ホームを開設した（**資料4-7**）。分散ホームは、一般市街地の民家を宿舎として用い、それぞれに配置された養育母親や夫婦が子どもたちを養育する方法であり、施設養育を小規模化と地域化に向けて大きく前進させた。その創設は中央当局の主導ではなく、教区連合の先導的な取り組みが、後に中央当局を巻き込んだという点も注目される。

　シェフィールド教区連合では、ワークハウスで養育される子どもが増加し、その対応策として、里親制度とコテージホームの導入が検討されていた。しかし、里親による養育には、里親の確保の困難や、監督が行き届かないという課題があり、里親に委託可能な子どもは年少の孤児や棄児に偏りがみられ（Councillor and Guardian 1898：3）、年長の子どもや「Ins and Outs」の養育には適さないことが明らかになった（PLSC 1896：128-129）。

　シェフィールド教区連合貧民保護委員会議長のウィクリフ・ウィルソン（Wycliff Wilson）は、コテージホームをモデルとしつつも、地域の一般住宅を用いて養育する計画を、『シェフィールド教区連合における分離型または分散型コテージホーム計画（Sheffield Union. A Scheme for Isolated or Scattered Cottage Homes）』としてまとめ、1892年11月に開催されたシェフィールド教区連合貧民保護委員会に提出した。貧民保護委員会はこの計画書を中央当局である地方行

第 4 章　イギリス1834年新救貧法下における家族型施設養育の展開とその意義

政庁に提出し、分散ホームの設立を申請することを決定した（Sheffield Union 1892）。

しかし、地方行政庁は分散ホームの設立には消極的であった（PLSC 1896：128）。分散ホームによる子どもの養育は 3 年間の期限付きとして、子どもの宿舎の新設や購入は許可せず、3 年間の賃貸契約物件を利用すべきという条件をつけた（PLSC 1896：129）。地方行政庁の消極的な態度の背景には、分散ホームが従来の入所施設の形態から大きく逸脱しており、職業訓練が行われないことから、子どもに有用、勤勉、有徳の習慣をつけるという方針が維持できないという懸念があったと考えられる。

資料 4-7　分散ホームの外観

（出所）　Higginbotham HP「The Workhouse」
http://www.workhouses.org.uk より作成者の許可を得て引用（2023年 8 月24日最終閲覧）。

分散ホームの開設から約 3 年が経過した1897年、地方行政庁による分散ホームの抜き打ち査察が実施された。この査察では養育母親の負担、子どもの感染症への罹患、職業訓練の不備、各宿舎の管理体制の不備等が指摘されながらも、養育全体は概ね評価された。本査察内容は『シェフィールドコテージホーム報告書（Sheffield Cottage Homes for children（reports））』として発行され、他の教区連合における分散ホーム開設のきっかけとなった。

1893年にシェフィールド教区連合内の 7 ヶ所に開設された宿舎は、1907年までに29ヶ所に増加した（Sheffield Union 1907）。1894年には地域の各宿舎の管理運営を担う中央管理棟が開設された。中央管理棟では子どもの入所手続きと検疫が実施された。また、観察ホーム（Probationary Homes）、職業訓練施設、ローマカトリックの子どもなど、異なる宗教的背景をもつ子どもの宿舎が備えられた。さらに、小児病院や店舗、分散ホーム管理者と女性監督者の居宅、農場の

81

第Ⅰ部　近世／近代における家族と病い　　2　家族のいない子どもの病い

資料4-8　分散ホームの食事風景

（出所）1908年9月12日のヨークシャーテレグラフ＆スタースペシャル紙より。

設置に加えて、ワークハウスに収容された親と分散ホームの子どもとの面会の場としても利用された。

分散ホームの管理者と女性監督者は各宿舎の巡回を行い、日常業務の点検、養育母親の指導・監督を行うとともに、生活用品の配給も行った。養育上の困難がある子どもの宿舎は中央管理棟の近隣に開設され、不測の事態には管理者が対応できる体制が整えられた（PLSC 1896：125）。

各宿舎の建物は地方行政庁からの指示の下、半戸建て住宅（Semi-detached house）が利用された。これは、火災等の非常時に一方の家屋を避難経路として確保することや、養育母親の病気や不在の際に、隣の宿舎の養育母親による支援を意図したものであった（PLSC 1896：129）。各宿舎では幅広い年齢層の子どもが男女混合で収容された。兄弟姉妹は基本的に同一の宿舎で養育されたほか、障がいをもった子どもも一般の子どもとともに養育された（PLSC 1896：130）。また、地域の子どもたちとの交流も促進され、地域の子どもたちが分散ホームに訪問することもあった。

子ども個人の所有物や玩具への配慮として、これらを収容する郵便受けやロッカーが設置され、自分の持ち物を管理することによって自尊心や自立心を高める工夫がなされた（PLSC 1896：123）。「Ins and Outs」は数名ずつが各宿舎に収容され、他の子どもたちと同じく公立小学校に通い、地域の子どもと交流することによって行動上の変化もみられたという（PLSC 1896：127）。

1897年に発表された分散ホームの子ども1人あたりの経費は、校区学校やコテージホームとの比較で低く抑えられていることが明らかになった

（Chance 1897：163）。教員や職業訓練担当職員の人件費を削減するために、地域の社会資源の利用を進めたことが背景にあると考えられる。

一方で、課題となっていたのは、養育母親の負担の重さである。分散ホームでは各宿舎に1名の女性を養育母親（foster mother）として配置し、子どもの養育を行っていた。しかし、開設直後の1893年から1896年までの3年間に、13軒の宿舎のうち8軒において養育父母、養育母親の交代が生じたことが報告された（PP 1897：7）。こうした事態を受けて、分散ホームでは、各宿舎の収容人数を10名から11名に抑えることで負担を軽減し養育者の定着を図った（Sheffield Union 1907：24-25）。さらに、各宿舎単位で養育を行うことで、一定の独立性が与えられた。養育職員は子どもの生活のあらゆる側面に継続して接触することが可能となり、個々の子どもに注目した実践が可能となった。

7　19世紀イギリスにおける家族型施設養育の意義

本章では、新救貧法施行下の19世紀にみられた大規模収容型施設養育から家族型施設養育への過程とその展開を概観した。1907年に確認されたイングランドとウェールズの5万1102名の施設養育児童数のうち、ワークハウスが1万4676名、校区学校が3781名、分離学校が8028名、コテージホームが8420名、分散ホームが4963名、残り1万1234名がその他の施設に収容されており、20世紀初頭において、家族型施設養育は一定程度拡大したことが確認される（PP 1907：xiv）。

しかし、新救貧法下での施設養育の主流はワークハウスを中心とした大規模収容型施設養育であったといえよう。新救貧法による救済は貧民全体を対象としていたことから、その原則や規定によって子どもへの配慮が十分に満たされていたとは言えず、家族型施設養育の展開も制限されていたと考えられる。

こうした状況の中で誕生した多様な入所施設による施設養育は、様々な批判を受けたとはいえ、子どものよりよい育ちの実現に向けての努力を具体的に示したものとなった。新救貧法下の入所施設は、19世紀において子どもの養育の実験の場としての機能も果たしていたといえよう。

その中で、家族型施設養育は子どもの生活に基本的な転換をもたらし、さら

に子どもと養育者との人間関係を変革するものとなった。「家族」は教育と職業訓練とは異なるレベルでの養育の指針となり、集団としての統合性を高め、子どもを主体とした養育環境を実現した。家族型施設養育は新救貧法下の施設養育における「進歩」として、個々の子どもに十分な養育がなされるべきであるとする、新たな基本理念を創出したといえるだろう。

引用・参考文献

内本充統、2023、「1834年新救貧法下の貧困児童の施設養育に関する一考察——救貧法委員会監督下の教区連合ワークハウスを事例として」『京都橘大学研究紀要』49。

川田昇、1997、『イギリス親権法史——救貧法政策の展開を軸にして』一粒社。

Bartley, G. C. T., 2010, *The Schools For The People Containing The History, Development And Present Working Of Each Description Of English School For The Industrial And Poorer Classes*, 1871 reprinted Nabu Press.

Chance, W., 1897, *Children under the Poor Law: Their Education, Training and After-Care*, Swan Sonnenschein & Co.

Committee of Council on Education（CCE と表記）, 1847, Minutes of the Committee of Council on Education: with appendices.

Councillor and Guardian, 1898, *The Children of the State: Sheffield's Successful Experiment*, The Councillor and Guardian.

Crowther, M.A., 1983, *The Workhouse System 1834-1929: The History of an English Social Instituion*, Methuen & Co.Ltd.

Driver, F., 2004, *Power and Pauperism: The Workhouse System 1834-1884*, Cambridge University Press.

Kay, J. P., 1838, *Report on the Training of Pauper Children*, 4 PLC.

Local Government Board（LGB と表記）Annual Report, 3 rd（1874）, 4 th（1875）, 6 th（1877）, 7 th（1878）, 9 th（1880）, 10th（1882）, 13th（1884）, 22nd（1893）, 24th（1895）, 36th（1907）.

Neate, A. L., 1967, *St. Marylebone Workhouse and Institution*, St. Marylebone Publication's Group, The Stanthmore Bookshop.

Parliamentary Paper（PP と表記）, *Workhouse Schools*, 1847, *Observation on the Report of Mrs. Senior as to the effect on Girls of System of education at Pauper schools*, 1875, *Education of children (poor)*, 1878, *Sheffield Cottage Homes for Children (Reports)*, 1897, *Pauperism (England and Wales)*, 1907.

Poor Law Board（PLB と表記）Annual Report, 23rd（1871）.

Poor Law Commissioners（PLC と表記）Annual Report, 1st（1835）, 2 nd（1836）, 5 th（1839）.

Poor Law Schools Committee（PLSC と表記）, 1896, Report of the departmental committee appointed by the Local Government Board, Vol. I.

———（PLSC Mins と表記）, 1896, Minutes of evidence taken before a departmental committee appointed by the Local Government Board,Vol. II.

Ritch, A., 2019, *Sickness in the Workhouse: Poor Law Medical Care in Provincial England, 1834–1914*, University of Rochester Press.

Ross, A., 1955, *The Care and Education of Pauper Children in England and Wales 1834 to 1896*, University of London, PhD Thesis.

Sheffield Union, 1892, *A Scheme for Isolated or Scattered Cottage Homes, Adopted by the Sheffield Board of Guardians on the 30th Day on November 1892*（発行所記載なし）.

―――, 1907, *The Scattered Home for Children. Historical Sketch*, Sheffield Independent Press Ltd.

Yorkshire Telegraph and Star Special. 12 September, 1908.

資料・関連ホームページ

Higginbotham HP "The Workhouse" http://www.workhouses.org.uk（2023年8月24日最終閲覧）

第5章

植民地朝鮮末期の香隣園における「病い」と疑似家族
—— 「父子」「兄弟」関係に基づく孤児養育 ——

田中友佳子

1　植民地朝鮮における近代的孤児施設の登場

　嘗て「朝鮮の癌」として顰蹙されてゐたのは浮浪人と浮浪児の夥しい数であつた。ことに、半島の主都京城に於いて、住むに家なき彼等が、町々の辻に、停車場に、商店の入口に、その哀れな姿を曝し、又は官有私有を問はず何処でも他人の土地を無断借用しては、掛小屋や土幕を造つて、一時の住居にする者が多かつた（方 1943：3）。

　これは、本章で焦点を当てる植民地朝鮮の孤児院、香隣園（향린원、後の眞友園）の園長・方洙源（방수원）の言葉である。方洙源は、著書『家なき天使』の冒頭で、浮浪児を次々と増殖する「癌」に例え、人々に不快を与えていると述べた。「癌」に例えられた浮浪児を、方洙源は「家族」、特に「父子」と「兄弟」の関係を結ばせることを通じて変えようと試みた。本章では、戦時体制下の植民地末期、孤児院において浮浪児や孤児、棄児に対していかなる養育と教化が行われたのか、香隣園の疑似家族に焦点を当てて明らかにする。

　朝鮮半島の長い歴史を紐解いていくと、「孤児」を保護し養育することに特別な関心が払われてきたことは明らかである。遺棄児や行乞児（物乞いをして浮浪する子ども）は、自然災害や伝染病、戦争などの発生時に、鰥寡孤独などとともに救恤を受ける対象であった。孤児の救恤に関する規則としては、1485年施行の「経国大典」恵恤條や、1696年「収養臨時事目」、1783年「字恤典則」などが知られている。これらの規則には、都や地方の官衙が一時的な「留養」の責任をもち、預け先が決まればその家で子女や奴婢などとして「収養」する

第5章　植民地朝鮮末期の香隣園における「病い」と疑似家族

と定められた。官衙はあくまで一時的な「留養」を行うのみであり、長期的な収容施設は存在しなかった。

　こうした養育の方法が大きく変わったのは19世紀後半の開化期以降である。孤児や浮浪児を、年齢、性別、教育可能性、不良行為の恐れ、障がいの有無などにより孤児院、感化院、教護院、少年刑務所といった施設に分類収容し、長期にわたって養育、教化する近代的養育システムが、第4章で内本が論じたイギリスをはじめとして西欧諸国や日本などから流入した。朝鮮では植民地統治下で新たな養育システムが流入したため、養育システムの「近代性」と「植民地統治」の関連に注意を払う必要がある。朝鮮総督府は朝鮮人による抵抗を強圧的に封じることに専心したわけではない。植民地統治の最も効率的な方法は、統治される側の朝鮮人自らが、植民地の秩序を維持し再生産するよう仕向けることであった。すなわち「近代的装置」である学校、工場、病院、孤児院や感化院、刑務所、軍隊、家族などを通して、「近代的規律」を日常的に内面化させようとしたのである。ソ・ヒョンスクは、「浮浪者やハンセン病者と異なり孤児は一般的に『社会的排除』や『隔離』の対象となっただけでなく、正常な社会的構成員として成長させるための教化と訓育の必要性もまた強調された集団であった」と述べている（ソ 2007：109）。「浮浪児狩り」により街頭から一掃するだけでなく、孤児・浮浪児を近代的施設に収容し、「皇国臣民」「従順で勤勉な農民・労働者」としていかに養育し教化するかが、植民地統治にとって重要であった。

　孤児院における養育に目を向けると、院児を少人数に分けて保母に養育させ、保母を「お母さん」、院長を「お父さん」と呼ばせるなど「家庭的雰囲気」の中で育てる家族舎制（family system）、特に母子関係に基づく養育が、西欧諸国や日本「内地」から流入し、実践されたことが指摘されている（田中 2018）。本章で論じる香隣園の運営と養育の変遷に関する先行研究としてチョ・ソンウン他（2021：65）は、方洙源が子どもの自主性を重んじ、「10余人を『模擬家族』として可能な限り家族的な雰囲気で生活するように力を注いだ」と述べている。しかし、これは解放後の史料をもとにした分析であり、植民地期当時の様子を正確に示してはいない。疑似家族の中身を詳細に論じる必要があり、また子どもたちの行為が「強いられた自主性」によるものだった可能性にも目を向ける

べきであろう。

　したがって、本章では香隣園を対象とし、これまで着目されてこなかった「父子」「兄弟」関係に基づく疑似家族による孤児養育について論じる。植民地末期の孤児院を悩ませた「病い」に触れながら、男性中心の疑似家族が「皇国臣民」「従順で勤勉な農民・労働者」の養育と教化にどのように用いられ、母子関係に基づく母性的養育といかなる違いを有していたのかを明らかにする。本章の構成として、第2節では、植民地朝鮮における孤児問題の噴出と、孤児院における子どもの疾病や死亡率の問題化について述べる。第3節以降は、香隣園の設立と運営、養育と教化について記す。本章で用いる主な史料は、方洙源著・村岡花子編『家なき天使』（那珂書店、1943）である。[3]『家なき天使』は村岡が方洙源から聞き取った内容を編集したもので、香隣園の園児の実態や本音が反映された史料とはいえない。本章ではその限界を念頭に置きつつ、方洙源がいかなる養育と教化を行ったのかを探ることにしたい。

2　孤児院における死亡率の問題化

　冒頭に紹介した「朝鮮の癌」の発生した主因は、いうまでもなく植民地統治による朝鮮社会の歪み、ひずみである。統監府時代を経て1910年「韓国併合」を行った帝国日本は、朝鮮を食糧供給や大陸への領土拡大の足掛かりとして利用した。1910年代の「土地調査事業」や1920〜30年代の「産米増殖（更新）計画」などによる土地収奪や米穀移出政策を受けて朝鮮の農村は荒廃していった。さらに1920年代末の経済恐慌が、農民の厳しい貧窮状態に拍車をかけることとなる。こうして農村では生活を維持できない人々が、仕事を求めて都市部に流入する現象が起きた。また、劣悪な生活状況と疾病、災害などにより親や親戚を亡くして孤児になったり、経済的理由から遺棄されたりする子どもも増加した。[4]1929年「世界恐慌」により植民地を保有する列強各国が閉鎖的経済体制をとる中、日本は中国東北部に侵出して満洲国を樹立、日中戦争、太平洋戦争に至る戦時体制へと向かった。こうした中で、植民地朝鮮は大陸進出の兵站基地とみなされ、物的人的搾取は続いた。

　1920年代以降、孤児・棄児・浮浪児問題に対しては、朝鮮知識人による孤児

院増設の動きがみられるなど、施設に収容することが主要な対処方法として考えられはじめた。しかし、公的支援と民間の慈善活動が未発達の中で、孤児院はしばしば運営費の不足に陥った。院児をいかに食べさせるかが先決問題であり、劣悪な環境にいる院児を伝染病が襲った。孤児院で死亡する子どもの多いことが問題視され、死亡率の高さについて言及されはじめたのは、1930年代に入ってからのことである。たとえば、1933年『朝鮮日報』に掲載された記事には、生後2、3ヶ月の棄児について「保育院〔孤児院〕では最善の手段を尽くしているが、5割ほどの死亡率になる」(朝鮮日報 1933)とある。また1938年『東亜日報』は、「府当局では社会事業団体と協力してこれらの〔孤児院での〕保護を行っているものの、保護を行うことに完全無欠を期すことは難しいことが多く、やはり養育中に二割余りは死亡する現況」(東亜日報 1938)と報じた。

　そもそも一般家庭における死亡率が問題視されはじめたのは、1920年代半ば以降のことである。朝鮮総督府により乳幼児愛護運動（児童愛護運動）が開始され、乳幼児死亡率の低下が目的として掲げられた（田中 2018：96-107）。乳幼児死亡率の低減運動は、当初は一般家庭、特に中流階級以上の女性たちとその子どもを主な対象としていた。しかし、1933年の「不幸な生命の死亡率が二割」という『中央日報』の記事には、一般家庭の死亡率が1割であるのに対し京城
<ruby>保育院<rt>キョンソン</rt></ruby>などの院児のうち2割が死亡し、死亡率が非常に高いことが指摘されている（中央日報 1933）。このように1930年代に入ると、一般家庭と比較しながら、孤児院の子どもの死亡率にも目が向けられるようになり、孤児院における養育環境が徐々に問題となっていたのだった。

3　香隣園における子どもの「病い」の要因と対応

(1) 香隣園の設立と「病い」の背景

　1937年の日中戦争勃発後、太平洋戦争に至る前の1940年に、本章の対象とする香隣園は設立された。1930年代以降、植民地朝鮮は兵站基地としての役割を課され、米穀をはじめとする物資のみならず、労働力の供給も強く求められるようになる。1938年には陸軍特別志願兵制度が施行され、軍隊への動員も期待された。戦時体制において香隣園の孤児がいかに養育、教化されたのかを探る

第Ⅰ部　近世／近代における家族と病い　　2　家族のいない子どもの病い

前に、まずは香隣園の設立と運営について軽く触れておく。

　設立者の方洙源は、1904年に平壤北道定州郡に生まれた。2歳で母親を亡くし、漢方薬商の祖父母に預けられた。15歳で早婚の慣習により祖父が決めた女性と結婚させられて家出し、京城の中学校で勉強したという（方 1943：11-13）。18歳で東京に渡り、早稲田大学附属早稲田工手学校に入学したが、1923年に関東大震災で被災した。復興作業に携わった後、退学してソビエト連邦に行くことを決意して奉天まで行ったが資金が尽き、漢方薬商の下で一時期働いたという。そして再び日本「内地」に戻って左翼運動に身を投じたり、皮革貿易商をしていた。東京から移った京都で偶然にも方洙源が手にしたのが、セツルメント運動などで知られる社会事業家・思想家の賀川豊彦が著した『死線を越えて』であった。「非常に感激し、今迄の一切を懺悔して新しい出発をすることにした」（方 1943：17）という。ここから伝道活動の日々を送るようになり、夜学を設立、禁酒同盟にも関わった。再び上京して深川の教会で伝道活動に携わる傍ら、保育園を設立し、朝鮮人労働者の子どもを対象に教育活動も行ったという。1940年1月に19年ぶりに朝鮮に一時帰省した方洙源は、京城駅に下車した際、駆け寄ってきた蓬髪垢面の浮浪児から「金を呉れ！」と手を差し出されて驚き、この体験から孤児院を設立しようと思い立った。方洙源は東京へと戻り、朝鮮人や内地人の知り合いに呼びかけ、渡鮮から2ヶ月後の3月8日に資金募集のための「愛隣芸術の夕」を東京YMCAと東京朝鮮YMCAの後援を受けて日比谷公会堂で開催した。こうして1200円を集め、3月末に方洙源は再び渡鮮したのだった（方 1943：23-28）。このように、方洙源が「朝鮮人」の「キリスト教の牧師」で「日本『内地』の人脈」をもつ点は、香隣園を理解するための重要な要素である。香隣園は、日本「内地」の宗教家や篤志家、朝鮮総督府の関係者からの支援を受けて設立運営されており、後述のように園児を「皇国臣民」として育て、戦争に協力することを奨励した。加えて、方洙源はキリスト教の牧師としての使命ももち、香隣園における孤児の養育と教化には宗教的要素も用いられた。

　方洙源は、子どもが声をかけてくると後先考えずに連れて帰ってしまうため、園児の数は急増した。たとえば、国勢調査を機に行われた浮浪人狩りで100名ほどが京城府庁に集められた際には、自ら志願する子どもも含めて32名を一挙に連

れ帰った（方 1943：102-103）。増加する園児の養育環境を求めて、京畿道高陽郡弘済外里から京城府城東区玉水洞、そして京城府北部の北漢山麓に位置する京畿道高陽郡恩平面平倉里に移転した（方 1943：123-125）。平倉里に

資料 5 – 1　平倉里で開墾する様子

（出所）方 1943：口絵

は修道院として新築された200坪の建物があり、200名を収容できる講堂があった他、50余坪の別館は寄宿舎として使用した。果樹園を含む2万坪余りの土地も手に入れ、自給自足の生活を行っていた（**資料 5 – 1**）。園児が増えるにつれて、財政的問題も付きまとった。方洙源が頼りにしていたのが、京城府の定期的な助成金200円や朝鮮総督府官僚夫人の組織である翠月会からの毎月の寄付（石鹸、お菓子、子ども服、蚊取り線香など）に加え、朝鮮総督南次郎の妻・嘉久子、矯風会京城支部、西邑清（皇太后宮事務官など歴任）の妻・伸の遺言による寄付金、京城府内の文具店からも多数の寄贈があった。方洙源は寄付に感謝して香隣園付近の湖を「翠月湖」と名付け、湖に架かる橋を「西邑橋」と名付けた（方 1943：142-144）。こうした援助がなくなれば食糧が底をつくという綱渡りの経営が続き、方洙源は寄付金集めに奔走していた。

(2)　園児の生存維持

　園児の空腹をどう満たすかという問題に加えて、集団生活を送る園児を襲ったのは皮膚病、眼病、結核などの伝染病だった。たとえば「皮膚病が伝染して、どの子どもも痒ゆがること夥しい」、「少年の顔色は日一日と蒼ざめて行つた。四日目、医者に診察して貰つた結果、肺結核であることが判つたが、その時は既に手遅れだつた。少年は、次の日に死んだ」といった記載がある（方 1943：42、187）。また眼病を治すために塩水で1日3回洗うこと、眼病患者と健常者

第Ⅰ部　近世／近代における家族と病い　　2　家族のいない子どもの病い

の洗顔の場所を分けることなどが書かれている（方 1943：249）。方洙源は、「伝染病広がる」の節において、「多数の浮浪児が一時に入園すると、その中の幾人かが病気を持って来る。付着して来た蚤や虱が、非常な勢ひでその病菌を散布するからである」（方 1943：114）と説明している。当時、回帰熱が園内で流行した際の様子が、次のように記されている。

　　念の為めに医者に診察して貰つたら、再起熱〔回帰熱〕であることが判つた。…（中略）…警察からは大消毒に来る。子供たちを病院に運ぶ。この春三男を喪つたばかりの妻は、のち別居後一度は帰宅したが、又自分の子供を連れて郷里定州に逃避して仕舞ひ、勿論手伝ひの人とてなく、私は、人手の無いこの困惑の中で、次々と罹病した子供を背負つて病院まで行かなければならなかつた。結局卅二名の患者を、順化院〔京城府の伝染病隔離病院〕に入院させたのだった（方 1943：114-115）。

　方洙源はしばしば街頭の孤児や浮浪児に声をかけたり、浮浪児狩りで集められた子どもを連れて帰っており、これが原因で伝染病が香隣園で流行し、命を落とす園児もいた。方洙源自身は三男を肺炎で亡くしており、妻は病気の園児と実子を一緒にすることを嫌がった。隔離病院、香隣園、そして妻と実子について連絡を取りながら気を配る毎日に、「経済的に、精神的に、私は非常な疲労を感じるのであつた」（方 1943：116）と当時の大変さを語っている。

　他方で、園児の知的障害や精神障害、精神疾患について書かれているのは、「特異児童部」の設立計画に関する記述のみである。

　　特異児童部―これは、私が特別に考慮した上で、設けてみようかと思つたのであつた。それは、体質や頭脳の発達の遅い子供たちを集めた部である。彼らは大小便をどうすればいゝか知らない。服を着たまま用便して仕舞ふ。…（中略）…斯ういふ程度の子供たちが、大勢の兄弟と一緒の室に寝食を共にすることは、他の子供の迷惑になるかと思つたからだ。併し、又私は考へ直し、差別をつけて、皆と離れて部屋を分けられることも善し悪しで、可哀さうに思はれたので、その計画は止した（方 1943：139）。

第 5 章　植民地朝鮮末期の香隣園における「病い」と疑似家族

　発達の遅い園児を集めた「特異児童部」を方洙源は計画したが、実行に至らなかった。皆と離れさせるのは「可哀さう」という方洙源の思いの下、様々な園児が一緒に生活していたようである。

　以上のように、香隣園では経済的な問題の他、伝染病がしばしば流行し、運営を脅かした。隔離病院に入れたり、消毒が行われたりと、伝染病の対応に追われる苦労が窺える。一方で、子どもの知的障害や精神障害、精神疾患については、特別な関心は払われていなかったようである。土屋（2021）が明らかにしているように、日本「内地」では東京市養育院における院児の「発達の遅れ」が1910年代半ばから指摘され、すでに1930年代初めには「家庭養育の不在」と結びつけられて語られはじめていた。本書6章で示されているように、こうした「母性的養育剥奪論」や「ホスピタリズム論」が論じられるようになるのは1950年代以降のことであった。植民地朝鮮の孤児院である香隣園においても、まずは「子どもの生存維持」が問題になったといえる。香隣園に「特異児童」がいることは認識されていたものの、その理由や背景については特段言及されてはいない。児童精神医学に基づいて子どもを診断、分類し、「家庭的養育」「母性的養育」によって発達を促し、治療するといった思考や技術に対して、特別な関心は払われていなかったと考えられる。

4　疑似家族による養育と教化

　植民地朝鮮や日本「内地」の多くの孤児院では、施設の管理者は男性であることが多いものの、主として子どもの養育を担ったのは女性であった。特に子どもを少人数に分けて保母が世話をする「家族舎」において、母役割を担う女性の存在は重要であった。これに対して、『家なき天使』には女性がほとんど登場しない。香隣園は基本的に男児を収容し、方洙源が養育を行う男性主体の施設であったといえる。「母性的養育」とは異なる、「父の愛」や「兄弟愛」に基づく孤児養育がいかに行われたのか、本節で詳しくみることとしたい。

⑴　3つの父子関係──養育と教化の柱
　先述したように、方洙源は朝鮮の「旧慣」に基づき、家の都合で結婚させら

れた。妻となった女性はキリスト教信者ではなく、女学校に通った「モダンガール」でもなかった。したがって、同じキリスト教を信じて結婚し、「愛」ある家庭を築き、夫婦で協力して孤児の救済に勤しむ夫婦にはなれなかった。方洙源は「妻は気が強くて私には堪へ難い存在」（方 1943：17）と書いており、夫婦の不和に悩むことが多かったようだ。妻の立場からすると、突然朝鮮で孤児院を設立し、移住後に三男を亡くし、増え続ける園児と向き合うという状況は、簡単に受け入れられなかっただろう。香隣園での伝染病の流行などを理由に妻は何度も方洙源と離れて暮らしており、妻の理解を得られないことを方洙源は嘆いている。しかし、それでも別れずに香隣園から数町離れた村で幼児部（5〜6歳の子ども）の養育に携わることになった理由は、「旧慣」に則り、儒教道徳に基づいて夫に従う女性だったからといえるかもしれない。

　こうした妻との距離は逆に父子関係を強固にし、香隣園の文化に大きな影響を与えた。ここからは香隣園に存在した3人の「父」——方洙源、神、天皇——について述べる。まず、1人目の「父」である方洙源は、実際の運営と養育を担った。方洙源は、京城駅で浮浪児5人に「小父さんは、今日からお前達のお父さんだよ。何でも勝手な事を云つて欲しいんだよ」「お前たちを養子にしたのだから、記念に写真を撮らう」と声をかけた（方 1943：34）。子どもが増えるにつれ、「狂暴な子」「悪戯をする子」も入ってきたが、「彼等に完全なる『息子』たれと希ふには、まづ完全なる『父』ではなければならないと絶えず自分を鞭ち反省させられる」と方洙源は述べている（方 1943：42）。

　方洙源が担った「父」役割の具体的な内容をみてみよう。まず1つ目として、経済的支柱となることだった。先述のように、日本「内地」や朝鮮のキリスト教会の人脈を頼ったり、京城府の補助金を受けながら、生活の基盤となる財源や家屋、土地を確保することであった。2つ目の役割としては、「息子」たちと同じ建物で生活を共にし、「親としての愛情」を注ぐことである。

　　別館が、子供たちの宿舎になつてゐて、四畳半敷き位の部屋に、各七、八名宛ての割合で「兄弟」となつてゐる。私は、各部屋々々を泊り歩いて、子供たちを身近に観察し、又子供により深い親身の愛情を感じて貰ふために考へたことなのである（方 1943：171）。

第5章　植民地朝鮮末期の香隣園における「病い」と疑似家族

方洙源は「親としての愛情を、数多い子供たちに公平にそゝぐやう、絶えず細心に注意し、規則正しい大家族の生活をしようと思つた」（方 1943：44）と述べている。しかし「寄り所の無い哀れな街の浮浪生活の滓（をり）」（方 1943：45）を消し去るには困難が伴い、後述のように脱走者も多かったようだ。

そして、「父」役割の3つ目は、「静聴」を促して園児を「善導」することであった。方洙源は最も「静聴」の時間を大切にした（**資料5-2**）。「静聴」とは「心澄んで神に聴くこと」「水のやうに清らかな心になつて神の言葉をきく」ことである（方 1943：45、50）。香隣園の朝のルーティーンをみ

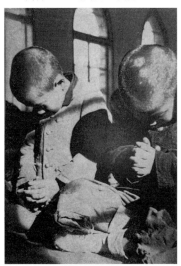

資料5-2　静聴する園児たち

（出所）　方 1943：口絵

てみると、ラッパの音で起床し、埃を払い、家の前の渓流で冷水摩擦して大声を出した後、「静聴」を行う。たとえば、「昨日悪かったこと」と司会が尋ねると、「昨日学校で、時間中脇見をしました」「ノートの使ひ方を粗末にしました」などと園児たちが発言する。「今日の私共のなすことは何か」と尋ねると、「勉強をよくすること」「小さい子供の世話をすること」（山根 1943：330-331）といった答えが、園児たちから返ってくる。毎朝の「静聴」は園児の自省を促し、その日の活動を自覚させるものだった。ただし、毎朝の「静聴」は、香隣園の訪問者から「あまりおなじやうなことがあるので、前の子供のまねをしてゐるのではないかと思つた。方氏も私とおなじやうなことを感じたらしい」と評されており（方 1943：331）、形式的になっていたようである。

他方、園児個人に特別に「静聴」を促す場合もあった。方洙源はある晩、物陰で煙草を吸う園児を見つけた。その園児は煙草を自由に吸いたいので香隣園を出て街に戻りたいと申し出たが、方洙源は次のような言葉をかけた。

「お前が街へ帰りたいのだつたら、帰つてもいい。お父さんは、決して叱

95

第Ⅰ部　近世／近代における家族と病い　　2　家族のいない子どもの病い

りはしない。だが、よく考へて欲しいんだ。お前がこゝに来て、何を覚え、何が一番大切なことであるか、判つてゐるだらうね。何だか云つてごらん」私が静かに云ひ聞かせると、子供は俯向いて暫くして「静聴です」と答へた。「さうだ、よく判つたね。その静聴を、一度でいゝから、帰る前にやつてみて呉れないか。そして、神様が、帰れ、と仰言つたら帰りなさい」子供は、黙つたまゝ他の部屋に入つていつた。一時間ほど経つて、彼は明るい顔をして私のところへ来た。「お父さん！」「神様はお前に何んて仰言つた？」「こゝに居ろ！いま悪い友達が警察の暗い所に入つてゐる。いま帰つたら、お前もそんな所へ行くやうになるかもしれない、と云はれました」「それは、よかつた。煙草はお父さんに預けておきなさい。若し、お前が欲しくなつたら、何時でもお父さんのところに云ひに来なさい」（方 1943：171-172）

　これからするべきことは何かを自ら問い、そうして聞こえてきた声は、子どもたち自身が生み出した答えといえるだろう。煙草を吸った園児は、神の言葉を通じて「香隣園にいる」ことを自ら選んだ。方洙源は上から命令することはせず、子ども自らが判断して動くことを求めた。その際、「神様」との対話を通じて子どもたちに自らを誘導させ、望ましい選択や態度に導いていったといえる。このように、「神様」との対話が、香隣園の運営、園児の養育と教化において非常に重要であった。このように、2人目の「父」は、園児の活動を導く際の支柱となるキリスト教の「神様」であった。

　先の香隣園の朝のルーティーンをみてみると、静聴し、集合点呼の後、国旗掲揚、皇国臣民誓詞、ラジオ体操、食事、国民学校への登校と続く。『京城日報』の訪問記事には、以下のように記されている。

　小屋の前には廿三人の少年が整列した。点呼また点呼、それから元気よく皇国臣民の誓詞を唱へる。実にすばらしい国語の発音で、却つてこちらが顔負けする位はつきりした綺麗な国語〔日本語〕である。内鮮一体は、こんな所まで徹底的に強化されてゐると思へば目頭が熱くなるのを禁じ得ない（方 1943：68-69）。

「皇国臣民の誓詞」とは、「私共は、大日本帝国の臣民であります。私共は、心を合わせて天皇陛下に忠義を尽します。私共は、忍苦鍛錬して立派な強い国民となります」という短い誓文で、学校などで朝鮮人児童に暗唱させた。すなわち、香隣園の３人目の「父」は、天皇であった。朝鮮では1938年に陸軍特別志願兵制度が施行されており、香隣園の園児８人（うち６名は体格により不合格）が志願した（方 1943：164）。帝国日本は「一大家族国家」を標榜し、「内鮮一体」を説いて神社参拝や創氏改名の強制といった同化政策、皇民化政策を進めていた。天皇は臣民の「父」であり、朝鮮人は「子」として忠義孝行を尽くすよう求められたのである。ある園児は、恩師に貰った１円を「静聴して、その金の処置を決めた。手紙を書き、一円をその儘封入して、日頃香隣園を後援してくれる京城日報社宛、国防献金として託した」（方 1943：81）という。

以上のように、方洙源は「お父さん」として「息子」たちに愛情を注ぎ、実際の養育と教化を担った。方洙源は牧師であり、香隣園はキリスト教に基づく孤児院である。神様は目には見えないが「静聴」により子どもに「声」を与え、導く存在とされた。そして、天皇は植民地朝鮮を統治する「父」であり、園児は「忠良なる皇国臣民」となって仕えることを目指した。これらの父親の存在と父子関係が、香隣園の養育と教化を支えた。

(2) 兄弟愛による秩序維持

方洙源はまず初めに京城駅で10～15歳の少年５人を選んで連れて帰り、彼らに役割を与え、次々増える園児に対応させた。方洙源は大勢の園児を１人で世話できず、また寄付集めのため香隣園を空けることも多かったようである。継続的な運営には、園児による自治が必要であった。また、方洙源は自身の考え方を園児に押しつけることを嫌った。「私はどんなに判り切つた場合でも、子供たちに相談することにしてゐる。子供たちが自力で考へ得るよう、答へを待つのである。決して「斯うしろ」とは命令しないのだ。『何をしようか？』と私は子供たちに話し掛けた」（方 1943：84）とあるように、「『顧問役』のやうな立場」であった（方 1943：135）。このように方洙源に頼らずに園児自身の手で生活を成り立たせるため、園児の組織化が行われた。

第Ⅰ部　近世／近代における家族と病い　　2　家族のいない子どもの病い

　香隣園では、各部屋を「兄弟」とし、部屋の年長者か優秀な子供を「兄貴」と呼ぶやうにしてゐるのである。その兄貴が責任をもつて、事を処理して行く。別に監督者といふ固苦しい名も役割もいらなかつた。そして各部屋の兄貴の上に、寮長を置いたのだつた。寮長は「兄貴会」で互選されることにした。その上、指導監督として私が当つたが、私には子供たちの上に立つ、といふ気持になれない。子供たちを愛し励まし、共に反省して、神の使命の下で生長して行かうと思ふだけである（方 1943：135）。

　7〜8名ほどの部屋に「兄貴」を置き、その上に「寮長」を置いた。この他に、運搬部、木工部、食事部、被服部、農事部、牧畜部、仕入部などを設置して、各部配属の園児が日常生活に必要な作業を担った（方 1943：136-142）。園児が書いた『香隣園新聞』には、寮長が「顔ヲシラベル」ために園児を運動場に集合させ、顔を洗つていなければ雪を使って洗わせたと書かれており、生活指導の様子がうかがえる（方 1943：243-244）。また、「寮長サンガ仕事ヲ分ケテヤリマシタ。ソウシテ皆ガメイメイ自分ノ仕事ニハゲミマシタ。被服部ハ朝カラ一生懸命ニセンタクヲシマシタ」（方 1943：248）という記述もあり、寮長が各部に指示を出したことがわかる。香隣園は「兄弟愛」を基盤とした男性中心の共同体であり、寮長や各部屋の兄貴、各部長による命令と指揮監督を通して園内の衛生や秩序を保とうとした。

　一方で、こうした秩序を最も乱す行為、それは「脱走」であった。「脱走」への対応は次のように記されている。

　子供の出奔ほど、私を悲しませるものは無い。…（中略）…子供たちも一体になって「兄弟」の行為を歎き、哀れに思ふのである。子供たちは、進んで、脱走した子供を連れ戻しに出掛ける。一生懸命市内に脱走者の姿を探しあぐむのである。自分の本当の兄弟が家出したやうに、真心から案じてゐる。決してお座なりの義務遂行ではないことが、よく判る。子供たちは非常な困難を冒して、「兄弟」を無事に我が家へ連れ戻さうと努力してゐる。その様子は、涙ぐましい（方 1943：147-148）。

98

第 5 章　植民地朝鮮末期の香隣園における「病い」と疑似家族

　３人の園児が脱走したケースでは、龍山と任錫という園児が「僕達で屹度連れ戻して来る」と出かけて行った（方 1943：149）。龍山と任錫は、脱走者が南大門市場の乞食の親方に育てられていたことを思い出し、親方のところにいた３人を見つけた。連れ戻そうと手を引っ張ると、親方が刃物を龍山の手に突き刺した。負傷しながらも龍山と任錫は無事に３人を連れ戻したという。

　　〔脱走者は〕自分の為めに「兄貴」が怪我までしたことを済まなく思つて、
　　みんなと一緒に香隣園に帰ると云ひ出したのであつた。…（中略）…香隣園
　　に辿り着いた時、連れに行つた子供も脱走した子供も、もう何の蟠りもない
　　仲の善い「兄弟」であつた。翌日の朝会に、子供たちは龍山の傷口をみて、
　　より深い兄弟愛に咽んだ。そして、何らかの決意の色が、どの子供たちの顔
　　にも漂つてゐた（方 1943：151-152）。

　脱走した園児を連れ戻す行為を通じて、さらに「兄弟愛」が強固になったことが記されている。しかし特筆すべきは、「兄弟」の自治が、生死に関わる事件を引き起こしたことである。以下は、方洙源の留守中に起きた脱走事件である。

　　部屋の兄貴は酷く〔脱走に〕責任を感じ、京城市内を隅なく探し求めた末、
　　やつと発見して香隣園に帰つたのは、夜中の一時であつた。そんな苦しい努
　　力にも報いず、子供は次の日再び逃げた。部屋の兄弟は、また探しに出掛け
　　連れ戻つた時、申正萬〔部屋の兄貴〕は激怒した。「俺たちが、こんなに心
　　配してゐるのが、お前には分からないのか！」思はず子供の頭を殴つた。子
　　供は倒れた。が、その儘、起き上がらなかつた。脳震盪を起して死んだので
　　ある（方 1943：195）。

　留守から戻った方洙源は、警察に連行された申正萬を心配してすぐに面会に行き、裁判の際には嘆願書を提出するなど尽力した。その結果、執行猶予付きの判決となり釈放された。一方で、亡くなった脱走者に関する言及はない。香隣園の秩序を乱す者は許されず、脱走は各部屋の「兄貴」の責任が問われる。寮長—兄貴—弟という階層的な組織の中で、互いを監視し、脱走者は無理にで

99

第Ⅰ部　近世／近代における家族と病い　　2　家族のいない子どもの病い

も連れ戻し、ときに暴力も用いられていたと考えられる。

5　「朝鮮の癌」への対応——「父子」「兄弟」関係の利用

　「朝鮮の癌」と呼ばれた浮浪児をどうするか。植民地期には、孤児や浮浪児を施設に収容するという近代的養育システムが朝鮮全土に広がっていった。これを児童保護の「進展」と一概に捉えることはできない。本章で指摘したように、当時の孤児院は伝染病の流行に度々見舞われ、収容された子どもの命を危険にさらした。1930年代以降には、孤児院の子どもの死亡率や死亡数を挙げながら衛生環境の悪さや医療処置の不十分さなどが指摘されはじめていた。

　さらに、孤児院における養育と教化を通じて、孤児たちは植民地統治に組み込まれていった。本章では香隣園を対象とし、「父子」「兄弟」関係により、養育と教化が行われたことを示した。香隣園においては、方洙源、神、そして天皇の三者が、園児の「父」となった。方洙源は建物や土地、資金を調達する経済的支柱であり、また園児に命令せず、自発性を重んじ、愛情を注ぐ存在であった。園児はもう1人の父であるキリスト教の神と向き合い、「静聴」を通じて自らの行いを内省し、香隣園の秩序維持を担うことを求められた。さらに、国防献金を行い、特別志願兵制度に志願するなど、物的人的に帝国日本に貢献し、天皇に従う「忠良な皇国臣民」を目指すことも期待された。

　加えて、実際の香隣園の生活においては、園児を組織化することにより秩序が保たれていた。園児は数人単位に分けられ、各部屋に「兄貴」と、それらを束ねる「寮長」が置かれた。寮長—兄貴—弟という階層が作られ、園児たちは「兄弟愛」に基づく共同体に組み込まれたのである。脱走者が出た場合には、園児自身が街を探し、強引に連れ戻すこともあった。すなわち、共同体の秩序を保ち、規律を内面化するために、園児同士が監視し、暴力を加えることもあったようだ。強引に連れ戻すことにより「兄弟愛」がより強固になることもあれば、度重なる脱走や脱走者の死といった事件につながることもあった。

　以上のように、「静聴」を通じて自律的に、そして兄弟の組織を通じて強制的に、園児たちは労働する主体となり、皇国臣民となっていった。父子関係と兄弟関係を用いた香隣園の養育システムは、「近代」の有する自律的、抑圧的、

暴力的な側面を浮かび上がらせている。「父子」「兄弟」関係に基づく養育と教化は、設立初期の岡山孤児院の曹長制度や、大邱警察署少年保護所において類似の実践がみられる。養育と教化手法の伝播については、今後の課題としたい。

注
(1) 本章は、1990年代以降朝鮮史研究で論じられてきた「植民地近代」論の視座に依拠する。「植民地近代」論は、「近代に対して批判的な視座をもち、近代性・近代化そのものもつ権力性や抑圧的、差別的、暴力的な諸側面に着目する」（板垣 2004：35-36）とともに、植民地朝鮮にもミシェル・フーコー（Michel Foucault）の規律・訓練的権力が存在したことを指摘している。社会事業史と植民地近代論については、（田中 2022）に詳述した。
(2) 香隣園を舞台に制作された映画《家なき天使》は、京城の暗部を描き、実際の園児を出演させるなど、リアリズムを追求したことで高く評価されている。また文部省の推薦が内務省の再検閲により取り消されたため、検閲や映画政策の面に焦点を当てる研究もある。本章では、映画やシナリオではなく、著書『家なき天使』の記述を分析対象とした。
(3) 『赤毛のアン』翻訳者である村岡花子であるが、夫・儆三の父は印刷業を営み、ハングルの聖書印刷も請け負っていた。また、儆三の従姉は賀川豊彦の妻ハルである。そして方洙源は賀川の本を読んで感銘を受け、後に賀川と済州島の農地を共同経営し、園児に開拓させた（方 1943：277-281）。こうしたキリスト教徒の人脈から、『家なき天使』は編集・出版されたと考えられる。
(4) 1910〜20年代半ばまで警察に保護された棄児数は100人前後だったが、1920年代半ばに250〜300人程度に急増した。新聞などで取り上げられ、社会問題となった（ソ 2007：110-114；田中 2018：138-145）。

引用・参考文献
板垣竜太、2004、「〈植民地近代〉をめぐって——朝鮮史研究における現状と課題」『歴史評論』（654）、歴史科学協議会、35-45頁。
ソ・ヒョンスク、2007、「境界に立つ孤児たち——孤児問題を通してみた日帝時代の社会事業（소현숙. 경계에 선 고아들 —고아문제를 통해 본 일제시기 사회사업）」『社会と歴史』73、韓国社会史学会、107-141頁。
田中友佳子、2018、『植民地朝鮮の児童保護史——植民地政策の展開と子育ての変容』勁草書房。
————、2022、「植民地朝鮮における『近代化』『近代性』をどう捉えるか——社会事業史研究と『植民地近代』論」社会事業史学会創立50周年記念論文集刊行委員会編『戦後社会福祉の歴史研究と方法——継承・展開・創造：社会事業史学会創立50周年記念論文集』第1巻〈思想・海外〉、近現代資料刊行会、601-631頁。
『中央日報』「不幸な生命の死亡率二割（不幸한 生命의 死亡率二割）」1933年2月14日2面。
『朝鮮日報』「可憐！子どもの受難 迷児十六、孤児廿八、棄児四十一（可憐！어린이受難 迷兒十六、孤兒廿八、棄兒四十一）」1933年12月19日夕刊2面。
チョ・ソンウン他、2021、「第3章 真友園」『保健福祉分野 国家・民間役割分担の歴史的展開と課題——地域福祉と児童福祉事例を中心に（조성은 외. 제3장 진우원. 보건복지 분야 국

第 I 部　近世／近代における家族と病い　　　2　家族のいない子どもの病い

가・민간 역할분담의 역사적 전개와 과제—지역복지와 아동복지사례를 중심으로)』韓国保健社会研究院、55-100頁。

土屋敦、2021、「第3章 孤児、棄児・浮浪児の保護にみる「家庭」／「教育」——戦前期の東京市養育院での里親委託の軌跡から」元森絵里子・高橋靖幸・土屋敦・貞包英之『多様な子どもの近代——稼ぐ・貰われる・消費する年少者たち』青弓社、129-164頁。

『東亜日報』「悲しい子守歌——棄児孤児迷児増加 保育中二割余死亡 京城府社会課の接受分だけで年二百名 人道上重大な社会問題（슬픈 자장가—棄兒 孤兒 迷兒增加 保育中二割餘死亡 京城府社會課의 接受分만 年二百名 人道上 重大한 社會問題)」1938年9月10日朝刊2面。

朴貞蘭、2007、『韓国社会事業史——成立と展開』ミネルヴァ書房。

方洙源著・村岡花子編、1943、『家なき天使』那珂書店。

山根可弌、1943、「香隣園訪問記」方洙源著・村岡花子編『家なき天使』那珂書店。

第6章

乳児院における母性的養育剥奪論の盛衰
——1960〜80年代における施設養護の展開から——

土屋　敦

1　社会的養護における母性的養育剥奪論／愛着理論

　母性的養育剥奪論（maternal deprivation）および愛着理論（attachment theory）と呼ばれる子どもの発達理論は、実親（特に母親）と切り離されて養育を受ける乳児院の子どもの発達とのいかなる関係下に論じられてきた軌跡があるのか。本章では、生後約2〜3年間における特定の養育者との適切な相互関係の重要性を強調する母性的養育剥奪論や愛着理論と施設養護が、特に1960〜80年代の時期に取り結んだ関係性の変遷を歴史社会学の視座から読み解くことを目的とする。また上記の課題を、特に2歳以下の子どもの養育施設である乳児院を対象に、全国乳児福祉協会（以下、全乳協）発行の機関誌『乳児保育』における内容の変遷を分析する中で検討する。

　虐待や貧困、親の蒸発や収監などの理由により、実親の元で暮らせない子どもを保護し養育する児童福祉の仕組みのことを社会的養護という。社会的養護は、児童養護施設や乳児院などの施設養護と、里親やファミリーホームなどの家庭養護に大別されるが、本章で検討する乳児院は主に2歳以下の乳幼児が保護・養育される児童福祉施設であり、前者の施設養護に属する。この乳児院は、入所児の年齢が特に幼少であるがゆえに、母性的養育剥奪論や愛着理論といった子どもの発達理論との交錯関係の下で子どもの養育のあり方が検討されてきた歴史的経緯がある。

　母性的養育剥奪論とは、イギリスの児童精神医学者であるジョン・ボウルビィによって、戦時期に欧州諸国で生じた戦災孤児などの「親のない子ども」の保護に際してWHOからの委託で執筆された報告書『乳幼児の精神衛生』（1951

資料6-1　学術論文件数の推移からみる母性的養育剥奪論／愛着理論（1947〜2020年）

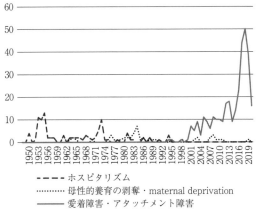

(出所)　国会図書館検索システムから筆者作成。

年刊行）の中で提示された概念である。同報告書の中では、母親的人物と乳幼児との継続的かつ親密な絆が最も基礎的な人間関係であることが特に強調されており、生後2〜3年間における母性的養育の喪失が、その後の子どもの人生における知的ないし情緒的障害の最大の原因になることが主張された。また同報告書では、「親のない子ども」の保護は施設で行うよりも里親家庭で行われることが望ましいとの見解が提示されている点も特徴的である。

　また愛着理論とは、ボウルビィのその後の研究活動において、特に1962年から1982年にかけて刊行された『愛着と喪失』3部作の中で提示された理論であり、生後2〜3歳に至るまでに特定の大人との適切な相互関係（愛着関係）が形成されない場合には、子どもに情緒面や対人関係形成上の障害が生じるとする理論である。この愛着理論は母性的養育剥奪論の後継理論にあたる。

　この母性的養育剥奪論／愛着理論は、特に2000年代以降の日本の社会的養護改革の中で、改革の方向性を枠付ける最も重要な子どもの発達理論として地位を獲得してきた（土屋 2023）。**資料6-1** は、母性的養育剥奪論／愛着理論の関連用語である「ホスピタリズム」「母性的養育の剥奪」「愛着障害」「アタッチメント障害」それぞれの語句を学術論文のタイトルもしくはキーワードに含む論文件数の推移を国立国会図書館データベースで検索し、グラフにまとめたものである。あくまで学術論文の刊行件数の推移からみえる動向ではあるが、母性的養育剥奪論／愛着理論をめぐる議論には1950年代初頭および1970年代初頭にそれぞれ小さな山があり、その後約30年にわたる議論低調期を挟むかたちで、2000年代以降（特に2010年代半ば以降）膨大な数の論文が刊行されていることが

みてとれる。その意味で、この母性的養育剥奪論／愛着理論は古くて新しい理論であり、特に2000年代以降劇的なかたちで再浮上・再構築されている子どもの発達論であることがわかる。

　以下、本章では1960〜80年代における乳児院をめぐる議論の変遷と母性的養育剥奪論／愛着理論の盛衰過程を読み解いていくが、同作業は「家族（特に母親）のあり方（家族の不在の場合も含む）」や「子どもへの養育者の接し方」によって子どもに生じるとされる病理の変遷史を、「家族のない子ども」の養育の場である乳児院の歴史的変遷から読み解く作業になる。それは、乳児院における乳幼児の養育という、近代家族規範から隔てられた場での子育て規範の変遷を描くことで、いわば近代家族規範からの「偏差」の病理化（ないしは脱病理化）のプロセスを検討する作業になる。

2　母性的養育剥奪論／愛着理論の論じられ方

　この母性的養育剥奪論／愛着理論に関する歴史学や社会学研究は、主に①ジェンダー研究の中で母性愛批判の文脈の中でなされた研究、および②社会的養護の歴史学・歴史社会学研究の文脈の中でなされてきた研究に大分できる。

(1)　ジェンダー研究

　特に同主題に1980年代以降取り組んできたのは、エリザベート・バダンテールを嚆矢とする母性愛の構築史においてである。バダンテールは、18世紀後半以前のフランス社会においては、子どもの多くは母親の元を離れ、遠くにいる雇われ乳母の元に里子に出されていたこと、乳幼児死亡率が高かった当時の文脈にあっても雇われ乳母の元で育つ子どもの死亡率はとりわけ高く、多くの乳幼児が母親の顔を見る前に亡くなっていたこと、またそうした状況は親の子どもに対する無関心さに特徴づけられており、その限りで同時期において母性愛規範は形成されていなかったこと、を膨大な歴史資料から跡付けた（バダンテール 1991）。バダンテールによれば、フランス社会の中で母性愛規範が形成されはじめるのは18世紀後半以降であり、特に20世紀初頭以降にフロイト主義的育児規範が人口に膾炙する過程の中で同規範が強化されたことが指摘されている。

科学史家のダイアン・アイヤーは、母性的養育剥奪論や愛着理論などの子どもの発達理論が、「科学の装い」を纏いつつ人口に膾炙している点を痛烈に批判する（アイヤー 2000）。アイヤーは、そうした子どもの発達論の多くが、科学的エビデンスが不十分なかたちで形成されており、またそれが「科学の装い」を纏っているからこそ子育て当事者の母親たちにとって強力な規範として働くことを批判的に検討している。

大日向雅美は、1988年に刊行された著書『母性の研究』の中で母性的養育剥奪論に言及しつつ、ボウルビィによる同概念の提示によって「子どもの発達に関して母子関係を重視する研究の流れは、この時をもって始まった」（大日向 1988：16）ことを批判的に捉え返す。

この母性愛神話の形成をめぐる主題を社会構築主義の視座から検討した田間泰子は、無知・無力な「子ども」の「逸脱」を統制することを経由するかたちで、母親たちが主体的に母性の実現を担わされていること、またそれは戦後日本にあっては母性的養育剥奪論などの「児童精神医学・児童心理学、精神分析学や児童福祉において担われて」（田間 2001：16）いることに批判的に言及する。

以上、母性的養育剥奪論／愛着理論に対するジェンダー研究が切り開いてきた研究視座は、それが太古の昔からある脱文化的かつ脱地域的な子どもの発達論なのではなく、西欧における母親—子ども関係をモデルに近代以降に形成された政治的な専門概念であるとする知見である。本章の議論も同研究視座の延長に展開されるが、上記の研究が主に対象にしてきたのが「一般家庭」における子どもの養育規範だったのに対し、本章で扱うのは親から切り離されて養育される施設養護の場における母性的養育剥奪論／愛着理論の盛衰であるという差異がそこにはある。

(2) 社会的養護研究

社会的養護の場における母性的養育剥奪論／愛着理論の盛衰過程を歴史学や歴史社会学の視座から明らかにする研究は、主に（土屋 2014；2019；2020）や（吉田 2018）、（貴田 2019）などによってなされてきた。近代日本における孤児院（後の児童養護施設）や感化院（後の児童自立支援施設）の設立は、特に明治中期（1880年代）以降なされはじめ、また施設を小規模化・ユニット化し、それぞれの生

活空間を近代家族に近似させようとする施策は、たとえば岡山孤児院では1905（明治38）年前後から実践されていたことが確認されているが（稲井 2022、他）、戦前期日本の施設養護をめぐる議論においては、母性的養育剥奪論／愛着理論はその萌芽は見出されるものの、それほど多くの議論はなされていなかったことが確認されている（土屋 2021）。

資料6-2　社会的養護の場における母性的養育剥奪論／愛着理論の盛衰と本章の課題

	1950年代	1960～80年代	1990～2000年代以降
施設養護	◎ →	？	→ ◎

（出所）　筆者作成。

　社会的養護の歴史研究においては、母性的養育剥奪論が形成されたのは戦後期であり、戦災孤児などの「親のいない子ども」の養育方法をめぐってGHQ統治下で移入が図られ、特に1950年代初頭以降に多くの議論が戦わされたこと（土屋 2014；吉田 2018）、またこの母性的養育剥奪論は1960年代初頭以降の家族政策の転換期において「一般家庭」をめぐる議論へと「転用」されていったこと（土屋 2019）などが指摘されてきた。

　また吉田幸恵や筆者の研究では、戦後日本の社会的養護の場における母性的養育剥奪論／愛着理論興隆には、1950年代初頭における施設養護論形成期と2000年代初頭以降の社会的養護改革期の２つの山があることが指摘されてきた（吉田 2018；土屋 2020）。本章では、特に1960～80年代の乳児院における母性的養育剥奪論／愛着理論の盛衰過程を明らかにしていくが、同時期における同議論の推移は既存研究の中では十分に明らかにされてこなかった（**資料6-2**）。その意味で、本章の分析課題は、いわば社会的養護史におけるミッシングリンクを充填していく作業にもなるはずである。

3　機関誌『乳児保育』

　本章の分析では、主に全国乳児福祉協議会（以下、全乳協）発行の機関誌『乳児保育』の1965年２月号から1990年２月号までの誌面を一次資料として用いる。同機関誌は乳児院関係者に広く読まれている専門誌であり、乳児院の全国組織である全乳協が母性的養育剥奪論／愛着理論にどの程度留意してきたのかの推移を明らかにする際に大変重要な資料である。また同資料が社会的養護史研究

において分析されるのは本章での作業が初めてになるが、先に指摘した社会的養護史上のミッシングリンクは同資料の分析がなされてこなかったことに一部起因する。

また本章では『乳児保育』の補助資料として、乳児院に関する『年史』や乳児院をめぐる主要な論者によって書かれた論文や教科書なども適宜分析資料に加える。

4　1950年代前半における施設児調査と子どもの発達の劣悪さ

本論に入る前に、まず近代日本の社会的養護における乳児院数および孤児院（児童養護施設）数の推移を確認した上で、特に1950年代の施設養護の場における母性的養育剥奪論をめぐる議論についてみておきたい。

(1)　近代日本における孤児院（児童養護施設）・乳児院の推移

**資料6-3**および**資料6-4**は、それぞれ1920年から2022年までのおよそ100年間における乳児院および孤児院（児童養護施設）の施設数と定員数の推移をグラフにしたものである。戦前期にも乳児院や孤児院の運営が一定数みられたが、それが劇的なかたちで拡大するのは戦後期においてであり、敗戦後の戦災孤児や浮浪児、捨て子など「親のない子ども」の保護施設として多くの施設の

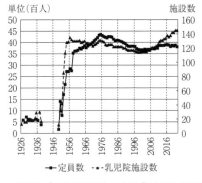
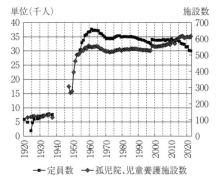

（出所）『社会事業年鑑』および『社会福祉施設等調査報告』より筆者作成。

運営が開始されてきた経緯がある。また同時期は日本における養護施設論の形成期にも該当するが、そうした議論の中で次節にみるような母性的養育剥奪論／愛着理論に関する議論形成が同時期になされていくことになった。

(2) 1950年代前半における施設児調査とその発達の劣悪さ

資料6-5は乳児院退所理由に占める「死亡」の割合の変遷をグラフにしたものである。**資料6-5**からは、特に1940年代後半の乳児院入所児の死亡率が30%強と非常に高率だったことがみてとれる。また1950年には、当時東京都済生会病院小児科の医師であった池田由子によって乳児院入所児の発達指数（DQ）の計測が行われているが、同指数の平均値は58.5であり極めて劣悪な値を示していた（池田 1954）。戦後日本の施設養護の場における母性的養育剥奪論の興隆は、敗戦後日本における施設入所児の極めて劣悪な発育状況を基礎データとして形成された。また同時期の同論は、特にホスピタリズム（施設病）――乳幼児が母親と切り離されて施設で養育を受けるがゆえに生じるとされた子どもの「発達不全」――という児童精神医学・発達心理学上の専門概念を伴いながら興隆したこともその特徴として挙げられる。

1950年代当時、日本社会事業大学教授の職にあった谷川貞夫は、同時期行われた施設養護下における子どもの発達や母性的養育剥奪の影響に関する調査研究を主導する立場にあったが、谷川は1953年に刊行された論文の中で、子どもが実親（特に母親）から切り離されながら養育されるがゆえに生じるとされた「発達不全」に関してその特徴を、①施設の子どもには創造性がない、②彼らには自主性がない、③施設の子どもはものを大切にしない、④彼らには自己中心的なものが多い、⑤施設の子どもには社会性がない、⑥彼らには劣等感（インフェリオリティ・コンプレックス）がありすぎる、⑦施設の子どもには感謝の念がない、⑧彼らには忍耐力

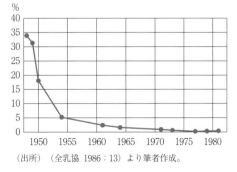

資料6-5 乳児院退所理由に占める死亡の割合の推移（1948～81年）

（出所）（全乳協 1986：13）より筆者作成。

がない、⑨施設の子どもは意思表示が下手だ、⑩施設の子どもは「ずんぐりむっくり」型が多い（谷川 1953）の10点を列挙するかたちで、施設入所児の「発達不全」の深刻さを強調している。

　そうした調査研究結果の公表ともあいまって、1950年代当時の社会的養護関係者の中では、「最悪の家庭は最良の施設に優る」「最悪の母は最良の乳児院に優る」といった標語が出現したことも記録に残されている（全乳協 1986）。同時期の施設養護における母性的養育剥奪論は、敗戦後直後の施設入所児の劣悪な発育状況を基礎データとして形成された結果、施設で育つ子どもには、すべからく「発達不全」を呈するといった決定論・宿命論的な議論が展開された点もその特徴として挙げられる。

5　1960～70年代における施設養護と母性的養育剥奪論

　次に、1960～70年代の乳児院における養育論の変遷と母性的養育剥奪論／愛着理論の接点を、同時期の『乳児保育』の内容の分析から明らかにしていきたい。一部議論を先取りして提示するならば、先述した1950年代が、学会誌などの媒体に母性的養育剥奪論やホスピタリズム論をめぐる理論や調査結果が多く寄稿された「問題形成の時代」であったとすれば、1960年代以降の『乳児保育』の紙面内容からみえてくるのは、同時期が同問題解消のために乳児院内部で多くの施策が練られた「実践の時代」であった点である。

(1)　心理指導員の配置

　当時『乳児保育』上で論じられた、乳児院における母性的養育の剥奪やホスピタリズム解消のための施策の中でまず目に付くのが、1960年以降都立の乳児院に配置された心理指導員の役割に関する議論である。都立の乳児院における心理指導員の配置に際しては、千羽喜代子が1961年に都立母子保健院に配属され、金子保が1967年に都立八王子乳児院に配属されるなど、各地に心理指導員の配置が進められていくが、そうした当時を代表する心理指導員たちが発信する乳児院入所児の精神的発達に関する記事に主導されるかたちで『乳児保育』における乳幼児の母性的養育剥奪論／愛着理論は展開されていく。

第6章　乳児院における母性的養育剥奪論の盛衰

　こうした1960年代における乳児院の動向として特徴的なのは、この時期以降
乳児院における子どもの発達をめぐる問題が、児童精神医学や発達心理学の視
座から捉えられるようになっていくことである。先述の金子は、1967年に都立
八王子乳児院に心理指導員として配属された当時のことを回顧するくだりの中
で、以下のように語っている。

　　当初、乳児院の子どもたちについて、小児科の医者としてはそんなに大き
　な問題はなく、心理の先生の問題ばかりだから、ひとつお願いしますといわ
　れました（全乳協 2000：28）。

　1940年代後半から50年代初頭における乳児院は乳幼児の栄養不足との戦いの
歴史でもあり、施設で多くの乳幼児が亡くなっていたことに関する関係者の証
言は枚挙に暇がない（全乳協 1986）。他方で、金子が心理指導員として都立八
王子乳児院に配属された1967年にあっては、それまで乳児院の主要な業務で
あった子どもの小児科学上の問題は徐々に後景に退き、代わって母性的養育の
剥奪やホスピタリズムなどの、施設入所児にみられるとされた児童精神医学や
発達心理学上の子どもの発達問題が前景化してきた時期であったことが金子の
発言からもうかがえる。

(2)　担当保育制

　また同時期に『乳児保育』上で頻繁に取り上げられた乳児院の運営形態の大
きな変化に、個々の乳幼児に対する職員による担当保育制の導入が挙げられる。
この担当保育制は、現在ではほぼすべての児童養護施設や乳児院において、特
に子どもと担当となった職員との間の1対1の愛着関係の形成を企図して導入
されているが、日本の社会的養護における担当保育制の起源はこの1960年代後
半の乳児院に遡る。この担当保育制は、1967年に都立母子保健院の心理指導員
の職にあった千羽喜代子によって導入されたのを皮切りに、1970年代初頭以降、
仙台乳児院（宮城県）やドルカス・ベビーホーム（神奈川県）をはじめ多くの乳
児院において取り入れられていく。
　担当保育制の導入者である千羽は、1960年代後半当時の乳児院における乳幼

第Ⅰ部　近世／近代における家族と病い　　2　家族のいない子どもの病い

資料6-6　担当保育制に関する説明図

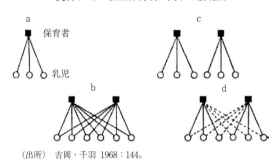

（出所）吉岡・千羽 1968：144。

児養育上の欠陥が「流れ作業式の保育は保育者がほんとうに母親代わりとなって子どもに接触する場をなくし」（吉岡・千羽 1968：143）ている点にあることを指摘し、また「ある部屋に保育者がたまってしまったり、遊びにしても月令、年令を無視してプレイルームに全児をあつめてしまうなどの弊害が起こりやすい」（吉岡・千羽 1968：143）ことに警鐘を鳴らすかたちで、乳児院における担当保育制の導入の重要性を主張する。

　また千羽は、**資料6-6**を提示しながら、abcdのうち「cのような完全な分担性が望ましいが、実際はdのような多少flexibleな形の分担制でないと難しい」（吉岡・千羽 1968：144）ことに言及しながら、「分担によって養われる自主性と責任感は流れ作業式の保育を減らし、子どもの観察、接触の機会を増やす」（吉岡・千羽 1968：144）こと、また「このことは何よりも乳児の特定保育者への認知が促進されること」（吉岡・千羽 1968：144）の重要性を指摘した上で、担当保育制が乳児院における母性的養育の剥奪やホスピタリズムの解消には必要であることを強調している。

(3)　入所児童対職員比率の改善

　乳児院における心理指導員の配置や担当保育制などとの関連の下で、『乳児保育』の中で繰り返し言及された主題に、院内の入所児童対職員比率の改善に関する主題が挙げられる。そうした乳児院内部からの要望にも応えるかたちで、戦後の乳児院における入所児童対職員比率は大きく改善されていき、1946年時点で5対1だった比率は、1951年には3対1、1964年には2.5対1、1970年には2.0対1、1976年には1.7対1へと、1人ひとりの乳幼児にかけられる職員の労力が増大していく。

　以上、心理指導員の配置や担当保育制の導入、入所児童対職員比率の改善な

第6章　乳児院における母性的養育剥奪論の盛衰

どの主題からみてきたように、この1960～70年代は、乳児院において子どもの発達に関する児童精神医学や発達心理学上の「一般家庭」との間の「偏差」を埋めるために多くの資源や労力が投入され、またそうした取り組みが頻繁に『乳児保育』上で共有された時期であったといえる。

⑷　決定論・宿命論的な見方の後退

　また、同時期の乳児院改革が進められる中で、この時期『乳児保育』上では、母性的養育の剥奪やホスピタリズムに対する問題認識の変化が生じていくことになった。

　資料6-7と**資料6-8**は、『乳児保育』上で掲載された、乳児院生活が子どもの発達に与える影響に関する施設職員に対する意識調査結果であり、**資料6-7**には乳児院における施設生活が乳児の精神発達に対する影響の有無に関する調査結果が、また**資料6-8**では乳児が母親から分離されることによる子どもの無気力化や冷淡化に関する調査結果が示されている。

　両調査で特徴的なのは、**資料6-7**においても**資料6-8**においても施設生活や母子分離が乳児の発達に与える影響を認める施設職員が一定数いる一方で（それぞれ41.2％、18.3％）、両調査とも最大多数は「一概に言えぬ」（それぞれ、50.4％、64.3％）と回答する職員で占められている点である。また特に**資料6-8**における母子分離が乳児の発達に与える影響に至っては、「そんなことはない」と回答する施設職員が15.8％に上っており、施設養護における母性的養育剥奪の影響を否定する施設職員も多いことがみてとれる。

　先に述べた通り、1950年代における母性的養育の剥奪やホスピタリズ

資料6-7　乳児の精神発達に対する施設の影響に関する調査結果

	計	公立	私立
認める	94人 (41.2%)	41人 (51.9%)	53人 (35.6%)
一概に言えぬ	115人 (50.4%)	35人 (44.3%)	80人 (53.7%)
認めない	14人 (6.1%)	2人 (2.5%)	12人 (8.1%)
不明	5人 (2.2%)	1人 (1.3%)	4人 (2.7%)

　（出所）　福岡県社会福祉協議会乳児部会 1970：3。

資料6-8　母子分離の結果としての子どもの無気力化、冷淡化に関する調査結果

	計	公立	私立
その通りである	41人 (18.3%)	12人 (15.2%)	29人 (19.5%)
一概に言えぬ	146人 (64.3%)	55人 (69.6%)	91人 (61.0%)
そんなことはない	36人 (15.8%)	10人 (12.7%)	26人 (17.5%)
不明	5人 (2.2%)	2人 (2.5%)	3人 (2.0%)

　（出所）　福岡県社会福祉協議会乳児部会 1970：3。

第Ⅰ部　近世／近代における家族と病い　　2　家族のいない子どもの病い

ムの影響は、施設で生活する乳幼児にすべからく生じるとする決定論・宿命論的な意味合いを有しながら論じられた。**資料6-7**および**資料6-8**の調査結果において特徴的なのは、1950年代の議論において支配的であった子どもの「発達不全」に関する決定論・宿命論的意味合いが後景に退いている点である。

6　1980年代乳児院における母性的養育の剥奪・ホスピタリズム克服宣言

　以上、1960～70年代の乳児院をめぐって展開された母性的養育剥奪論やホスピタリズム論の推移を検討してきた。そうした施設入所児の発達に関する同時期の問題認識は、1980年代初頭以降変容をしはじめることになる。

　当時、東京都立小児保健院の院長職にあり、全乳協における主導的立場にあった二木武は、1980年に刊行された教科書『乳児の行動発達と保育看護』の中で過去の乳児院を回顧しながら「Bowlbyの見解に基づいて、これは母親不在という保育法の不可避的欠陥によるあきらめも当時多かった」（二木 1980：8〔下線は筆者〕）ことに言及しつつ、この時期の乳児院入所児の発達をめぐる問題の変化を以下のように言及している。

　　しかしその後の施設従業者の努力で保育者の増大、施設改善、心理学的配慮や保育法の改善などが行われるにつれて乳児の発達は改善され、ホスピタリズムも現在ではほとんど消失しつつある（二木 1980：8〔下線は筆者〕）。

　この二木による発言は、特に1950～70年代の乳児院において顕著にみられた入所児の「発達不全」が、その後の乳児院職員数の増加や施設改善努力、心理学上の配慮などによってこの1980年代初頭の時期にほぼ克服されたことを宣言したという意味で、大きな意味を有するものであった。

　なお同時期の二木による乳児院入所児の母性的養育の剥奪やホスピタリズムの克服宣言は、**資料6-9**の乳児院入所児の発達指数（DQ）の推移のグラフを提示するかたちでなされた。乳児院入所児の発達指数の平均値は1950年に58.5と極めて劣悪な数値を記録した後に劇的な上昇をみせ、1969年には94.3と正常

値の範囲内まで回復したことがみてとれるが、こうした入所児の発達指数の改善が、二木による乳児院における先述の克服宣言の裏付けになった。

また1980年には、当時日本総合愛育研究所の研究第5部長の職にあった網野武博を中心に、全国の乳児院入所児を対象とした大規模な子どもの発達調査が行われている。**資料6-10**はその結果の一部を示したものだが、横軸には乳児院入所期間（月）が、縦軸に「運動機能」「社会性」「探索操作」「生活習慣」「言語理解」各項目における発達指数の値が示されている。一見して明らかなのは、各発達項目のうち「運動機能」は平均値よりもむしろ乳児院入所児の方が高い値を示している点であり、また「言語理解」に関してはやや低めの値が出ているものの、総じて各発達項目の指数は平均値付近に分布しており、かつて母性的養育の剥奪やホスピタリズムと呼ばれた入所児の児童精神医学・発達心理学上の「発達不全」はほぼ克服されている点である。

また同調査の中で網野をはじめ多くの研究者が着眼したのは、どの発達項目

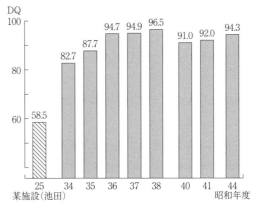

資料6-9 乳児院における子どもの発達指数（DQ）の推移

（出所）　二木 1980：8。

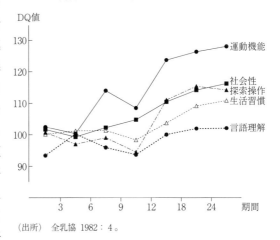

資料6-10 乳児院入所児の発達調査

（出所）　全乳協 1982：4。

第Ⅰ部　近世／近代における家族と病い　　2　家族のいない子どもの病い

に関しても施設入所期間が長ければ長いほど、指数が大幅に伸びている点であった。網野は、本調査研究の目的として「乳児院とか養護施設が歴史的にホスピタリズムというのが常に云われ、身体、健康、発達発育状態が遅れるという固定観念で相変わらずみられている」（全乳協 1982：4）という社会認識を調査結果から刷新することを企図して実施したことをあげる。続けて網野は、**資料6-10**で示した乳児院入所児の発達指数と施設入所期間の間に正の相関関係があることを示しながら、本調査目的を以下のように語る。

　　時代の変化、社会の変化、保育する側の変化、親の変化も含めて、いま児童福祉施設はもっと積極的な意味を持っているみたいな、<u>一般家庭のプライベートの養育上の問題をも回復させていくという機能が本当にあるのではないか</u>、そのあたりを立証していきたいというわけです（全乳協 1982：4〔下線は筆者〕）。

網野を中心に行われたこの調査結果は、特に1980年代初頭以降随所で引用されるとともに、1980年代の乳児院における母性的養育の剥奪やホスピタリズム克服の証拠として提示されていくことになった。

7　1980年代における乳児院入所児たちの「脱病理化」

　以上、本章では母性的養育剥奪論／愛着理論は、実親（特に母親）と切り離されて養育を受ける乳児院の子どもの発達とのいかなる関係下に展開してきた軌跡があるのか、という問いを、『乳児保育』を一次資料としながら明らかにしてきた。その際に、1960〜80年代という上記の主題に関する社会的養護史上のミッシングリンクを充填すること、またそれを近代家族規範からの「偏差」の病理化（ないしは脱病理化）という視座から明らかにすることが本章の目的であった。

　1950年代が乳児院入所児の発達をめぐって母性的養育の剥奪やホスピタリズムといった児童精神医学や発達心理学上の主題をめぐる「問題形成の時代」であったとするならば、1960〜70年代は母性的養育剥奪論／愛着理論という専門

第6章　乳児院における母性的養育剥奪論の盛衰

概念・専門理論が実践の場に移されるとともに、それへの配慮が施設のあり方を作り変えていった「実践の時代」として特徴づけられる。また1980年代になると乳児院入所児の発達指数の改善を根拠に、母性的養育剥奪論／愛着理論に対する克服宣言が多くの場所で表明されるようになる。またそこでは、乳児院在籍期間が長ければ長いほど子どもの発達指数の改善がなされるとする調査結果から、施設生活による子どもの快復や発達の促進に関する主題が論じられるようになった。

　資料6-11は、本章で明らかにされた点を図示したものである。既存研究では、施設養護の場における母性的養育剥奪論／愛着理論の興隆には1950年代と1990年代（特に2000年代）以降の２つの山があることが指摘されてきた。本章でもみてきたように、1950年代は乳児院における母性的養育の剥奪やホスピタリズムが決定論的・宿命論的に語られた時期であり、乳児院入所児は近代家族規範からの「偏差」（母親の不在）の中で顕著なかたちで「病理化」された時期であった。他方で、1960～70年代になると同主題に対する決定論・宿命論的な問題構成はされなくなっていくとともに、1980年代初頭以降は乳児院入所児の発達指数の劇的な改善を受けるかたちで、母性的養育の剥奪やホスピタリズムに対する克服宣言がなされていく。それは、それまで近代家族規範からの「偏差」を軸としながら病理化されてきた乳児院入所児たちの発達が、1980年代に至る過程の中で「脱病理化」していった軌跡でもあったということができる。またそうした1980年代における乳児院入所児たちの「脱病理化」は、特に2000年代以降の愛着理論の再興隆の中で乳児院が問題視されている現在の社会的養護の議論に照らすと隔世の感がある。

　以上の分析結果からは、1980年代に一旦克服宣言が出された母性的養育剥奪論／愛着理論をめぐる主題が、1990年代（特に2000年代）以降いかなる軌跡を経て再興隆することになったのか、という問いが次なる課題として出てくるが、同主題に関しては改めて別稿を編みたいと思う。

資料6-11　本章における分析結果

	1950年代	1960～80年代	1990～2000年代以降
施設養護	◎	○→△→×	◎

（出所）　筆者作成。

第Ⅰ部　近世／近代における家族と病い　　2　家族のいない子どもの病い

付記：本章は、日本学術振興会科学研究費補助金基盤研究Ｃ「『愛着障害』概念の変遷と施設養育の歴史社会学」（研究代表者：土屋敦）（課題番号22K018470）、および2023年度関西大学若手研究者育成経費「児童施設の『家庭化』をめぐる歴史社会学——20世紀転換期日本における動向を中心に」（研究代表者：土屋敦）の助成による成果の一部である。

引用・参考文献

アイヤー、D. E.／大日向雅美・大日向史子訳、2000、『母性愛神話のまぼろし』大修館書店。

池田由子、1954、「ホスピタリズムについて」『臨床内科小児科』9（9）、649-651頁。

稲井智義、2022、『子ども福祉施設と教育思想の社会史——石井十次から冨田象吉、高田慎吾へ』勁草書房。

大日向雅美、1988、『母性の研究』川島書店。

貴田美鈴、2019、『里親制度の史的展開と課題——社会的養護における位置づけと養育実態』勁草書房。

全国乳児福祉協議会、1982、「座談会　保育の原点をみつめる」『乳児保育』（70）、4-10頁。

————、1986、『全乳協30年史——乳児院30年のあゆみ』全国社会福祉協議会乳児福祉協議会。

————、2000、『乳児院50年のあゆみ——全国乳児福祉協議会50年史』全国乳児福祉協議会。

谷川貞夫、1953、「ホスピタリスムスの研究-1-」『社会事業』36（9）、5-52頁。

田間泰子、2001、『母性愛という制度——子殺しと中絶のポリティクス』勁草書房。

土屋敦、2014、『はじき出された子どもたち——社会的養護と『家庭』概念の歴史社会学』勁草書房。

————、2019、「孤児の公的救済におけるフロイト主義の関与——戦時期から1960年代における欧米学説の日本への移入過程を中心に」土屋敦・野々村淑子編『孤児と救済のエポック——16～20世紀にみる子ども・家族規範の多層性』勁草書房、309-352頁。

————、2020、「社会的養護における『愛着障害』概念興隆 2 つの山」『福祉社会学研究』17、13-29頁。

————、2021、「第 3 章　孤児、棄児・浮浪児の保護にみる『家庭』／『教育』——戦前期の東京市養育院での里親委託の軌跡から」元森絵里子・髙橋靖幸・土屋敦・貞包英之『多様な子どもの近代——稼ぐ・貰われる・消費する年少者たち』青弓社、129-164頁。

————、2023、「第10章　愛着理論の再浮上と施設養護の『家庭化』——1990～2000年代における乳児院の変遷を中心に」土屋敦・野々村淑子編『医学が子どもを見出すとき——孤児、貧困児、施設児と医学をめぐる子ども史』勁草書房、359-394頁。

二木武、1980、「保育看護の歴史からみた乳児発達論」二木武・川井尚編著『乳児の行動発達と保育看護』川島書店。

バダンテール、E.／鈴木晶訳、1991、『母性という神話』筑摩書房。

福岡県社会福祉協議会乳児部会、1970、「乳幼児保育者の精神健康度に関する研究」『乳児保育』（21）、2-7頁。

吉岡毅・千羽喜代子、1968、「乳幼児施設における精神衛生」『小児の精神と神経』8（3）、142-147頁。

吉田幸恵、2018、『社会的養護の歴史的変遷——制度・政策・展望』ミネルヴァ書房。

補論 2

18世紀ロンドンの訪問医療と貧民家族

野々村淑子

無料診療所運動——公衆衛生の先駆

　18世紀後半、イギリスの医療はその対象を貧困層に広げはじめた。その医療活動の母体となったのが、18世紀に一世を風靡したフィランソロピー、すなわち篤志家の寄付によって運営される慈善団体である。無料診療所（Dispensary）は、病院（hospital）と医療の担い手や対象、運営体制等を異にしながらも、公衆衛生の先駆とされる活動を各地で展開した（Andrew 1989；Loudon 1981；長谷川 2014）。そして、貧困者層の健康への社会的配慮の拠点として存続し、第二次世界大戦後の国民保険サービス制度（British National Health Service）が後継したとされる（Whitfield 2016）。子ども向けの診療所や産院など、目的が特化されたものも含め、ロンドンのみならずイギリスに広い範囲で多くの無料の診療所が設置され、貧困層を含めた人々に対する、医学による生命、健康への配慮、「生―政治」の舞台である保護複合体を形成したのである。

　その中でも1770年にロンドンに設立され、近郊の訪問医療を展開したのが総合無料診療所（General Dispensary in London）である。18世紀の無料診療所運動の口火を切ったとされるこの診療所の医療活動を先導したのが医師レットサム（Lettsom, John Coakley, 1744-1815）である。彼は、その訪問診療初期の活動記録（*Medical Memoirs of the General Dispensary in London, for part of the Years 1773-1774*, 1774）を残した。

　無料診療所の活動について、病院よりも低コストでの医療であり、医者にとっては臨床例を積み重ね、死亡時には解剖を実施し、疾病分類学に寄与する場所であったこと、そして後継者訓練の場として利用されたことについてはすでに指摘されている（Loudon 1981）。総合無料診療所の中心人物であったレットサムは、「ヨーロッパで最高の茶論」と評価された『茶の博物誌』を著したことでも著名である。この書は「ちょうど茶がイギリスで「国民生活の必需品」となりつつあった頃に書かれた茶論」であり、彼の医学博士号取得論文をもとに

119

第 I 部　近世／近代における家族と病い　　2　家族のいない子どもの病い

した茶の植物学的特性と医学的効用についての茶の古典として知られる（レットサム 2002）。レットサム自身は、お茶の分類学と同様の関心を、貧困者たちの症例とその経過や条件等の集積に向けた。

　本補論では、『家族と病い』という本書の文脈に沿い、イギリスでおそらく初めての訪問医療活動から、18世紀の貧民家族の生への関心を垣間見ることにしよう。家族史の観点からこの訪問医療の記録に迫っている研究は管見の限りなく、今後の研究の第一歩としたい。

なぜ貧民居住地区を訪問したのか

　ロンドン総合無料診療所が訪問医療（地域を限定）と外来診療（居住地は問わず）に限定したのは、入院施設や病棟が不要でありコストを低く抑えられるからであるといわれている。医者にとっては、症例が数多く集積できることが大きな利点であった（Loudon 1981）。

　しかしその一方で、訪問診療の貧民家族への影響についてのコメントは、レットサムによるエッセイ（*Of the Improvement of Medicine on the Basis of Public Good*, 2nd ed., 1775）に散見される。助けてほしいときに自分の家を離れずベッドサイドに医者を呼ぶことができ自分の近しい人からの愛と優しさのあるケアを受け続けることができる、そのようにして家庭の幸福（domestic happiness）が涵養されている限り、コミュニティにおいてとても有益で数も多いこの階層のモラルは揺るぎなく、また汚されることもなく保たれる（p.5）、健康であり続ければ、家族の生計の糧が一時的であったとしても維持できる（p.19）、といった表現である。こうした言葉は、篤志家たちへの寄付依頼のためのアピールであったともいえる。すなわち、訪問医療の先端性を説き、このチャリティへの寄付を呼びかけるためのレトリックであったともいうことができるのである。18世紀の他の慈善団体と同様、この総合無料診療所も寄付金によって運営され、寄付者の氏名一覧を報告書に掲載し、寄付金額によって推薦できる患者数が規則として決められていた（*Account of the General Dispensary for Relief of the Poor, instituted 1770.*, 1771.）。

　イギリス史において、18世紀は救貧法からの追放＝脱却を目指した労働者の家族の養育や扶養責任が強調され、徐々に、家族が貧民救済の単位として承認

されていく時代であった。R. マルサスによる家族責任論はその価値観が普及していく嚆矢であったとされる（川田 1997）。無料診療所における訪問医療が、このような救貧観、貧困層の家族観の変化の文脈に沿ったものであり、それが寄付者たちの賛同を得る論理を有していたことは、上記のように確かである。とはいえ、貧民の家族がそうした要請に応える状況にあったかというと別問題である。

医師レットサムの訪問記録から

レットサムの訪問記録は、総合無料診療所の計画や規則、寄付者が患者を推薦できる推薦状の様式などとともに、1773年4月から1774年3月の12ヶ月間の診察、治療記録が収められている。疾病別の症状の推移、治療歴が、その患者の体格、性別、換気等の生活環境の状況とともに記載された。発熱、らい病（ママ）、はしか、百日咳といった疾病、アヘンによる麻酔、種痘などの治療や予防等も含めて症例がピックアップされ掲載されている。この期間のレットサムによる診療を受診した患者はトータルで1650人であった。ここでは、発熱（主として監獄熱〔ママ〕）の記録から、症例の内容ではなく、訪問先（患者）に注目し、その一部を抜粋してみよう。

- ケース14（10/ 5〜）　ニューゲート・ストリート、ホースシュー・パッセージ、フランシス・コリングウッド、13歳
- ケース15（10/ 6〜）　彼（フランシス・コリングウッド）の父47歳
- ケース16（10/ 6〜）　ビーチレーン36番地、ウィリアム・ホプキンズ、68歳
- ケース17（10/15〜）　メアリー・アルフォード、13歳、ウィリアム・ホプキンズの孫娘
- ケース18（10/23〜）　ブリッジウォーターガーデンズ、ウィリアム・ベイリー、38歳、ウィリアム・ホプキンズの義理の息子
- ケース19（10/28〜）　アルダースケート・ストリート、メイデンヘッド・コート、ジョン・ホプキンズ、29歳、ウィリアム・

第Ⅰ部　近世／近代における家族と病い　　2　家族のいない子どもの病い

　　　　　　ホプキンズの息子
　　・ケース20（10/31〜）　ウィリアム・ベイリーの娘、6歳
　　・ケース21〜24（診療日不明）　ジョン・ホプキンズと同居している、そ
　　　の孫娘エリザベス・アルフォード、エリザベスの
　　　両親、その子どもたち（乳児と8歳）（pp.38-51）

　ケースの記載形式が統一されておらず、氏名や続柄の誤記もあるようだが、
この訪問先の例のみをみても、診療患者が親子や親類関係への数珠繋ぎに続い
ていることがわかる。そして患者たちの居住環境の実態、それによる感染や症
状、治癒の経緯や指示等が記録されている。しかしながら、親や子どもといっ
た同居家族との関係性、相互のケアについての言及はほとんど見当たらない。
レットサムにとって、家族は訪問医療によって症例を集める際の単位になって
いたことは確かである。では、診察や治療の過程で、患者との関係性において
は家族をどのような存在としてみなしていたのだろうか。引き続き問うていき
たい。

引用・参考文献

川田昇、1997、『イギリス親権法史——救貧法政策の展開を軸にして』一粒社。

ドンズロ，J.／宇波彰訳、1991、『家族に介入する社会——近代家族と国家の管理装置』新曜
　　社（原著 1977）。

野々村淑子、2018、「家族による子どもの健康管理のはじまり——イギリス初の貧困児向け無
　　料診療所（一七六九〜一七八一）」小山静子・小玉亮子編著（比較家族史学会監修）『家族
　　研究の最前線③　子どもと教育——近代家族というアリーナ』日本経済評論社、41-68頁。

————、2021、「18世紀ロンドンの在宅出産チャリティにみる家族モラル」『九州大学大学院
　　教育学研究紀要』（23）（通巻第66集）、1-18頁。

長谷川貴彦、2014、『イギリス福祉国家の歴史的源流——近世・近代転換期の中間団体』東京
　　大学出版会。

フーコー，M.／神谷美恵子訳、1969、『臨床医学の誕生——医学的まなざしの考古学』みすず
　　書房（原著 1963）。

————／中山元訳、2008、「医療化の歴史」『わたしは花火師です——フーコーは語る』筑摩
　　書房。

レットサム，J.C.／滝口明子訳、2002、『茶の博物誌——茶樹と喫茶についての考察』講談社（原
　　著 1799）。

Andrew, Donna T., 1989, *Philanthropy and Police: London Charity in the Eighteenth Century*,
　　Princeton University Press.

Loudon, I. S. L., 1981, "The Origins and Growth of the Dispensary Movement in England," *Bulletin of the History of Medicine*, Vol. 55, pp.322–342.

Whitfield, Michael, 2016, *The Dispensaries: Healthcare for the Poor Before the NHS, Britain's Forgotten Health-care System*, AuthorHouse™ UK.

第Ⅱ部

病いの特別イシュー

1　家族とハンセン病

第7章

戦前期日本のハンセン病者と家族
——九州療養所「患者身分帳」の分析から——

廣川　和花

1　「家」とハンセン病——近世から近代へ

　近代以前から、日本社会においてハンセン病者とその「家」は差別の対象であった。[1]ハンセン病者差別は、日本社会の歴史的文脈・疫学的環境の中で長期的な変容を遂げながら、近代に表出していた。前近代の状況をふまえることなしには、政策なき明治時代の40年余りに、そして1907（明治40）年の政策開始後に、ハンセン病者が置かれた状況を説明することはできない（廣川 2020）。

　鈴木則子が指摘したように、誰でもハンセン病に罹患しうると観念されていた中世に対し、庶民の家の成立をみた近世日本において、ハンセン病の発病メカニズムはしばしば「家筋」や「血筋」と関連づけて説明された（鈴木 1996）。それゆえにハンセン病の病因は家や家族に深く関わるものとして認識され、病者とその家族との間に血縁関係を結ぶことが強く忌避されたのである。こうしてハンセン病者はその家にとって隠蔽すべき存在となった。もちろん近代以降にも、このようなとらえ方は存在し続けた。

　しかし近代以降、そのようなハンセン病認識に、近代科学・細菌学によって説明される「感染」という新たな概念が加わり、複雑化の様相をみせる。とはいえ、細菌の性質、感染経路、発病の機序、「感染」とはそもそも何なのか、などといったことについての理解は、「遺伝」概念への理解と同じように、時期や社会階層によって相当程度の振れ幅が存在したはずである。

　本章のねらいはしかし、そうした人々の病因認識の複雑化の過程をたどることではない。本章の課題は、近代以前から続くハンセン病をめぐる認識と社会的対応の連続性の上に形成された明治末以降のハンセン病政策の形成・展開期

において、家と家族がいかなる形で位置づいていたのかを考察することにある。

　近世以来、病人の「養生」、すなわち病気の治療と看護は、基本的に各家の任意において行われるべきものであった。これに対してコレラなど襲来型急性感染症の流行は、衛生環境の改善など個人では対処不可能な行政対応を要請するものであった。ここにおいて近代的な公衆衛生成立の必然性が認識されるわけだが、近代的義務概念の成立以前の段階では、行政による家の任意の領域への公衆衛生的介入は容易ではなかった。尾﨑耕司が論じたように、明治20年代以降、憲法制定に伴う「公権」概念の導入と地方制度の転換が達成されて初めて、行政が家の主観的権利を制限し、家の頭越しにコレラ対策としての「隔離消毒」を実行することが可能となったのである（尾﨑 2005）。

　明治末に至るまで、慢性感染症であるハンセン病の「療養（養生）」は引き続き家の領域内に置かれていたが、1907（明治40）年の法制定時には、上述した急性感染症のときと同様に、ハンセン病「療養」の主導権をめぐって家と行政の間にいわば境界線の引き直しが生じたと考えることができる。本章では、戦前期ハンセン病療養所の形成期から安定的運営期（1909～30年代）において、こうした家と行政間にみられた病者の「療養」をめぐる主導権と負担の線引きとその変容に着目しつつ、病者を軸として展開する家・家族や療養所当局の動向を、国立療養所菊池恵楓園所蔵「患者身分帳」を用いて分析する。[2]

2　近代日本におけるハンセン病者と家族――問題の所在

(1)　近代日本におけるハンセン病の説明モデル

　先述のように、近代日本においてハンセン病に対する人々の認識は、①遺伝説、②感染説、③あるいはそのどちらとも言い難いとらえ方の、いずれかに拠り所をもち、それが病者とその家族に対する実際の行動に反映されていた（**資料7-1**）。

　戦前のハンセン病差別啓蒙の文脈では、①遺伝説は病者の家や「血筋」排除の根底にあるもので、前近代から残存する「誤った」考え方として、差別解消に向けて是正されるべき対象であった。一方、②感染説は患者との接触回避行動、そして「隔離」政策の根拠となった。政策側は遺伝説に基づく病者家族へ

第Ⅱ部　病いの特別イシュー　　1　家族とハンセン病

資料7-1　ハンセン病の病因説明モデル

病因	対応	当該期*の評価と根拠	現在の評価
①　遺伝説	「家筋」・「血筋」の排除	「誤った」知識 前近代からの「残存」	「誤った」知識
②　感染説	隔離	「正しい」知識 近代医学・細菌学	「正しい」知識だが「誤った」政策
③　その他 （「業病」・「天刑病」）	様々な局面での忌避	「誤った」知識 前近代からの「残存」	「誤った」知識

＊　「当該期」とは、概ね本章で扱う明治期〜戦時期を指す。
（出所）　筆者作成。

の差別撤廃を掲げて「正しい」知識としての感染説を強調し、療養所への収容を当初の貧困患者救済から感染防止対策として位置づけ直していく。現在では、感染説の喧伝自体が恐怖心を煽ったこと、入所者への非人道的処遇などを根拠として、「隔離」政策そのものが大きな「誤り」であったとするのが一般的な見方となっている。ただしハンセン病の発病に関わる「遺伝」と「感染」の両要因は複雑に作用していることが今日明らかになっており、もはや二者択一的な説明自体が無効化していることには注意すべきである。[3]

(2)　ハンセン病者と家族に関する問題群と課題

　ハンセン病と家族に関わる主な問題は、社会の中で発生した問題と、政策によって発生した問題に分けることができ、それぞれにおいて発生した問題の要因（あるいは根拠とされたもの）は、概ね**資料7-1**の説明モデルの組み合わせで説明できるだろう。まず、社会においては **(a)** 病者本人に対する家族からの拒絶や排除、**(b)** 病者とその家族（血縁者）の社会からの排除といった様相がみられた。**(a)** に関しては①遺伝説・②感染説・③その他のいずれかもしくはすべてが排除に結びつき、**(b)** においては①が婚姻忌避や離縁など、②③が日常的交流の杜絶などにつながったと考えられる。

　一方、国の政策、すなわち病者の療養所への収容によって発生した代表的な問題としては、**(c)** 入所した病者と家族の分離や疎遠化、**(d)** 親である入所者とその子（いわゆる「未感染児童」）の分離が挙げられる。**(c)** に関しては①②、

第7章　戦前期日本のハンセン病者と家族

(d) に関しては②がその主たる根拠となっていた。加えて (e) 療養所内での再生産の阻害も家族に関わる重大な問題であったが、戦前・戦時期にはもっぱら療養所運営経費の制約や生まれた子の処遇の困難がその根拠とされ、政策側が①②③から説明することはなかった。

　以上のように、ハンセン病に関する既知の問題の多くは「家族との断絶」に関わっている。主に、社会においては遺伝説、政策面では感染説に基づいて問題が起きたといえるが、すべてが同じ図式の下に発生しているわけではなく、またその原因を政策にのみ求めることはできない。さらに、「断絶」のマイナス面が表面化した典型的類型以外の家族のありようは見えにくい状態にある。

　そこであらためて、政策（ここでは療養所への収容に限定する）の開始と転換が、家の領域内での「療養」を前提としていたハンセン病者と家族の関係にどのように影響したかを検討する必要がある。ここでは、制度上の関係としては〈療養所―本籍地―家族〉の系列、その制度に規定される関係としての〈病者―家族〉関係を分析することになる。とりわけ1907年の法制定に伴う1909年の療養所設置と、1931年の法改正がこれらの関係に及ぼした影響に注目したい。

(3)　分析対象――「患者身分帳」とは何か

　本章で分析に用いるのは、主に国立療養所菊池恵楓園所蔵「患者身分帳」である。1907年に制定された法に基づいて、全国の府県を第1区から第5区までの5ブロックに分け、区ごとに連合府県立のハンセン病療養所が開設された（**資料7-3**参照）。第5区九州療養所（開設当初：九州癩療養所、現：国立療養所菊池恵楓園）は、こうして1909年に開設された全国5ヶ所のハンセン病療養所の1つであり、第5区は沖縄県を含む九州7県をカバーしていた。

　「患者身分帳」は、九州療養所の開設当初より現在に至るまで作成管理されてきた入所者各個人の記録ファイルである。その総点数は、開所から現在までのほぼ全入所者分である、5854点に及ぶ。個々のファイルには、発病から収容に至るまでの経緯、病者と家族・扶養義務者との関係、入所・逃走・退所・再入所・死亡等の履歴、家族や療養所側の対応を記録した各種文書が編綴されている（**資料7-4**）。そこからは、入所者一人ひとりの経験を部分的に復元することが可能であり、**資料7-2**に示すような統計資料上の入退所動向とは異な

第Ⅱ部　病いの特別イシュー　　1　家族とハンセン病

資料7-2　九州療養所*の入所者・退去者数

＊1941年に国立療養所菊池恵楓園に改称。
(出所)　筆者作成。典拠：各年次『年報』および『百年の星霜』、ただし1947〜1953年の年度末入所者数は筆者の計算による。

るレベルの情報を得ることができる。

　筆者らの共同研究[(4)]では、九州療養所の開設年である1909年から1941年までの「患者身分帳」(推計約2500人分)の分析を行っているが、本章では1909年〜1938年の「患者身分帳」を通観した上で、1909年・1918年・1928年・1938年という、ほぼ10年おきの「患者身分帳」を重点的に読解した結果を、「家族と病い」という本書の関心に引きつけて中間報告的に提示する。

3　戦前ハンセン病法制における「収容」の条件

(1)　戦前期日本のハンセン病関連法制の概要

　近代日本においては、1907年の法制定から1996年に至るまで、3段階のハンセン病対策法が存在した。ここでは**資料7-3**に即してごく簡潔に戦前期のハンセン病関連法制について説明しておく（詳細は廣川 2011；2021；2023等を参照）。
　1907年に明治40年法律第11号「癩予防ニ関スル件」が制定され、「療養ノ途ヲ有セス且救護者ナキモノ」を療養所への収容対象とした（**資料7-3❶**）。身

第 7 章　戦前期日本のハンセン病者と家族

資料 7 - 3　近代日本のハンセン病法制の概要

1907年　❶明治40年法律第11号「癩予防ニ関スル件」（1909年施行） 　1909年に全国を 5 ブロックに分け 5 ヶ所の連合府県立療養所を開設（1941年国立化） 　収容対象：「療養ノ途ナキ」ハンセン病者 1931年　❷昭和 6 年法律第58号「癩予防法」 　収容対象：「病毒伝播ノ虞アル」ハンセン病者 1953年　❸昭和28年法律第214号「らい予防法」（1996年廃止） 　収容対象：「らいを伝染させるおそれがある患者」 1998-2001年　ハンセン病違憲国家賠償請求訴訟 2008年「ハンセン病問題の解決の促進に関する法律（ハンセン病問題基本法）」

（出所）　筆者作成。

体要件が一切ないことからもわかるように、この段階では感染者の「隔離」に
重点を置かず、「療養ノ途」なき貧困患者、とりわけ家を離れ浮浪状態にある
病者の「救済」を主眼としていたというのが、現在の研究レベルでの共通理解
である（猪飼 2016：第 1 部第 3 章）。この方針に大きな変更が加えられるのが
1931年の昭和 6 年法律第58号「癩予防法」による法改正（資料 7 - 3 ❷）であり、
収容の基準は「病毒伝播ノ虞」という公衆衛生的指標に転換した。

　この転換はしばしば「隔離の強化」として説明され、この時期に政策が主導
した「恐怖宣伝」がハンセン病者へのスティグマ付加の主因であるとも主張さ
れる。こうした「政治起源説」とでも呼ぶべき主張は、前近代以来のハンセン
病差別の社会的実態の等閑視を招くと同時に、1931年法改正の意味を過度に単
純化してしまうという問題点を有している。したがって本章においても、とり
わけ1931年の法改正が、病者とその家族にどのような具体的な影響を及ぼすこ
とになったのかという点を重視せざるをえないのである。

(2)　1907年法・1931年法における「収容」の条件

　初めてハンセン病に関する法制定がなされた1907年という時期を、社会福祉
史における貧困者救済の文脈において確認しておこう。1907年当時は、「恤救
規則」が1874（明治 7 ）年の制定以来、幾度かの改正論議を経ながらも一般救
貧法として固定化された状況にあった。日露戦争に伴う国家財政悪化の中で、
1908年には恤救規則の適用は厳格化され、国が貧困救済を地方行政へ丸投げす
る事態となる。国家による一般救貧が機能しない状況が続く中で、伝染病患者・

133

行旅病人・精神病者・罹災者等・貧困者をカテゴリごとに救済対象とする特別救貧法が制定されていった（小川 1960）。1907年法はその一環として、貧困病者の救済という実質的性格をもって制定されたのである。

先に述べた通り、1907年法におけるハンセン病者の収容条件は「癩患者ニシテ療養ノ途ヲ有セス且救護者ナキモノ」であった。しかし同時に「適当ト認ムルトキハ扶養義務者ヲシテ患者ヲ引取ラシムヘシ」との指定があった。つまり病者本人が浮浪状態にあるなど貧困のために療養費用を負担できず、なおかつ救護者となるべき家族が存在しないことを収容の条件とするが、救護資力のある扶養義務者が見つかればその者に病者を引き渡して扶養させることを原則としていたのである。療養所がハンセン病者の永続的な収容、もしくは公衆衛生的判断からの「隔離」を前提としていなかったことは明らかである。

したがって九州療養所は、新たに患者を収容し公費で療養させるにあたり、その者が「療養ノ途」を有しないことを確認する必要があった。そこで熊本県は療養所の運用開始にあたり熊本県達甲第26号「療養所救護費徴収免除規程」（1909年10月30日）を定め、その第1条に「新ニ患者ヲ収容シタルトキハ療養所長ハ速カニ患者幷ニ其扶養義務者ノ身元ヲ取調ヘ、別紙様式ニ依リ証憑書類ヲ添付シ救護費（送致費ヲ含ム）ノ全部又ハ一部ノ徴収又ハ免除ヲ具申スヘシ（傍点引用者）」と指示した。[5]

1907年法下では実質的にほぼすべての入所者は「療養ノ途」を有さず「救護費免除」と判定され、それを前提として入所が許可されることになるが、その判定は決して固定的なものではなかった。すなわち同第2条には「救護費ノ全部又ハ一部ヲ免除シタル者ト雖、所長ハ時々患者幷ニ扶養義務者ノ身元ヲ取調ヘ、弁済ノ資力アリト認ムルトキハ前条ニ依リ具申スヘシ（同前）」として、患者と扶養義務者の経済状態が好転したことが判明すれば、救護費の徴収、もしくは1907年法に定められた通り患者を扶養義務者に引き渡すことを求めたのである。よって、この法の下では、療養所当局は入所者の家の経済状態を不断に確認し続ける必要があり、そのために入所中は〈療養所―本籍地―家族〉の連絡は維持されなければならなかった。

しかし、1931年の法改正により「病毒伝播ノ虞」が新たな収容基準となり、入所者および扶養義務者の資産の有無が問われなくなった。つまり療養所当局

第7章　戦前期日本のハンセン病者と家族

は入所者に対して個別に救護費免除の資格確認を行う必要がなくなり、家族や本籍地への経済状態照会は不要となった。この政策転換が病者と家族の関係にいかなる影響を及ぼすのかが、次節以降の検討課題となる。

4　「患者身分帳」にみる〈療養所―本籍地―家族〉関係と法改正

(1)　「患者身分帳」にみる法の運用

　「患者身分帳」における1907年法下での収容と救護費免除の状況を追っていくと、ほぼすべての入所者は「無資力」とみなされ「救護費免除」扱いとなっているが、実際には本人もしくは扶養義務者が相当程度の資産を有する事例が少なからず見出される。[6]これは、まったくの無資産状態でなくとも、家に"居場所"がない場合には入所を認めるという、法の弾力的な運用実態があったことを示す。つまり家や家族からの排除、あるいは共同体内での排除等が収容の背景として勘案されたことが推測され、1907年法下でのハンセン病者収容の実態が貧困のみに厳密に焦点化していたのではなかったことが示されている。

　くり返しになるが、1931年の法改正以降、収容条件としての資産の有無が不問となる。一般に「隔離の強化」といわれるこの政策転換は、一面においては、それまで法の適用外とされた、極貧状態にはないハンセン病者にも、連合府県立療養所入所という選択肢が開かれたことを意味していた。「患者身分帳」においては、本人や家族が手紙等で入院希望を表明する事例が増加していることが、この状況変化を反映しているといえるだろう。[7]

(2)　法改正と「患者身分帳」の内容・作成目的の変化

　資料7-4に「患者身分帳」の主な編綴書類を示した。入所時に作成された「収容患者調査票」には、各入所者の基本データが記入される。病者の収容後、療養所はまず本籍地役場への照会を行い、病者および扶養義務者が無資産であること、第5区内に本籍地を有することを確認した上で、先述した規定にのっとり「救護費免除具申書」を作成し、熊本県に提出した。入所後も半年から1年に1度程度の頻度で本籍地役場に照会を行って、扶養義務者の経済状態に変更がないかを確認し、その年次分の具申書が作成される。1907年法下では、この

135

第Ⅱ部　病いの特別イシュー　　1　家族とハンセン病

資料7-4　「患者身分帳」の主な編綴書類（1907年法下）

収容時：収容患者調査票（個人の各種基礎データを記載） 　　　　警察署による送致書・診断書など 収容後：本籍地役場への身元照会と回答・戸籍抄本など 　　　　救護費免除具申書の控（療養所→熊本県知事宛、毎年作成） 　　　　本籍地役場への扶養義務者の経済状態照会（1年～半年に1度程度作成） 逃走時：本籍地役場等への通知控、発見地役場等からの通知など 退所時：身柄引取に係る親族との往復、軽快退所手続書類など 死亡時：遺骨引取に係る遺族との往復、遺留品処分の明細など

（出所）　筆者作成。典拠：「患者身分帳」。

具申書こそが入所資格を有することを証明する、最も核心的な文書であった。

　しかし1931年法改正後は、当然の成り行きとして具申書は作成されなくなる。本籍地役場への照会は入所時の本人確認（戸籍抄本の取り寄せ）に限定され、定期照会は行われなくなった。収容患者調査票は「入所患者身上調書」に様式変更され、資産記述欄は削除された。さらに、1930年代になると、入所者に「誓約書」を提出させるようにもなっている。その文言には「規則命令及患者心得等堅ク可相守……万一之等ニ違背致候際ハ、相当ノ御処分相受ケ退所ヲ命セラレ候トモ異議申出間敷候（傍点引用者）」とある。処分としての「退所」は規則違反への「処罰」として位置づけられている点に注意したい。

　以上みてきたように、法改正に伴って身分帳の作成目的は大きく転換した。病者および扶養義務者が無資産であること、および本籍地が第5区内にあることの確認が必須であった1907年法段階から、法改正後は入所時点での事務手続きは後者の本籍地の確認のみへと簡略化された。それに伴い「患者身分帳」は入退所履歴の記録という性格を強めていった。この転換に伴って、毎年次の「救護費免除具申書」作成のために維持されていた〈療養所―本籍地（役場や警察等諸機関）〉の関係（連絡体制）は弱まったと考えられる。

　他方、本籍地役場や警察等による入所時の資産調査や定期的な資産確認が実施されなくなったことは、病者の存在を隠蔽しようとする家族側の一般的な意向をふまえれば、〈本籍地―家族〉関係において家族の心理面での負担を減らす意味があったと考えられる。

第7章　戦前期日本のハンセン病者と家族

5　「患者身分帳」等にみる〈病者―家族〉関係と法改正

⑴　死亡・逃走・退所・再入所と「患者身分帳」

　本節では「患者身分帳」の資料的特性をふまえつつ、そこから読み取れる〈病者―家族〉の諸関係を死亡・逃走・退所（本章ではこれらを「退去」と呼ぶ）、および再入所の諸局面から考察する。その際に、1931年法改正がいかなる影響を及ぼしたかに留意する。

　資料7-5は、九州療養所が刊行していた『年報』に掲載された逃走・退所・死亡者数と「患者身分帳」のそれとの差異を、ほぼ10年おきに示している。

　戦前・戦時期の「患者身分帳」の管理状況を推測するに、その時点の入所者全員分をアクティブなファイル群として配架しておき、退去者が出ればその者のファイルを抜き出し、別置されている非アクティブなファイル群へと移動する。そして退去者が後日再入所してきた際、その者のファイルはまたアクティブなファイル群に戻される、といった運用がなされていたのだろう。

　2023年現在、戦前・戦時期の「患者身分帳」は〈その年次に退去し二度と戻らなかった者〉を、年次ごと・退去理由（死亡・逃走・退所等）別に一括した状態で残されている。それゆえ、たとえば「1918年逃走」のくくりには24名分の「患者身分帳」ファイルが一括されているが、「1918年に逃走した」という共通項以外、各人の入所年月日その他の属性はバラバラである。この24名はその後九州療養所に二度と戻らなかった者であり、この年に逃走して後日再入所した病者の「患者身分帳」は、上述の管理ルールによってこの中には含まれない。

資料7-5　『年報』と身分帳における逃走・退所・死亡者数

年次	逃走	その他退所	死亡	年度末入所者数
1909年	28（0）	58（26）	13（11）	115
1918年	33（24）	5（0）	17（19）	234
1928年	50（32）	9（6）	23（27）	505
1938年	63（53）	17（22）	74（70）	1,019

　（出所）　筆者作成。典拠：各年次『年報』および『百年の星霜』、カッコ内は「患者身分帳」。

137

第Ⅱ部 病いの特別イシュー 1 家族とハンセン病

しかし『年報』で「逃走」や「退所」として計上された者の多くが再入所しているために、「患者身分帳」との差分が生じる。1918年においては9名がこれ（再入所）に該当する。開所当初の1909年にはこの差分が最も著しく、逃走した28名の全員、および親族の引取により退所した58名中32名が、後日再入所したとみられる。このように、「逃走」は実態としては「一時的な退所」であるという状況が、とりわけ開設当初には多くみられたのである。なお1909年の「退所」の多さは、収容後の資産調査の結果、扶養義務者に資力のあることが確認されたために扶養義務者に入所者を引き渡したことに起因する。

(2) 「死亡」と家族──遺骨の引取・「感謝状」

今日、ハンセン病療養所の納骨堂の存在は、しばしば入所者が「死んでも故郷に帰れない」ことの象徴であるかのように語られる。これは、遺骨の引取が〈病者─家族〉関係の指標となりうると考えられているからであろう。療養所開設から年月を経るにつれ、入所期間すなわち家族との離別期間は長期化する傾向にあったにもかかわらず、**資料7-6**にみられるように、死亡者の遺骨の引取率は1909年以降ゆるやかに上昇している。そのトレンドは1931年法改正後も継続しており、むしろ法改正によって家族との関係が希薄化した放浪者にとどまらない一般家庭からの入所が増えたことが影響し、引取率が上がったと推測される。引取率が下落傾向に転換するのは1950年代以降である。このように、遺骨の引取率からは1931年法改正による〈療養所─（本籍地）─家族〉、〈病者─家族〉間の疎遠化という現象は読みとれなかった。

一方、「患者身分帳」の「死亡」ファイル群には時期を問わず遺族から療養所への感謝状が散見されるが、これを〈病者─家族〉関係継続の表れとみることには慎重であるべきだろう。多くの遺族は療養所が病者を引取り、面倒をみてくれたことに感謝を述べるが、それは病者を家庭内に包摂しておくことができない現実を裏返しに表現したものであったと推測されるためである。

(3) 「退所」と家族──「引取」と「軽快退所」

資料7-6に示したように、戦前・戦時期において「退所」（**資料7-2**では「軽快」と「他」に分類）のかたちで九州療養所を退去した者の数は、全体として少

第7章　戦前期日本のハンセン病者と家族

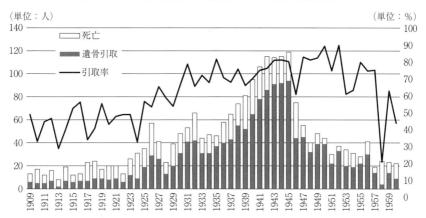

資料7-6　九州療養所*死亡者数に占める遺骨引取数の推移

＊1941年に国立療養所菊池恵楓園に改称。
(出所)　筆者作成。典拠：『百年の星霜』。

数にとどまった。1907年法下では、扶養義務者が引取を願い出れば療養所側が「退所」を拒む理由はないが、そのような事例は皆無に近い。これは貧困者を収容対象とする法の趣旨からは当然の結果といえる。

　法改正に先立つ1927年、九州療養所は重症者の収容を優先する観点から「仮退所基準」を制定し、基準に合致する軽症者を退所させる「軽快退所」制度を設けた（松岡 2023）。基準本文そのものは未発見であるが、対象となった入所者の「患者身分帳」からその内容を類推することができる。「軽快退所」に際しての検討事項は、「軽快退所」を希望する本人と扶養義務者の資産状況だけでなく、「療養の設備」や「病毒伝播ノ虞」の有無を確認するなど、1931年法を先取りするかたちで公衆衛生的指標が加味されたものであった。実際に、年間数名〜10数名程度と少数ながら「軽快退所」が実行された。これと並行して親族引取を条件とした「退所」も若干名に対して認めているが、「軽快退所」との区別は必ずしも明確でない。

　「患者身分帳」で確認できた1920〜30年代の「軽快退所」事例では、「引取先の親族が本人を円満に受け入れて扶養できる条件を有するか否か」を重点的に確認している。[8]つまりこの時点での「軽快退所」は、どちらかといえば医学的基準（病状）よりは社会経済的条件を重視して判断されていたといえよう。す

なわち、家族側の受け入れ条件次第では「軽快退所」の可能性はある程度開かれていたが、現実には「軽快退所」が実現した事例は少数にとどまった。

以上のことから、そもそも一般救貧法による救済が制限され、在宅のハンセン病者に対する生活・医療扶助制度がほとんど存在しない中では、在宅病者の[9]扶養は一元的に家族に求められ、それが不可能なために療養所に入所した病者が、療養所外で生活を再開することは極めて困難であったと推測される。すなわち療養所における医療供給の結果としての症状の「軽快」は、家族との同居という意味においての〈病者─家族〉関係の再開には顕著な効果をもたらさなかった。そこには、感染説に基づく啓蒙の限界をみてとれよう。

(4)「逃走」と家族──本籍地の家族と新たな家族

1907年法下の「逃走」は、入所前に住所不定、もしくは「本妙寺部落」と呼ばれた熊本市内の患者集住地を経由している入所者によるものを典型例とみなすことができる。その多くは入所の時点ですでに本籍地家族と関係が希薄化、もしくは断絶状態にある場合が多いが、その一方で彼らは病者社会内で結ばれた新たな関係に依拠して逃走と再入所を繰り返した。**資料7-2**にみられる1920年代の入所者・逃走者ともに高い数値は、そのような状況の表れである。主たる逃走理由は、所内での金銭的困窮にあった。戦前期の九州療養所では、作業賃が十分得られず、仕送りが不足すると生活困難に陥ってしまうのが現実であった。この状況を変革しようと、「逃走しなくても安心して暮らせる療養所」を目指して1926年に患者自治会が発足するのである（猪飼 2016：第2部第3章）。

1931年法下でも生活困難を理由とした「逃走」は発生しているが、件数は徐々に減少し、逃走理由は「故郷に対する思慕」や一時帰郷願の不許可、すなわち一時的帰郷と地続きの「逃走」へとシフトしていく。これは遺骨引取率の上昇傾向（**資料7-6**）と同様に、法改正後に一般家庭からの入所が増え、〈家族─患者〉関係を維持した状態で入所する入所者が増加したことが反映されているのではないかと思われる。加えて、軽症ゆえに社会生活を望んで「逃走」する者も目立つようになる。本来こうした事例では「軽快退所」制度が利用されてよいはずだが、先に述べたように、在宅病者の療養が家族側の全面的負担を前提としていたがゆえに、制度が有効に機能しなかったことが推測される。

第7章　戦前期日本のハンセン病者と家族

以上のように、自治会創立を経て、法改正後の入所者の出自や背景は多様化し、「逃走」理由も転換を遂げていった。ただしそれは「隔離の強化」によって〈病者─家族〉の関係が引き裂かれた結果というよりは、入所者の背景の変化に伴って、家族との関係のあり方の違いが表面化したものとみなすべきであろう。

(5)　戸籍上の家族関係の「隠蔽」

「患者身分帳」では、療養所創設当初から、入所時に本人が本名や本籍地を偽って申告する事例が非常に多く、本籍地役場への照会が難航し、中には身元が最後まで判明しない場合もある。そのような事例からは、ハンセン病者である自分の存在を決して家族には結びつけさせまいという強固な家族関係「隠蔽」の意志がみてとれる。1931年の法改正は、家族への照会を基本的に不要としたが、それはこうした身元確認にかかる療養所側の膨大な事務コストを大幅に軽減する意味をも有していた。

一方で、「患者身分帳」内の戸籍抄本からは、転籍の繰り返しや独身戸籍の創出など、不自然な戸籍の操作がみられる事例も散見される。このように療養所入所以前からの戸籍操作は、病者の存在をまさに家から抹消しようとする行動が、ある程度の普遍性をもって実際に行われていたことを示している。

このように病者本人と家族の双方から、お互いを切り離そうとする企てがなされたことを、「患者身分帳」は生々しく伝えている。いうまでもなく、その背景には、根拠は遺伝説であれ感染説であれ、ハンセン病者とその家に対する苛烈な差別が存在したのであり、もっぱら1920〜30年代の政府のハンセン病「恐怖宣伝」に差別の原因を見出す「政治起源説」の枠組みでのみハンセン病差別をとらえることはできない。

6　「家」とハンセン病療養所──むすびにかえて

(1)　法改正と〈療養所─本籍地─家族〉、〈病者─家族〉関係

療養所への収容政策の登場とその展開が、病者と家族の関係にどのような影響を及ぼしたのか、という問いに戻り、本章の趣旨をまとめておきたい。

第Ⅱ部　病いの特別イシュー　　1　家族とハンセン病

　まず法制度上の関係としては、1907年法により収容されたハンセン病者とその家族は〈療養所—本籍地—家族〉の系列で把握され続ける必要があった。制度上、入所者は家族と切り離された存在として扱われることはなかった。しかし1931年の法改正によって、〈療養所—本籍地—家族〉の関係は限定化され、療養所側・家族側双方の負担を減らした。療養所側においては事務手続き上の負担、家族側においては定期的な資産調査にかかる心理的負担である。

　〈病者—家族〉の関係はどうか。一般救貧法による救済が最小化される中で制定された1907年法下で、療養所は貧困病者の受け皿として出発したが、実態としては厳密な資産基準に拘束されない弾力的な制度運用も初期からみられた。

　病者の療養にかかる家族の経済的負担は、在宅療養だけでなく退所をも困難にしていた。戦前期ハンセン病政策において病者が療養所以外の場で医療・生活扶助を得る途が極めて限られていたことが「軽快退所」制度を実現困難なものとし、病者と家族の選択肢を療養所に集中特化させていった要因であると考えられる。

　1931年の法改正により資産要件が外されたことで、経済的理由だけでなく社会的排除といった事情からも病者を家に包摂できない家族からみれば、療養所は病者の「送出先」としての存在意義をより明確にしていた。しかし、これが直ちに〈病者—家族〉の関係を疎遠化させたとはいえない。むしろ入所資格の拡大に伴い〈病者—家族〉関係を維持した状態で入所する者が増加し、その関係は遺骨引取にみたように、ある程度維持されたと考えられる。ただし1950年代以降の遺骨引取率の低下にみられるように、入所が長期化すれば関係の希薄化は不可避的に進行したであろう。

(2)　家・家族がハンセン病療養所に求めたものは何か

　戦前・戦時期における日本のハンセン病者の処遇の療養所入所への集中化という現象は、政策側のプル要因（強制収容）だけではなく、苛酷な社会的排除の下で、家族が在宅病者の扶助を一元的に負わされる制度設計に由来する困難という、プッシュ要因にも規定されていたことを見逃してはならない。

　ハンセン病療養所は、1907年法下でまずは貧困病者の受け皿として始まった。それは第一に、病者と家族の経済的困難を解消する意味をもっていた。しかし、

第7章　戦前期日本のハンセン病者と家族

ハンセン病罹患が生む問題は、遺伝説と感染説をないまぜにして家と家族を巻き込む差別であり、貧困にのみ焦点を絞った対応によって解消されうるものではないところに、急性感染症対策とは異なる困難があった。つまり家が療養所に求めた機能は、第二に「病者の送出先」として存在することであった。この二重の機能を求められたとき、1931年の法改正はもはや不可避となる。

本章冒頭で述べたように、1907年法によって、ハンセン病の「療養」は、その一部が家の領域から公的領域へと押し出されたが、実際にはその段階で収容対象となる病者の多くは、すでに拠るべき家を失った者であった。1931年法下で家の資産用件が解除されたとき、ハンセン病の「療養」に対する家の関与や位置づけ自体がもはや問われなくなったことで、ハンセン病「療養」は本格的に家の領域を脱し、公的領域へと組み込まれたのである。

療養所入所がもたらす長期的な別離状態が〈病者—家族〉の関係を希薄化させたことは確かであるが、それ以前に、家にとって病者との関係は表向きには隠され、断たれなければならないものであった。したがって、家からみて療養所は不可欠な存在とならざるをえなかった。ただし、「患者身分帳」にみられる実態としての〈病者—家族〉関係は、断絶と継続がせめぎあう複雑な様相をみせており、ハンセン病者と家族のありようのステレオタイプ化を容易には許さない。引き続き、自らその経験を語り残すことをしなかった大多数の病者とその家族の関係を、資料に基づいて再構築することを課題としたい。

注
(1)　本章での「近代日本」とは、概ね明治期からアジア・太平洋戦時期までを指す。またいわゆる家制度上の「家」という意味での「家」やその構成員としての「家族」を指す「家」と「家族」の語については、以後煩雑さを避けるためカギカッコを原則として省略する。
(2)　本研究は科研費共同研究（基盤研究（A）「20世紀日本の医療・社会・記録——医療アーカイブズから立ち上がる近代的患者像の探求」研究代表者：鈴木晃仁）におけるハンセン病班の研究の一部であり、国立療養所菊池恵楓園倫理審査委員会の承認の下に実施した。上記ハンセン病班は、野上玲子・松岡弘之・高野弘之および筆者によって構成される。
(3)　ハンセン病はらい菌感染によって起こる慢性抗酸菌感染症であるが、その流行には人間集団ないし個人の置かれた疫学的条件や社会経済状態が影響すること、しばしば強調されるほど感染力は弱くはないが正常な免疫応答能をもつ人は発病しないこと、ハンセン病の罹りやすさの形質は遺伝するが後天的因子の影響下で発現することなどが明らかになっている（和泉 2005：41-45）。したがって今日では、ハンセン病の発病原因として

第Ⅱ部　病いの特別イシュー　　　1　家族とハンセン病

　　　の「遺伝」と「感染」は二者択一的なものではないと理解すべきである。
⑷　上述ハンセン病班による共同研究を指す。
⑸　国立療養所菊池恵楓園所蔵「熊本県公文　衛生　癩療養所」所収。
⑹　「患者身分帳」は一般公開されていないため、現状では資料そのものをここに引用して
　　　提示することが不可能である。別稿にてあらためて客観的批判に耐えうるかたちで資料
　　　を示したいと考えている。
⑺　同前。
⑻　同前。
⑼　1931年法下では、療養所外で生活するハンセン病者の特定職種への従業禁止を指示し、
　　　従業禁止を命じられた病者とその被扶養者への生活費補給を定めている。また病者の療
　　　養所入所に伴い生活困難に陥った被扶養者への生活費補給も定めている（廣川 2011：第
　　　1章）。ただし、その規定が実際に機能したかどうかや、退所者に適用されたかどうかは
　　　明らかでない。

引用・参考文献

和泉眞藏、2005、『医者の僕にハンセン病が教えてくれたこと』シービーアール。
猪飼隆明、2016、『近代日本におけるハンセン病政策の成立と病者たち』校倉書房。
小川政亮、1960、「産業資本確立期の救貧体制」日本社会事業大学・救貧制度研究会編『日本
　　の救貧制度』勁草書房、101-152頁。
尾﨑耕司、2005、「近代国家の成立——軍隊・学校・衛生」歴史学研究会・日本史研究会編『日
　　本史講座8　近代の成立』東京大学出版会、55-86頁。
国立療養所菊池恵楓園編、2009、『百年の星霜　菊池恵楓園創立百周年記念誌［第二部］』。
鈴木則子、1996、「近世癩病観の形成と展開」藤野豊編『歴史のなかの「癩者」』ゆみる出版。
廣川和花、2011、『近代日本のハンセン病問題と地域社会』大阪大学出版会。
————、2020、「ハンセン病者の社会史——日本の〈近代化〉の中で」秋田茂・脇村孝平編『人
　　口と健康の世界史』ミネルヴァ書房、219-241頁。
————、2021、「『隔離』と『療養』を再考する——COVID-19と近代日本の感染症対策」『専
　　修人文論集』（109）、235-256頁。
————、2023、「『隔離』と『療養』の間で——コロナの時代に考える近代日本のハンセン病
　　史」『保健医療社会学論集』33（2）、17-25頁。
松岡弘之、2023、「昭和初期のハンセン病療養所における軽快退所事例について——第五区連
　　合九州療養所の場合」『文明動態学』2、32-43頁。

144

第8章

ハンセン病をめぐる〈家族〉の経験
―――ある兄妹の語りから―――

蘭　由岐子

1　ハンセン病と家族

⑴　ハンセン病とハンセン病政策

　ハンセン病は細菌による慢性感染症で、主に皮膚と末梢神経が侵される。治療には長年、大風子油およびその薬効成分を高めた製剤が使われてきたが、第二次世界大戦後、1940年代末に著効を示す薬剤が導入され、その後は抗生剤の使用で確実に治癒できるようになった。古来、遺伝病であると考えられてきたことや近代になり病者が療養所へ隔離収容されるようになって社会的断絶が起こるなど、病者の家族・親族に大きな影響を与えることとなった病気である。さらに、神経麻痺による二次障がいによって身体障がいが引き起こされることも多く、感染性だけでなく障がい（者）忌避の心性がこの病気に対する周囲の態度を規定した。

　では、ハンセン病を発症するとどのような症状が出てそれに対してどのようなケアが行われていたのか。ここでは本章で取り上げる事例との関係から特効薬のない時代の様子を同時代の病者の語りからみておこう。

　ある女性（1933年入所）は、「とにかくハンセン病は顔の相がくずれるちゅうことでね、外見ばかり（に斑紋や結節が出る）。昔は、（結節のため）顔が大きく腫れて、ふき綿が洗面器いっぱいになるひとがいた。化膿というか。」「結節がくずれて潰瘍になる、（痛みを感じないので）ネズミにかじられる。わたしの頃には日常茶飯事だった」と語る（1996年聞き取り）。また当時の主な治療は大風子油を筋肉注射で投与するものであったが、1917年生まれの男性は、1940年代前半当時の話として、「大風子は自分の家では絶対でけんしね。あれはお湯を

沸かして溶かした場合にはものすごい嫌な臭いがするしね。大体射ったら三日から四日はプクーッと膨れてね、痛うてそれこそ仕事にも何もならんですよ」と語っている（財賀 2000）。

このハンセン病について、日本政府は明治末期より対策を講じていく。1907年法律第十一号「癩予防ニ関スル件」は「療養ノ途ヲ有セス且救護者ナキ者」の救護を目的として全国に５つの連合府県立療養所の設置を定めたが、その後、対策はより公衆衛生的側面にシフトし、1931年には「病毒伝播ノ虞アル」病者の療養所収容を規定した「癩予防法」が制定された。戦後、特効薬が導入された一方で、らい疾患による中絶・不妊手術を認めた優生保護法[1]が1948年に制定され、1953年には「らい予防法」が成立した。予防法が廃止されたのは1996年のことであった。その後、ハンセン病国家賠償請求訴訟が提起され、2001年原告勝訴の判決が下された。遅くとも政府は1960年までに政策転換をすべきだったこと、ならびに、1965年以降に法の改廃をしなかった国会の不作為が断罪された。判決を受けて病者の経済的補償を規定した「ハンセン病補償法」、病者・家族の名誉回復を目指した「ハンセン病問題基本法」、2019年には家族訴訟の原告勝訴を受けて「ハンセン病家族補償法」が制定され、現在に至っている。

(2) 先行研究と本稿の視点

1996年にらい予防法が廃止されたとき、病者たちは予防法廃止後も残存している問題として「家族との交流（絆）復活の問題」を挙げた（中石 1996）。そのような当時の療養所入所者たちの心情を背景に家族社会学の立場から「病者にとっての家族」を病者・家族双方の「受容と拒絶」という視点で考察したのが（蘭 1997）であった。また、療養所内の結婚や「家族的世帯」について自治会史誌等から考察したものに（蘭 1998）がある。さらに、結婚・離別・出産・堕胎など主に女性たちの経験における家族事象に関する研究が展開された（山本・加藤 2008；青山 2014；福西 2016）。

他方、2001年のハンセン病訴訟原告勝訴判決を受けて設けられた検証会議被害実態調査において病者の子やきょうだいへの聞き取り調査が行われ「ハンセン病家族」の声が公になった（日弁連法務研究財団ハンセン病問題に関する検証会議 2005）。その後、「非入所者」女性（故人）の息子が国の強制隔離政策で自身

も偏見や差別を受けたとして国と鳥取県を訴えた損害賠償訴訟判決（2015年　原告敗訴）で、裁判所が行政の責任に言及したことを梃子に翌年ハンセン病家族訴訟が提起され、2019年に原告勝訴判決を得た。その結果、病者の家族は「偏見差別を受ける地位に置かれたことによる被害」、「家族関係の形成を阻害された被害」、「秘密を抱え込んで生きざるを得ない被害」を受けた国の政策の「被害者」であると位置づけられている（ハンセン病に係る偏見差別の解消のための施策検討会　2023）。

　本章では、このような「糾弾の歴史」（廣川 2011）の文脈からではなく、家族員のハンセン病罹患によって家族／世帯において何がもたらされ、家族は病者に対してどう振舞い、家族と病者はどのような状況を生きたのか、また、病者は療養所内でどのような〈家族〉的人間関係を築いたのか、その経験を問うことで「家族と病い」のありようを考察する[2]。使用する資料は、兄と妹、2人の病者のインタビュー記録である。家族という私的領域と公的領域との結びつきを問う方法としてオーラルヒストリーは有効であり（トンプソン 2002：511-512）、2人の語りは彼らの個人的経験とハンセン病が置かれた歴史的・制度的状況との結びつきを明らかにするであろう。

2　ある兄妹の語りからみる罹患世帯の状況

(1)　資料の概要

　1996年7月（妹：Bさん）と2000年3月（兄：Aさん）にそれぞれ別個にインタビューを実施した[3]。前述のハンセン病対策の流れからわかるように、実施時期は、それぞれ、「らい予防法」廃止直後、「ハンセン病国賠訴訟」の最中にあたっている。2人は九州のある都市の農家出身で、兄のAさんは1932年生まれ、妹のBさんは1939年生まれの7つ違いの兄妹である。8人きょうだいのうち男きょうだいが5人でAさんは五男、女きょうだいは3人でBさんが三女である。この世帯において末の2人が発病したのである。症状が出たのは、Aさんが小学校5年のころで、大学病院で診断され、その年の年末に療養所に入るよう入所勧奨されたが入所せず、約10年間の在宅療養を経て1952年にある国立療養所に入所した。しばしば「全患者が強制隔離の対象となった」と捉えら

れている「癩予防法」(1931年法)の時代に在宅療養をしていたことになる。妹のBさんは5、6歳の頃、太ももに斑紋が出て、その後小学4年の頃から症状がはっきりとしはじめ、小学6年頃には手の小指が曲がり、足首から先が下がってしまう垂足になった。小学校卒業後自宅に居て、Aさんより1年遅れて兄のいる療養所に入所した。「二人一緒には(療養所へ)やりきらん」という母親の思いからであった。いずれも入所後の特効薬プロミン[4]の治療でハンセン病は治癒した。Aさんはその後、しばらくして、隣県にある別の療養所に転園し、以後そこで暮らしている。

(2) 発病から入所まで——Aさんの場合

Aさんの発病当時に関するそれぞれの語りは以下のようである。

> A:手のここのあたりとかここのあたりに結節がでて、その前に足のすねあたりが、ちょっとテカテカ光ってる、てこと兄貴がみつけて、どうもAの足はおかしいんじゃないかちゅうこと言いよって。上から3番目の兄貴がそんな言うて。それで一回、そんでもう体が非常にだるくて学校に行っても体操の時間休んだりしとったから、なら、診察行ってみようちゅうことで、診察いったら、普通の病院ではこの病気だとは言わんかったですね。大学病院行ってみろちゅうて。それで大学病院に行って、この「らい」ちゅうことが言われたんですよ。それで、昭和18年の12月の28日に療養所に入るようにいわれたんだけど、もう行くようにしとったんだけど、兄貴(四男)が、行くんだったら一回療養所見にいってくるわということで、○○園を見に行ったっですよ。そしたらあの高い塀があるもんだから(＊＊:塀がありますね)、うーん、あれをみてからたまがって(＝たまげて)、…(中略)…やらんちゅうことで、私を親戚のうちに隠してしまって。

> B:うちの兄なんかも、やっぱり、たぶんそのころは警察からでしょうタイね、県の予防課からなのか、やっぱりここに入るようにね、あれ(入所勧奨)されとったみたい。だけど、父が絶対やらんいうてですね。

第8章　ハンセン病をめぐる〈家族〉の経験

　　父が兄を連れてね、逃げ回って、とうとうここに入れんだった（＝入
　　れなかった）んですよ。

　大学病院で診断が下され、その年の「12月28日」に入所するよう勧奨された
が、四男の兄が当該療養所に下見に行ったところ、高い塀があったので、入所
させないことにして「親戚のうちに隠してしまった」という。発病後は「神様
参り」をさせられ、父親がAさんを連れて「逃げ回って」、療養所に入れるこ
とをしなかったという。その後、別宅に母親と暮らすようになり、敗戦を迎え、
4年後の1949年に父親が「Aさんたちを療養所にやってはいけない」という
遺言を残して死亡した。海軍兵学校卒の四男が跡をとった。Bさんの「逃げ回っ
て」という表現からは、警察からの入所勧奨の圧力の存在をうかがうことがで
きるが、それがどれぐらいの強度であり、また、なぜそれから逃れることがで
きたのか、その理由は語られていない。(5)
　Aさんが在宅療養している間に長兄長姉たちは結婚したが、Bさんによると、
「好きなひとがいても、私たちのことを話しても大丈夫かなあと思うところで
結婚した」という。また、結婚式当日には——当時は、夜、自宅で式が挙げら
れていた——、Aさんは家の外の野原に連れて行かれて「ぽつん」と1人座
らされていたという。兄嫁たちは「病者の弟がいると聞かされていた」けれど
も姿は見ておらず、Aさんは「隠されていた」とのことであった。
　Aさんの病状はすでに重くなってきていた。

　　A：病気になって5年ぐらいかな、遊びまわられたのは。昭和23年ごろから
　　　だんだん病気が重くなってきたから。神経痛もでたり、あとはもう結
　　　節（が）やぶれて傷になって、熱がもう毎日毎日、熱がでて。結局何
　　　の治療もできなかったわけですね。（＊＊：大風子とかも？）薬一粒
　　　のむことはなかったですよ。…（中略）…ただ寝て、病気が進行する
　　　のに耐えてるだけ、ちゅうですかねえ。ほんでもう最後には、おふく
　　　ろに、おれ、このまま死にたくない、ちゅうたですタイ。それで、結
　　　局、おふくろは私が手紙を書いたのを投函してくれただけで。自分で
　　　手紙を書いたですよ。もう療養所入れてほしいて。そのころもうプロ

149

第Ⅱ部　病いの特別イシュー　　1　家族とハンセン病

ミンができとったんですよねえ。プロミンの獲得運動[6]ちゅうか、そういうあれがあって、町内会にそういう募金活動のあれが来とったんですよ。それでもやっぱり、家族はやろうとせんかったですもんね。あれはやっぱ、もうまあ、親父の遺言もあったけど、もういまさら、世間に、それをさらしたくない、ちゅうのがホンネじゃなかったのかしら。

　治療は化膿した結節に母親が「貝殻に入った」市販の軟膏を塗るだけだった。Aさんは寝たきりの状態で、出歩くことができず通院すらしていなかった。

　　B：いまでは私のうち（実家）にもこう車が着くんだけど、そのころはまーだ、あの、車も通らんような道だったですもん。で、こう、先生はご存じかね、なんとかカゴみたいなのに兄を乗せてね、後ろと前にかついで、あの車が通るところまで運んで、夜ですよね、それも。……もう、衰弱してしもうとったですもん。ほいで、あの、ここ（＝療養所）まで着くまでに命があったろうかというごとして。ほいで列車にね（乗せられて）、ああ、来たんですよね、兄は。

　Aさんは入所前には衰弱死寸前であったのだ。そうなるまで自宅に留め置かれたのは、母親の情愛、父親の遺言の重さもさることながら、Aさんは「もういまさら世間に、自分のことをさらしたくないというのがホンネじゃなかったのかしら」と語っている。そして、自身の療養所入所の経緯についてAさんは「強制収容とかなんだとかということとはちょっと違った状況だった」という一言を加えた。インタビュー実施時は「訴訟期」のただ中であり、「強制収容」は訴訟運動の用語であった。Aさんは、その語を使いながら、自ら望んで入所させてもらったという自身の経験がそれとは違ったものであったと語るのであった。

⑶　家族の心情を慮る

　Bさんは、子どものときの発病で中学の頃療養所に入所したので、自分自身

150

第8章　ハンセン病をめぐる〈家族〉の経験

は周囲から嫌な態度をとられたことはなかったという。しかし、「親たちはやっぱり、引け目を感じてつらかったでしょうタイね。で、やっぱり、兄や姉たちも結婚するときに、そりゃつらかったと思う」と慮る。それだけに、とりわけ上の姉は夫にも自分たち病者のきょうだいのことを話すことなく、自分たちに対して「なんか感じるものがあるんだろうかっていうほど冷たい」と語っている。長姉はあくまでもハンセン病者である弟妹のことを隠し通そうとしていた。

　さらに病者である末の2人が療養所に入所してからも母親は他のきょうだいとは離れて別宅に暮らし続け、「最期までひとりでおっ」たという。それはAさん、Bさんたちがいつでも郷に帰ってこられるようにという母の心遣いであった。家を継いだ四男が通って面倒をみてくれていたにしても、「28年間ひとりで暮らした」ことは、1893年生まれの母親の世代にとっては珍しいことであったろう。晩年には、Bさんは、「もうこんなして自分（Bさんのこと）が帰って来れるのは、自分（母）が生きているあいだだからねぇ」という言葉を母親から聞いている。つまり、母が病いに伏している間はBさんも看病に帰ってこられるが、死んだら親族や他人が集まる葬儀に来てはならないという意味である。Bさんは、「らい予防法」廃止を前に園に取材に来た記者にこのことを話したところ、記者が「えらくショックを受けていた」と言い、「私なんかそんなショックなこと言われたと思わんわけ。……当然、そう、てこと思ってた」と、病者とその親との相互了解事項であると語った。

　他方、Aさんは、兄（四男）の心情について、次のように言う。

　　A：もう完全なエリートだったですから。まあ、私たちに情がなかったわ
　　　けじゃなかったけれども、どうしてもそういう誇りが兄貴なんかは邪
　　　魔したんじゃないかなぁて、やっぱり私なんか思うですけどね。それ
　　　に自分にも病気が出はしないか、ちゅうのも、結構、やっぱり、最後
　　　まで怖かったみたいですよ。…（中略）…やっぱりあれだけきちんと
　　　モノを考える人間がどうしてもやっぱり、その遺伝的なものを（気に
　　　している）。

1924年生まれの四男は、海軍兵学校卒で戦後は地元大手企業に転職し、最後

151

第Ⅱ部　病いの特別イシュー　　　1　家族とハンセン病

は重役まで勤めあげた「完全なエリート」であった。その「誇り」ゆえに病者たちを排除した。加えて、ハンセン病という疾患の理解についても、弟と妹とが発症しているだけに「遺伝病」であると誤解し、自分も発症するのではないかと晩年まで恐れていたというのだ。そして、四男は病者2人のことを子どもたちに隠し通そうとしていたようだが、四男の死期が迫っていると判断した四男の長男（甥）が2人を病床に呼び寄せていた。

　だからこそ、Aさんは、70歳を目前にした現在（聞き取り当時）、家族との関係について次のような思いをもつのである。

　　A：もう僕は思うんよ、結局は、この病人は家族やなんやに迷惑かけまい
　　　　として一所懸命努力して、自分の存在を隠すけれども、みーんなそれ
　　　　ぞれ自分で生きて行ってくれよーちゅうのが僕の本音のところ。俺ら
　　　　は俺らで生きるんだから、お前たちゃお前たちで。そらー、その病人
　　　　の家族がおったっていうことはいろいろあるだろうけれども、それは
　　　　それなりに受け止めて生きて行ってくれよー、ちゅうのがホントのと
　　　　ころね。それが、たとえば仮に分かったにしても、世間は結構知って
　　　　るんだもん、ホント言えば。自分たちが知らないと思ってるだけのこ
　　　　とで。

3　療養所生活における〈家族〉

　ここからは、療養所内で結婚生活を送ったBさんの語りから療養所における家族のありようをみていこう。

⑴　結　婚

　療養所生活は基本的に男女別の寮制であり、元来、公立・国立の療養所ができる前から存在していたキリスト教宣教師の経営する私立療養所の影響を受けたこともあって、療養所内の結婚は当初から認められていたわけではなかった。しかし、長期にわたる療養所生活を統制するための手段として、ワゼクトミー

第8章　ハンセン病をめぐる〈家族〉の経験

（輸精管結紮術）の導入とともに結婚が認められるようになった（光田 1920）。入所者の性比は、男性2〜3に対して女性が1と長らく不均衡であったがゆえに、男性入所者の多くは結婚する機会を逸していた。また、新規入所女性には夫が「あてがわれる」というようなことがまことしやかに語られてもきた。[8] 戦後しばらくして「夫婦舎」ができるまで、結婚は基本的に男性の女性寮への「通い婚」のかたちで行われていた。

　結婚の儀礼は、療養所にもよるが、Bさんの暮らす療養所では「ぜんざいする」といい、女子寮でお別れ会のようなものをした後、男子寮で「本当の結婚式」を挙げ、園と自治会に書類を提出した。[9] Bさんは、療養所入所後、公民科と呼ばれる中学校生活を送った後、坂の多い長島愛生園（岡山県）にある唯一の高校（新良田教室、1955開校）への進学を右足の障害のためにあきらめ、1959年に9歳年上の夫と結婚した。当時、結婚すると「夫婦の部屋がもらえる」ということで結婚を希望する人が多かったとのことである。[10] しかし、結婚したからといってすぐに2人だけで暮らせる夫婦舎に入れたわけではなかった。まずは、広い部屋を「布団のがわで作ったカーテン」で仕切り、2、3組の夫婦がひと部屋に休む「仮の夫婦舎」に入ったという。いわゆる「夫婦雑居制」である。そこでの生活を経て、夫婦舎に「空き」が出たら入居するのである。Bさんは、「（夫婦の）片方のひとが亡くなったら、その残った人は独身寮に下がりよったわけ。……その当時は、夫婦舎がなかったから。それこそ、不謹慎な話だけど、あの、夫婦舎のあのひとが悪いらしいよ。じゃあ、あっちが空くねぇ、て、喜びよった。ええ、そんな時代だった。」と述懐する。療養所内「資源」の乏しかった時代、療友の加減が悪くなることを「喜ぶ」という「不謹慎な」こともあたりまえであった。

　「夫婦雑居制」は病者に対する人権侵害の1つとしてすでにらい予防法廃止の時期に問題視されていたので、Bさんにその経験は辛くなかったか訊いてみたところ、「うーん、なんかやっぱり。だけどもうそういうふうに通り越さんといかんと思うとったからそんなにもなかったのかな」という答えが返ってきた。Bさんは、淡々と「現状」を受け止めていたようだ。

153

第Ⅱ部　病いの特別イシュー　　1　家族とハンセン病

(2)　妊娠と堕胎

　療養所内で子どもが生まれることは、養育だけでなく感染の観点からも開設当初からの懸案であった（光田 1930a；1936）。最初は生まれてきた子どもを里子に出していたが、1915年に第一区全生病院でワゼクトミーが導入されてからは、それを結婚の条件とするなど療養所内での再生産が阻止されるようになった[11]。

　Bさんも結婚後妊娠し、胎動が始まる前に堕胎された。すでに「優生保護法」の時代である。「この病気になったことは別としてね、自分の血が自分だけで絶えていくのか、と思うたら、ほんと寂しかったですよ」と自身の子を産めないことへの寂寥感を吐露しつつ、妊娠については以下のように語った。

> 　B：あたしやっぱりほら女として一回は妊娠の体験をしてみたかったわけ、ね。もう産めないということはわかっとったけど、ね、またその当時は（この療養所では）妊娠してからじゃないとそういう手術を受けられんだったからですね。……（他の療養所では）どうかしたら、両方とも、男性も女性も（手術）したって聞いたけど。まあ、ほんとは、中絶するのは罪じゃああるんですよね。だけど、私はなんか女としては、一度そういう体験をしてみたかったわけよ。赤ちゃんをおなかにね。

　いずれ堕胎されることがわかっていたにしても、妊娠はBさんにとって「女として」体験したかったことの達成であった。Bさんは、その後、思慕を寄せる子どもへの代わりとなる人形と出会い、常にそばに置いていた。「中絶するのは罪じゃあある」と語っているが、決して罪悪感に苛まれてそうしているのではなかったと思われる。

(3)　子どもをもてなかったことについての評価

　Aさんは、交流のある同年代の人たちとの経験の「致命的」な違いとして子ども（や孫）をもっていないことを挙げる。

第8章　ハンセン病をめぐる〈家族〉の経験

A：おまえの子どもがどうだ、あの孫がどうだというような、そういうのに僕らが入れないちゅうのがまあ一番やっぱあるね。だからそういう話題に入れないっていうのが、もう一番致命的だなあと。

そして、Aさんによると、子どもを育てることは「社会的に負う責任感」を養うことだという。Aさんは、子どもをもっていない自分たちはその責任感が養えていないと評価しているのである。優生主義的な意味から自身の子孫を残せなかったという主張ではなく、子育てをすることで身につく責任感が自分にはない、そういう意味で未熟だというのであった。

(4)　〈家族〉的人間関係
療養所内の人間関係がどのようなものであったのかがわかる語りは、以下のBさんのものである。

B：その（療養所内の顔見知りの）なかでも、何人か何十人かは、とくに親しくしとるひとがおっでしょ。きょうだいや親子のごとしたり。もう、自分が全然、郷とは行き来がないから、もうこっちのひとと、ほんと、親子のようにきょうだいのようにしとるひとがおっですもん。そんなひとたちと離れていって、おりきれん。まず、それでしょうねえ。そら、まあ、経済的とか、その生活面ではちょっとぐらいならなんとかなっでしょうけど。まず、それに耐えられん。

これは、「予防法が廃止されたのだから、病者が療養所にいる縛りはとれた、Bさんは社会復帰するか」という部外者からの問いに対するBさんの「社会復帰はできない」という答えの理由である。療養所内には在郷家族以上の情緒的関係性をもてる人間関係があることがこの語りからうかがえる。Bさんはいまさらそのような人間関係を離れて生活することは「耐えられない」と言うのである。親きょうだいと同様の、あるいはそれ以上の情緒的関係は、中学時代に入所し、伴侶に出会い、仲のよい同性の友人たちと巡り会えたBさんだからこそ築き上げられたものなのかもしれないが。[12]

155

第Ⅱ部　病いの特別イシュー　　　1　家族とハンセン病

　そもそも、療養所は、病気に罹患したことだけが共通点ともいえる、様々なバックグラウンドをもった人たちが集まった場所であり、入所者たちは、そこでの生活が少しでも向上するように、たとえば、重病で不自由度が高く「作業」につけず小遣い銭にも不自由する者に慰安金を支払えるようにする仕組みを作るなど、「自治」というかたちで自分たちの生活基盤を作り上げてきた（松岡 2020）。また、戦後の患者運動は経済的権利や療養権を獲得してきた（全国ハンセン氏病患者協議会 1977）。親族関係を剥奪された病者たちがより個人的な関係で相互に支え合う、現在の成年後見制度のような仕組みも早くから作り出されてきた。いわば、療養所自体が一般家庭のもつ（生殖機能以外の）経済的・養育／扶養的・情緒的機能および祭祀を担ってきたのである。そして、その結果、現在の療養所は、Ｂさんが「昔のようにつらいあれがないからですね」と付け加えるように、ある程度不足なく住み続けていける場所、生活基盤となっている。

4　語りからみえてきた家族と病いのありよう

⑴　社会的排除をめぐる家族の2つの機制

　以上、Ａさん、Ｂさんの語りから、ハンセン病罹患によってある在郷家族に生じた事態の詳細が明らかとなった。10年にも及ぶ在宅療養は、そもそも、幼い子どもを「高い塀」のある療養所にやれないという親の愛情から生じたことであったが、自宅に蟄居させ周囲のまなざしから隠して衰弱死寸前まで追い込んだ家族の姿は、結果的には抑圧そのものであった。社会的排除の存在ゆえである。精神障害者の家族について研究してきた南山浩二は、障害者と家族をめぐる社会的排除について2つの機制、すなわち、家族が障害者の自立を阻む側面と、障害者が家族にいることで社会的に排除される側面があると指摘している（南山 2017）。Ａさん、Ｂさんの家族の場合も、病者がいることで排除や差別の対象になるがゆえに病者を周囲から隠蔽した。Ａさん、Ｂさんの家族は選択しなかったが、病者が療養所に入所した後、移動したり絶縁したりすることも可能である。いずれも病者を犠牲にした家族の「生存戦略」であるともいえよう。そして、この2つの機制のゆえに、ハンセン病問題の文脈では病者と家

156

族の「加害─被害」構造の重層性が現れてくるのである（蘭 2014）。

また家族と病者の人生（経験）に引きつければ、愛情原則に貫かれていたはずの家族は、家族員の発症を契機に社会的排除を恐れ／予想して病者を抑圧し、病者の療養所入所によって家族・病者双方は「家族解体」を経験する。そして、病者は、療養所内で剥奪された在郷家族に代わる別様の情緒的関係を新たに作り出すというダイナミズムを生きることとなったといえよう。

(2) 家族のケア負担と「らい予防法」／療養所

重症の病者を自宅に留め置くことは家族が病者の世話をし続けることを意味する。Ａさんの場合も、母親が病者の息子・娘をつきっきりで看病していた。ならば、病者の療養所入所／収容は、結果的に家族のケア負担の低減をもたらし、家族生活の「正常化」に資する側面があったとはいえないだろうか[13]。病者の療養所収容を基本とする隔離政策、その処遇のあり方の是非は別にして、社会事業家の杉村春三が指摘するように、とりわけＡさんのような重病者の療養所入所は家族をケア負担から解放したに違いない（杉村 2007）[14]。もし病者が親の立場であればその子どもたちは親を看病するいわゆる「ヤングケアラー」になっていたのではないか。ハンセン病への強い社会的排除を考えると地域社会からの病者家族の孤立もより深まったことであろう。

他方、療養所では、Ａさん、Ｂさんとも、プロミン治療でハンセン病は治癒し、完全修復とは言い切れないものの変形した鼻や足の形成手術・整形外科手術を受けることができた。さらに、Ａさんは、「らい予防法」がなければ特効薬プロミンがすぐに使えたかどうかわからないし、在宅療養ができたとしても、結核治療薬の「ペニシリン（ストレプトマイシンの間違い）ほどの値」がしていたら自分の家では使えなかった、「療養所に入ったから使えた」と指摘する。もちろん、「保険制度やなんやかんや確立しておった時代なら別だけど」という注釈つきではある。したがって、ＡさんやＢさんが在宅療養していた当時は、ハンセン病の在宅療養をサポートする手立ては皆無であったといってよいだろう。

第Ⅱ部　病いの特別イシュー　　1　家族とハンセン病

(3)　主体としての女性の語り

　訴訟運動の中では、「生殖阻止や通い婚・夫婦雑居制」は、「人間の性と愛に対する侵害」だと主張されてきた（解放出版社 2001：65-66）が、そのただ中で生きた当事者たる B さんの捉え方は違っていた。ほどなく中絶されることになる「妊娠」であってもそれを喜びであると素直に表明する B さんの語りは訴訟運動の解釈枠組みには収まりきれないものであった。山本須美子らが星塚敬愛園をフィールドにして結婚と子どもに関する女性たちの「被害だけでない語り」を捉え、そこに「入園者の主体的な判断」を読み取っているが（山本・加藤 2008：245）、B さんの語りもそれに通じるものであろう。

　そもそも断種や堕胎は、カップルになれた入所者の間で生じる問題、すなわち、療養所内の性比から判断して比較的少数の者たちの問題であり、訴訟以前はほとんど前景化することがなかった（蘭 2016：115-116）。が、訴訟運動の過程において急速に定式化され、「ハンセン病問題」の中核となった。したがって、B さんの語りは予防法廃止当時、この問題に言及した点でも、その独自の捉え方を表明した点でも貴重なものとなっている。

(4)　「病いの共同体」における〈家族〉／生活実践

　在郷家族から離れて療養所に入所した病者は所内での新たな〈家族〉的人間関係を構築していった。ただし、それは再生産機能をもたないものであった。それゆえ、「再生産平等主義」（落合 2019）の戦後社会において、彼らはマイノリティそのものであった。しかし、生殖・養育機能の剥奪は受けながらも、療養所全体として、経済、情緒、祭祀の機能をもつオルタナティヴな人間関係を実現した。このような病者たちの〈家族〉／生活実践は、従来の家族の実現が困難になった社会を生きる我々に何らかの示唆を与えてくれるものだとは考えられないだろうか。

　謝辞：本研究は、JSPS 科研費 JP08610222、JP12510227、JP20H01589の助成を受けたものです。

　注
(1)　本法について、2024年 7 月 3 日、最高裁大法廷は「立法時点ですでに違憲」と初めて

第 8 章　ハンセン病をめぐる〈家族〉の経験

明示し、法をつくった国会の責任もあると断じた（『朝日新聞』2024 年 7 月 4 日付）。

(2)　本章が裁判で採用された「糾弾の歴史」と異なる視点をとるからといって、決して筆者は裁判結果を否定したり軽視したりしているわけではない。

(3)　A さんの語りの一部はすでに（蘭 2004a＝2017）でも使用している。そのため、本章でも A さん、B さんの暮らす療養所名を具体的に挙げることはしない。

(4)　1943 年、米国カービル療養所でハンセン病の治療効果が確認された静脈注射薬。日本では東京大学薬学教室の石館守三が合成し、それを使って複数の療養所で治験が行われ、1947 年に著効が確認された（山本 1993：261-263）。

(5)　考えられる理由として、戦時下であったこと、未成年であったこと、母親と別宅に暮らすことが適切な「療養ノ途」だと判断されたこと、海軍兵学校卒の四男の「権威」、戦時下／後療養所の窮乏状態などが挙げられよう。

(6)　プロミン獲得運動とは、療養所内の治験でその著効を知った病者たちが希望者すべてに投与できるよう政府に予算増額を求めて行ったプロミン獲得促進委員会による運動のこと。A さんの暮らす地域で募金活動があったのかどうかは不明だが、東京では日本共産党が地域で獲得署名運動を展開していた（日本共産党東京地方三多摩地区北部支部委員会 1949）。

(7)　子弟が発症して身寄りがなくなった老親のための養老院が、1952 年、熊本回春病院跡に開設されている（宮﨑 1952）。

(8)　このことを否定しているものに（岸野 1960；青山 2014）などがある。

(9)　この療養所の自治会では、結婚に関する規約が設けられていた（蘭 1998）。

(10)　一般寮では年長者と同室で、いじめなども多々あったという。また、食事運びの他、寮ごとの作業担当もあり負担が強いられていた。

(11)　すべての療養所で再生産が完全に阻止されていたわけではない。外島保養院では、1937 年当時 7 名の分娩があり（松岡 2020：76-77）、菊池恵楓園では 1935 年に療養所内で出産した人もいた（1996 年聞き取り）。奄美和光園（1943 年創立）では、1949 年以降カトリックの宣教師や信者の事務職員、医師の協力によって生殖が可能となった（森山・菊池他 2009）。宮古南静園でも可能だった（松村 1983）。もっとも、誕生後親から引き離されて保育所で育つ子ども（病者の連れ子も含め）についての諸問題は残り、それが家族訴訟の際に家族の受けた被害として認められた。この点は、本書第 9 章とも重なり合うところである。

(12)　一般社会での生活を経て中年期に療養所に入ってきた者は「いい年をして、○○ちゃんと呼び合う仲」へ批判的まなざしを向ける（蘭 2004b）。また、療養所内の人間関係になじめず軽快退所した人ももちろん存在する。

(13)　精神科入院の歴史研究では、公的扶助による長期入院が結果的に家族をケア負担とスティグマから解放したことが明らかにされている（後藤 2019）。

(14)　杉村は、戦前からハンセン病に関わってきた社会事業家で、満洲にあった療養所「同康院」に勤めた。戦後は老人福祉の専門家として活躍。社会福祉学的視点からハンセン病問題を考察した。1950 年代に国立療養所菊池恵楓園の園誌『恵楓』に連載された論考（これを編集して 1 冊にまとめたものが〔杉村 2007〕である）には、農山村地区の罹患世帯の現状を現地調査によって把握し、長期在宅療養による家族関係や家族機能に対するひ

159

第Ⅱ部　病いの特別イシュー　　　1　家族とハンセン病

ずみを指摘するだけでなく、その受け皿となる療養所やハンセン病対策の旧態依然とした ありようを鋭く批判した。杉村の提言を当時の療養所関係者が受容していれば戦後の ハンセン病対策も変わっていたに違いない。

⒂　いうまでもないが、これは光田健輔医師が提唱した統制手段としての「家族的療養所」 （光田　1930b）とは似て非なるものである。

引用・参考文献

青山陽子、2014、『病いの共同体──ハンセン病療養所における患者文化の生成と変容』新曜社。

蘭由岐子、1997、「ハンセン病療養所入所者にとっての『家族』」『九州女子大学紀要』33（3）、 1-21頁。

──────、1998、「アサイラムにおける『結婚』と『家族的世帯』の形成──ハンセン病療養 所を事例として」『家族研究論叢』（4）。

──────、2004a＝〔新版〕生活書院、2017、『「病いの経験」を聞き取る──ハンセン病者の ライフヒストリー』皓星社。

──────、2004b、「生活史を語ることの困難──あるハンセン病者の語りから」『歴史評論』 （656）。

──────、2014、「社会学における研究実践について」ハンセン病市民学会編『ハンセン病市 民学会年報2013　いま、「いのち」の意味を問う──ハンセン病回復者をとりまく現状と将 来へのメッセージ』解放出版社、182-188頁。

──────、2016、「〈語りえぬこと〉をめぐって」ハンセン病フォーラム編『ハンセン病　日本 と世界──病い・差別・いきる』工作舎。

落合恵美子、2019、『21世紀家族へ──家族の戦後体制の見かた・超えかた（第4版）』有斐閣。

解放出版社編、2001、『ハンセン病国賠訴訟判決──熊本地裁［第一次〜第四次］』解放出版社。

岸野ゆき、1960、「五拾年を顧みて」国立療養所大島松園編『大島療養所五十年誌』国立療養 所大島青松園。

後藤基行、2019、『日本の精神科入院の歴史構造──社会防衛・治療・社会福祉』東京大学出 版会。

財賀末造、2000、「喪章（3）──聞き書き・それぞれの自分史（31）」『青松』（558）。

杉村春三、2007、『癩と社会福祉（新版）』杉村純。

全国ハンセン氏病患者協議会編、1977、『全患協運動史──ハンセン氏病患者のたたかいの記録』 一光社。

トンプソン，P.／酒井順子訳、2002、『記憶から歴史へ──オーラル・ヒストリーの世界』青 木書店。

中石俊夫、1996、「あとがき」『青松』（522）。

日弁連法務研究財団ハンセン病問題に関する検証会議、2005、『ハンセン病問題に関する検証 会議最終報告書（別冊）ハンセン病問題に関する被害実態調査報告』。

日本共産党東京地方三多摩地区北部支部委員会、2003、「癩患者を助けませう "新薬プロミン" 獲得署名運動について（1949）」藤野豊編『近現代日本ハンセン病問題資料集成〈戦後編第 1巻〉』資料番号135、不二出版。

ハンセン病に係る偏見差別の解消のための施策検討会、2023、『資料編　ハンセン病家族訴訟、

ホテル宿泊拒否事件の資料分析 WG 報告書』。

廣川和花、2011、『近代日本のハンセン病問題と地域社会』大阪大学出版会。

福西征子、2016、『ハンセン病療養所に生きた女たち』昭和堂。

松岡弘之、2020、『ハンセン病療養所と自治の歴史』みすず書房。

松村憲一、1983、「生きるために」『解放教育』1983年12月臨時増刊、119-131頁。

光田健輔、1920、「癩患者男女共同収容を可とする意見」藤楓協会編、1958『光田健輔と日本のらい予防事業——らい予防法五十周年記念』藤風協会、55-58頁。

―――、1930a、「性の道徳」同上書、122-125頁。

―――、1930b、「家族的療養所の建設」同上書、126-127頁。

―――、1936、「『ワゼクトミー』二十周年」同上書、233-237頁。

南山浩二、2007、「精神障がい者家族と社会的排除——社会的排除をめぐる二つの機制」『家族社会学研究』18（2）、25-36頁。

宮﨑松記、1952、「癩と養老院」国立療養所菊池恵楓園編『恵楓』（3）。

森山一隆・菊池一郎・石井則久、2009、「ハンセン病患者から生まれた子供たち——奄美大島における妊娠・出産・保育・養育のシステムの軌跡」『日本ハンセン病学会雑誌』78（3）、231-250頁。

山本俊一、1993、『日本らい史』東京大学出版会。

山本須美子・加藤尚子、2008、『ハンセン病療養所のエスノグラフィ——「隔離」のなかの結婚と子ども』医療文化社。

第9章
韓国におけるハンセン人の子どもに対する烙印と差別

<ruby>金<rt>キム</rt></ruby> <ruby>宰亨<rt>ジェヒョン</rt></ruby>

1　非可視化された被害者

　韓国社会においてハンセン人[1]は、長い間、烙印と差別の被害を経験してきた代表的集団である（国家人権委員会 2005）。日帝強占期〔日本による植民地統治期：以下、亀甲括弧内は訳註〕以降、ハンセン人は浮浪生活をせざるをえず、小鹿島〔現在の全羅南道高興郡〕などの施設に隔離された。2004年になりようやく、韓国と台湾のハンセン人が日本政府に対する訴訟を始めたことにより、韓国社会でもハンセン人の人権問題が公論化〔あるテーマや問題を公にし、多くの人の議論の対象となること〕した。2005年に〔韓国の〕国家人権委員会は、ハンセン人の被害と原因を調査し、2007年には国会で被害事件の調査と〔被害者の〕回復のため「ハンセン人被害事件の真相究明及び被害者生活支援等に関する法律（以下、ハンセン人被害者法）」が制定された。さらに、ハンセン人施設で行われた断種と堕胎手術被害に対する国家賠償請求訴訟が提起され、2017年に大法院〔日本の最高裁判所にあたる〕はハンセン人被害者の勝訴判決を下した。しかし、このような成果の一方で、ハンセン人が被害から本当に回復できたのか、冷静に評価する必要がある。筆者が参与した2018年の保健福祉部と2019年の国家人権委員会による調査結果は衝撃的であった。政府の努力と支援政策にも拘わらず、多くのハンセン人がいまだ深刻な社会的孤立と経済的困難に苦しんでいたのである。

　このように韓国政府と社会の努力は、その成果の一方で、いくつかの限界を有している（キム・ジェヒョン 2021）。そのうちの1つは、ハンセン人の家族問題が論議されなかったことである。2005年の調査当時、ハンセン人の家族は被害当事者とみなされず、ハンセン人に対する差別類型の1つとして扱われてお

り、「ハンセン人被害者法」でも家族の被害に対する調査と生活支援の内容は取りこぼされた。こうしたことが起きたのは、ハンセン人の家族が社会の強固な烙印と差別を恐れ、被害を表に出さなかったためだった。ハンセン人の子どもは、ハンセン人の親との関係を断絶した加害者だという社会的認識もやはり、ハンセン人の子どもに対する関心を弱めさせた。

　韓国の学界でも1990年代からハンセン人に対する多様な研究が行われてきたが、ハンセン人の子どもに関する本格的な研究はほとんどなかった。歴史学者のキム・アラム（2021）は、1960〜70年代のハンセン人の定着マウルに関する研究において、非ハンセン人の親がハンセン人の子どもの登校拒否運動を行った原因を、単純に専門家と一般人の認識の差によるもの、一般人の無知と伝染に対する恐怖から始まったものとみなした。一方で、歴史学者のチョン・イルリョン（2022）は、子どもに対する差別と排除の原因として、1点目に一般人の無知に対して政府が積極的に啓蒙しようとする意思が不足していたこと、2点目にハンセン人の親から子どもに対する感染の危険性が高いという当時の医学知識に着目した。彼の研究はハンセン人の子どもの共学拒否運動と海外入養の事例のみを取り上げているため、子どもをめぐる保健医療制度と彼らが経験した様々な類型の差別が含まれていない点に限界を有する。また、ハンセン人の子どもが経験した差別の原因が、当時の医学知識にあることは明らかにされているものの、その知識が烙印と差別へとつながる具体的なメカニズムは示されていない。

　本章は先行研究に依るものであるが、その限界を超えるため、ハンセン人の子どもが経験した多様な人権侵害を描写し、これが発生した歴史的かつ構造的な原因を医学知識と制度を中心に説明したい。烙印と差別は無知と偏見といった非合理的なものに基づいている。しかし、疾病との関連では却って当時の合理性を含んだ医学知識を根拠とする場合が多いため、その影響力も強く、長い間持続する傾向にある。ハンセン人に対する強い烙印と差別は、近代的細菌説に基づいた当時の医学知識と保健医療制度、そして人間の身体と社会からハンセン病菌を無くすことができるという楽観主義的な近代的欲望から始まったものである（キム 2022）。本章では、ハンセン人に対する社会的認識を鋳造し維持させる医学知識と制度が、どのようにハンセン人の子どもに対する烙印と差

第Ⅱ部　病いの特別イシュー　　1　家族とハンセン病

別へと拡張したのかを説明したい。

2　前近代におけるハンセン人の家族関係の変化

(1)　大風論

　ハンセン人の家族関係が劇的に変化するのは、日帝強占期以降のことである。本節では、朝鮮時代のハンセン人に対する家族の認識と対応について、まず説明しようと思う。ハンセン人に対する家族の認識と対応を探るためには、当時のハンセン人に関連する知識の変化を理解することが重要である。一般的にハンセン人が受けた烙印と差別は、疾病による外見の変形が与える「嫌悪感」に始まることは世界共通で、普遍的な現象であるという見解が主流である。しかし、朝鮮時代のハンセン病に関する史料は、この疾病に対する当時の医学知識が、患者を扱う際に重要な準拠点だったことを示している。

　『朝鮮王朝実録』「世宗実録」編の世宗10（1428）年と世宗27（1445）年の記録は、済州島でヂェジュド発生したハンセン病の流行とそれに対する住民の反応を描写している（世宗実録 1428；1445）。当時の済州島一帯では、ハンセン病が流行すると人々はその伝染を憂慮して患者たちを海岸沿いに追い払うことがあり、これにより患者が自殺することもあった。この過程で、病に罹った子どもを殺す事件も発生した。これはハンセン病に罹った者が、家族との関係を断たれたことを意味する。済州島の人々が患者を海岸沿いに追い払った理由は、伝染するかどうか恐れたためと記録されている。しかし、ハンセン病に対する済州島住民の知識と対応は、朝鮮半島本土の医学知識の主流とは異なるものであった（キム 2019a）。ハンセン病に対する中国の医学知識が流入し、体系的に整理されはじめたのは朝鮮時代初期の『郷薬集成方』（1433年）からで、この医学書は病因を、外部に存在する邪悪な気である「風」プンと示した。ハンセン病の病因論として、こうした「風論」は、ハンセン病の病因を抽象的で曖昧模糊な「風」が偶然に身体に入り込み発病するものとしており、伝染とは程遠いものだった（キム 2019a）。「風論」という医学知識を根拠にすると、患者を恐れたり追放したりする理由はない。

　実際に『朝鮮王朝実録』に登場する3件の記録は、当時ハンセン病患者を家

164

第9章　韓国におけるハンセン人の子どもに対する烙印と差別

族が恐れずに、むしろ世話していたことを示している。成宗3（1472）年には、ハンセン病に罹った夫をよく世話した妻たちが、旌門を下賜され（成宗実録 1472a；1472b）、中宗39（1544）年にも、李畲という人物がハンセン病に罹った母親を昼夜問わず介護し、称賛されたという（中宗実録 1544）。こうした美談は儒教的秩序において、夫や親が外見の醜くなる疾病に罹ったにも拘わらず、彼らを侮らず、恥ともせずに最善を尽くして世話をすることが当時の規範だったことを示している。

(2)　東医宝鑑と新たな病因説

　しかし、ハンセン病に対する朝鮮の知識と認識、そして対応は、『東医宝鑑』（1610年）〔朝鮮時代の許浚が執筆した23編25巻から成る医書〕以降大きく変化した（キム 2019a：31）。以前の医書とは異なり『東医宝鑑』は、ハンセン病が「風水」「転変」「自不調摂」という3つの原因により発症すると説明した。すなわち、風水を誤ったり、禁忌を破ったり、自己管理を誤ったときに、ハンセン病に罹ると考えたのである。ここで重要なことは、先祖の風水を誤ったり、禁忌を破ったりした際に、ハンセン病は後代に続くという観念であった。ハンセン病が先祖の過ちにより後代に受け継がれるという観念は、血統を通して後代に続くという、近代的な遺伝という概念の伝統的なバージョンともいえるだろう（キム 2019a：33-34）。ハンセン病が先祖の過ちにより後代に受け継がれるという考えは、19世紀後半にも見受けられる。19世紀末の香港で活動していたイギリス人医師でハンセン病専門家であったジェームス・カントリー（James Cantlie 1851-1926）は、イギリスの国立癩財団（The National Leprosy Fund）の依頼で、アジアの20地域で活動する西洋医師などに、伝染説と遺伝説とどちらが優勢であるかなどについて質問紙調査を行った（Cantlie 1896）。それぞれ国籍が違い、朝鮮とは異なる地域で活動していた西洋医師と役人たちは、朝鮮でハンセン病は遺伝病と信じられており、患者は追放されることなく家族とともに暮らしていると答えた。

　『東医宝鑑』に新たな病因説が登場すると『朝鮮王朝実録』ではハンセン病に関連して、以前と異なる内容が記録されはじめた。仁祖16（1638）年、ある男性の父親がハンセン病になったため、山に草幕〔草や藁で造った茅屋〕を造り

165

そこに父親を置いたが、結局、火を付けて殺してしまった（仁祖実録 1638）。似たようなことが粛宗11（1685）年にも起きた（粛宗実録 1685）。南原〔現在の全北特別自治道南原市〕に住んでいた鄭得春という人物はハンセン病を患って亡くなった父親の死体を燃やした。この２人の人物はどちらも死刑（正刑）となった。鄭得春は尋問で「父親の死体を燃やした。後の子孫への伝染を防ごうとした〔燒其屍則不染於子孫〕」と自白したという。すなわち、彼らは禁忌に反した結果として、ハンセン病に罹った患者を燃やすという一種の浄化儀式を通して、この疾病が子孫に受け継がれるのを防ぎたかったと考えられる。『東医宝鑑』の編纂後、朝鮮のハンセン病をめぐる事件をみてみると、以前とはハンセン病に対する認識や対応に大きな違いがあり、その違いは当時の医学知識と合理性に基づいていたことがわかる。しかし、患者に対する社会と家族の対応は医学知識のみならず、当時の倫理的、法的な規範に影響を受けて構成されたのである。

3　近代的防疫制度の導入とハンセン人の家族関係の解体

(1)　近代的防疫制度

　ハンセン人に対する烙印と差別が相対的に弱かった社会の雰囲気は、1910年の韓日併合〔韓国併合〕以降に急変した。朝鮮総督府が1916年に小鹿島慈恵医院を設立し、1917年から浮浪するハンセン病患者を取り締まり、小鹿島に収容しはじめてから、韓半島〔朝鮮半島〕におけるハンセン病患者に対する烙印と差別が強化された（チョン 1997a；1997b）。20世紀初めから、細菌説が朝鮮社会では当然のことと考えられていた（シン 2013；パク 2017：7-30）。最も大きな変化は、朝鮮社会において家族とマウル〔村、町〕共同体の一員であったハンセン病患者が、疾病の媒介者と認識され、危険な集団として烙印を押されたことである（チョン 1997a；1997b；キム 2019b）。ハンセン病患者たちは、1920年代初めから植民地期に亘り、家や共同体から追放されて浮浪を始めたり、自殺したり、もしくは殺害されはじめた（キム 2019c）。警察は定期的に彼らを取り締まったが、浮浪する患者はさらに都市に押し寄せ、深刻な都市問題となった（キム 2019b：132-133）。

第9章　韓国におけるハンセン人の子どもに対する烙印と差別

　それでは、ハンセン病患者たちはなぜ家族とマウルを離れなければならなかったのか。1つ目の原因として、伝染病の拡散を防ぐために伝染病患者の経済生活が禁じられたことが挙げられる。1915年6月5日に制定された「伝染病予防令（朝鮮総督府制令第2号）」第10条には、急性伝染病を統制するため「伝染病ノ病毒ニ汚染シ又ハ汚染ノ疑アル物件ハ当該吏員ノ許可ヲ受クルニ非サレハ使用、授受、移転、遺棄又ハ洗滌スルコト得ス」とある。そして1924年に改正された「伝染病予防令」第8条第2項では「伝染病患者ハ業態上病毒伝播ノ疑アル業務ニ従事スルコトヲ得ス」とし、患者を経済活動から排除した。ハンセン病は慢性伝染病であるものの、この予防令に基づいて患者たちは経済生活から排除されたのである。しかし、農村の貧しい患者は家の中では負担となり、家から追い出されるか、もしくは自ら家を出て行った。患者たちが家を離れて浮浪しはじめた1920年代は、植民地の農業収奪の結果、農村の貧民が都市に大挙移住した時期でもあった（イェ　2014）。

(2)　家族との断絶

　家族が最も重要な社会的関係であった時に、家族との関係が断絶されたことは患者にとって非常に大きな心理的圧迫になったと考えられる。当時の新聞には、ハンセン病患者の自殺事件に対する記録が多く残されているが、大部分が家族との関係が悪化したためだった。[4]1927年光州〔現在の光州広域市〕の癩病院の前で30代男性患者の首つり自殺事件が発生した（東亜日報　1927）。この男性は発病してからすぐに光州癩病院に入院し7年間治療を受け、完治したという判定を受けて里帰りした。しかし、家族は男性が接近することを嫌がり冷遇したため、これを悲観して自殺したという。家族がこの男性と接近することを避けた理由として、ハンセン病に伝染するのではないかと恐れたと考えられる。さらには、この疾病が治療不可能であるという社会的認識により、改善される展望のない状況で、患者たちは極端な選択をしたと思われる。当時の西洋人宣教師が設立・運営した癩病院（以下、西洋癩病院）では、大風子油混合剤により症状を緩和させたり進行を止めたり、さらに完治する患者も現れたが、新聞などの媒体では知らされなかった。むしろ、治療不可能な疾病としてハンセン病が描かれ、患者はさらに絶望的な状況に陥ったのである（キム　2022：5）。し

167

第Ⅱ部　病いの特別イシュー　　1　家族とハンセン病

かも、家族の構成員の中にハンセン病患者がいることは、家族全体が社会的関係から排除される可能性を生んだ。家族がハンセン病に罹ると、周囲から冷遇され、家族の誰かが自殺する事件も起きた。マウルの人々により、家族全員が洞内〔村落内、町内〕で〔井戸の〕水も一緒に飲むことが許されず、近所付き合いができなくなることもあった。すなわち、ハンセン病に対して社会的烙印と差別が行われただけでなく、経済的関係からも排除されたことで、患者とその家族との関係は解体されたのである。(5) 1930年代になるとハンセン病患者が家族に殺害される事件が新聞などの媒体で紹介された（毎日申報 1930）。こうした記事は、患者に対する烙印と差別が、1930年代以降さらに強化されたことを示している。家族内で患者が殺害されるほど、家族にとって患者は負担の大きい存在となった。一方で、家父長制の強い朝鮮時代に殺害された被害者の大部分は、力が弱く身分の低い女性だった。

(3)　新たな家族

　家族の元を離れて浮浪しはじめたハンセン病患者たちは、新たな関係を結びはじめる。(6) その関係として家族も挙げられる。小鹿島慈恵医院（更生園）と西洋癩病院に隔離された患者は、夫婦になることはできるが、子どもを産むことは許されなかった。1933年、西洋癩病院の麗水〔全羅南道麗水市〕の愛羊園は、精管切除手術を前提として患者の夫婦生活を許可しはじめた。愛羊園園長のロバート・ウィルソン（Robert Wilson）は、朝鮮人にとって家族は非常に重要なものであり、家庭を作ることで心理的な安らぎを得られ、治療に役立つと考えた（Wilson 1935）。代わりに病院は、患者たちに孤児を入養〔日本でいう養子縁組〕することを勧めた。しかし、ハンセン人に対する精管切除手術は当時、日本を除いて世界のどこにおいても試行されたことのない優生学的措置だった。

　1936年小鹿島更生園でも同じ政策が始まった。1935年4月30日に制定された「朝鮮癩予防令」ですべての患者に対する取り締まりと強制収容が始まり、患者を収容するため小鹿島更生園は病院増設工事を無理に進めようとし、これに対する患者の不満が高まっていった。こうした状況で小鹿島更生園当局は患者の不満を抑えるため、一方では抑圧政策を通して管理し、他方では精管切除手術を前提とした夫婦生活を通して性欲を解消させることにより、患者を統制し

たのである。

4　ハンセン人の子どもに対する管理統制の強化と子どもの差別経験

(1)　産児制限政策

　1945年9月21日、小鹿島更生園で最初の韓国人園長として赴任した金兄泰が患者の出産を許可したため、1945〜48年に数百人が生まれた（キム・オ 2016：189）。しかし、後任の園長・金尚泰が赴任すると、再び産児制限が復活した。一方、保健社会部はハンセン病施設内の16〜45歳の女性を妊娠可能者に分類し、施設当局は毎月彼女たちの検診を行い、避妊薬の提供を決定した（保健社会部 1964）。施設当局の検診で妊娠が発見されると、強制的に堕胎手術を受けるか退園を強要された。手術は非専門家による施術が多く、堕胎手術の失敗で死亡する事例も多かった（保健福祉部 2011：185）。

　ハンセン人施設での断種手術と堕胎手術は、政府と医療専門家がハンセン病患者の子どもをみる際の認識を反映している（イ 1960；シン 1963a；シン 1963b；キム他 1968）。医療専門家は家族内で親から子どもにハンセン病が感染すると認識し、ハンセン病を統制して有病率を減少させるため、産児制限をハンセン病統制の効果的な方法と考えた。しかし、政府の徹底的な産児制限政策にも拘わらず、施設の中で子どもが産まれることもあり、また社会から子どもを連れて施設に入ってくる患者もいた。こうした子どもたちを感染から保護するため、政府は小鹿島に未感児保育院を設置した。「未感児」という用語は、まだハンセン病に罹っていない子どもという意味だが、いつでも発病する可能性があることも意味した。

(2)　未感児の管理

　1949年に制定された「中央癩養護所収容患者遵守事項」第21条には、ハンセン人の子どもは患者である親と絶対に同居できないという内容が含まれていた。この規定は1948年6月から小鹿島で実施された未感児収容を制度化するために作られた。未感児保育院は収容児童数を増やしていったにも拘わらず、収容できない子どもたちの方が多かった（小鹿島更生園 1952）。子どもの問題は他の施

第Ⅱ部　病いの特別イシュー　　1　家族とハンセン病

設でも類似した事例が発生しており、政府は小鹿島外部に子どもの収容施設を設置することを決定した。こうして政府は1949年11月21日に「三育学院職制」を制定し、国立三育学院を設置した。1960年、国立三育学院には295名のハンセン人の子どもが収容されており（国家人権委員会 2005：86）、1500名余りの子どもは政府の統制下で各種保育院に収容された（大韓管癩理協会 1988：202-203）。政府は施設に収容された患者の子どもを徹底的に監視し、ハンセン病をすぐに発見できるようにした。国立三育学院では毎年最低1回、国立小鹿島病院では毎月ハンセン人の子どもの検診が行われた（小鹿島更生園 1957）。ハンセン人の定着マウルと、民間が運営するハンセン人の子どもの保育院などでも、保健所に所属する癩管理要員や移動診療チームが子どもの発症有無を定期的に検査した。患者の子どもに対するこうした徹底的な管理と統制は、1970年代まで続いたとみられる。

　政府がすでに親と分離し隔離している子どもを徹底的に管理した理由は何だろうか。国立小鹿島病院では5歳まで親が養育できるようにし、6歳になると分離収容するようにした（小鹿島更生園 1957）。医療界では、患者である親と5歳まで一緒に暮らした子どもが、その期間に感染する可能性が高いと考えられていた。そして、1962年に国立小鹿島病院の未感児保育院の運営権を引き継いだカトリック光州教区は、3歳以下の子どもを別途管理する嬰児院を設立した。[7]こうした徹底的な管理にも拘わらず、患者の子どもに対する政府の疑心は止まらなかった。例えば、ダプソン〔Dapsone〕剤が本格的に使用されてその効果が認証されるにつれ、ダプソン剤の予防効果に注目が集まった（イ 1960）。その結果、大きな効果があることが明らかになり、ダプソン剤を患者の子どもに定期的に服用させるようになった。しかし、ダプソン剤は他の薬剤に比べると弱いものの、多くの副作用があった。成人が服用する場合、貧血や胃腸障害など様々な副作用が頻発した。患者の子どもがダプソン剤を服用した場合の予防効果に関する研究はある一方で、ダプソン剤を子どもが服用する際に発生するかもしれない副作用に対する研究はなかった。

(3)　烙印と差別の経験

　ハンセン人の子どもに対する国家のこうした態度により、社会においても危

険な集団としてハンセン人の子どもに烙印が押され、差別される根拠として作用した。政府は、完治した人を社会に復帰させたが、復帰困難な者は「陰性癩患者の定着マウル」に集住させた。1960年代前後に、定着マウルではハンセン人の子どもが増加し、ハンセン人と子どもが一緒に暮らしはじめた。そして、子どもが国民学校〔日本の小学校に当たる〕に入学するときになると、非ハンセン人の保護者が、ハンセン人の子どもの登校を阻止する出来事が全国的に発生した（朝鮮日報 1958；馬山日報 1965）。これに対し、当時の文教部長官が自身の娘を問題になった学校に転校させ、ハンセン人の子どもの安全性を示したものの、非ハンセン人の保護者は主張を曲げなかった（中央日報 1969）。政府と大韓癩管理協会、そして専門家は、ハンセン人の子どもが危険でないことを積極的に主張した（大韓癩管理協会 1988：208）。しかし、このような努力は失敗し、結局定着マウルの中にハンセン人の子どものための国民学校を設立することになった。政府は公式的にはハンセン人の子どもは危険ではないと主張したものの、実際にはハンセン人の子どもに対する政府の徹底的な管理と統制が行われたため、一般人は政府の主張を信頼しなかったのである。さらに、すでにハンセン病が完治した人たちも、政府は「陰性癩患者」と称して徹底的に管理しており、一般社会からみる定着マウルは、依然として「患者」が集住する隔離施設と変わりなかった（キム 2022：23）。

　ハンセン人たちの証言によれば、登校拒否運動の圧力を乗り越えて一般の学校に登校した子どもに比べ、分校に通った子どもはうまく社会適応できなかったという（ソウル大学校社会発展研究所 2019：90-91）。分校の教育の質が低かったことに加え、一般の学校で多様な人間関係を結べないまま中学校と高等学校に進学し、一般の生徒と関係を作ることに困難が生じたためだった。また、烙印と差別に立ち向かったり、避けたりする戦略などを児童期に充分発達させられなかったことも理由として挙げられるだろう。

　筆者が定着マウルで出会った A 氏（1951年生まれ）は、ハンセン人の子どもとして経験した苦しみを次のような内容を語った（定着マウル a 2019）。親はすでに陰性判定を受けていたが、自身は近くの孤児院で暮らさなければならなかった。学校の勉強はよくでき、教師と同級生から関心を集めたが、これを非常に負担に感じていた。なぜなら、他人と関係が深くなり注目されるにつれて、

第Ⅱ部　病いの特別イシュー　　1　家族とハンセン病

ハンセン人の子どもだと知られないか恐れるようになったためだった。ハンセン人の子どもということを秘密にして、他人と関係を結べないことは一生続いたという。B氏は、定着マウルから遠く離れた高校を卒業して大企業に就職した（定着マウルb 2019）。しかし、葬式会場でB氏の父親がハンセン人であることを職場の同僚に知られ、その後職場ではB氏と食事を共にする人がいなくなったため、自ら辞表を書いた。ハンセン人の子どもであるC氏は、小さな都市に住み、中学校と高等学校に通いながら、特にハンセン人の子どもであることを隠さなかった（定着マウルc 2019）。C氏は非常に開放的に学校生活を送ったものの、いつも疎外感を抱いていたと告白した。友人たちが自分の前にいるときとは異なり、裏では自分に対して否定的に考えていると感じたためである。彼は社会で繋がったすべての関係において、自分の存在を堂々とみせることができなかったと証言した。

　しかし、ハンセン人の子どもはすべての関係を断絶しながら生きることはできず、愛し合い、恋愛し、結婚を望んだ。ハンセン人の子どもは愛し合い、恋愛関係を築く過程では親に関する情報を隠し、結婚まで至ることができたが、結婚後もそうした情報を隠すことは容易ではなかった（ソウル大学校社会発展研究所 2019：92）。ハンセン人のD氏は、娘が医師になったものの、親のことを隠して結婚し、その後事実が知られてしまい一方的に離婚させられた。非ハンセン人の子どもと結婚したが、後に親がハンセン人であることが明るみになって離婚したり、家庭不和が生じる事例は、ハンセン人の社会ではありふれたことである。こうした問題に立ち向かうため、ハンセン人たちは子どもを別のハンセン人の子どもと結婚させる戦略を用いることもあった。

　こうした理由でハンセン人の子どもは自分たちが親よりもさらに多くの差別を受けたと感じている。ハンセン人は自分たちだけで集まって暮らし、保護を受け、政府の恵沢も受けたが、その子どもは何の保護もなく、社会から様々な差別を受けたと思っているのである。A氏とB氏は生涯に亘ってハンセン人と同じ差別を受けながら定着マウルで暮らしてきたが、自分は政府からハンセン人として認められなかったと語った。そして、ハンセン人全員が死亡し、定着マウルが消滅し、これ以上政府から支援を受けられなくなれば、どのように生計を立てていけばよいのかわからず心配だと語った。

172

第9章 韓国におけるハンセン人の子どもに対する烙印と差別

5 回復を促しながら

　韓国政府と医療専門家たちは、長い間、ハンセン人を徹底的に統制することによりハンセン病菌を統制し、最終的にはハンセン病を絶滅させられると考えた。さらに政府と医療専門家たちは、完治した者の身体に、発見されないハンセン病菌が依然として存在する場合があり、これが再発を引き起こすこともあると考えていた。この可能性だけを根拠に、政府は完治した者を「陰性癩患者」と命名し、死ぬまで監視し統制した。さらに、ハンセン人の子どももまた、感染するかもしれないという微々たる可能性だけで、徹底して監視し統制した。政府と医療専門家にとって重要なことは、社会からこの疾病を完全に無くすことだった。したがって、ハンセン人の子どもの教育と健康と暮らしそれ自体は副次的なものであり、犠牲になっても構わないとされたのである。政府はハンセン人とハンセン人の子どもに対する社会的な烙印と差別をなくすために、多様な啓蒙活動を行った。しかし、社会においてはハンセン人とその子どもに対する政府の徹底的な管理が目撃されており、ハンセン人とその子どもは依然として危険な集団として扱われた。実際に共学反対運動の当時、ある保護者は記者に対し、ハンセン人の子どもが危険でないという政府の主張は信頼できないと語った。その保護者は、ハンセン人が本当に安全ならば、なぜ定着マウルに集めて徹底して管理しているのかと聞き返した。ハンセン人の子どもは烙印と差別を経験し、またこれを避けるために親との関係を切った。国家はハンセン人の家族に対する烙印と差別を生み、維持し、強化させた主要な行為者である。ハンセン人の家族の解体は、高齢のハンセン人の暮らしを孤立させ、悪化させている。今からでも韓国政府はハンセン人の被害に対する調査を実施し、国家の責任が確認されれば、ハンセン人の回復のために取り組まねばならない。

注
(1)　日本の読者にとって「ハンセン人」は見慣れない言葉であろう。韓国において、この用語は日本と異なる脈絡で人権運動において登場し、社会的に合意され、使用されるようになった。日本では、入所者、病歴者、元患者、回復者などの用語が使われているものの、こうした用語は韓国の状況を説明するにはそぐわない。日本は大多数のハンセ

173

第Ⅱ部　病いの特別イシュー　　1　家族とハンセン病

人が施設に隔離されていたが、韓国は施設と定着マウル、そして社会に等しく分布していたため、ハンセン人全体を入所者という用語で呼ぶことはできない。また、小鹿島には長い間陽性患者が収容されており、定着マウルと社会には完治者がいたため、元患者、病歴者、回復者などと通称することもできない。そして、こうした用語は完治を前提としたものであり、それ自体が危険な患者と安全な者とを区分する社会の認識を反映し、患者を再び差別することにならないかと危惧する必要がある。このような理由で、本章ではハンセン人という用語を用い、必要に応じてハンセン病患者という用語を使用することにする。

(2)　旌門とは、忠臣、孝行者、烈婦などを表彰するために、家の前に建てた赤い門のことである。

(3)　『東医宝鑑』には、「大風之源、有三種五死。一種風水、二種傳變、三種者、自不調攝」とある。

(4)　疾病に罹った患者の自殺は、日帝強占期の新聞にしばしば紹介されている。結核と梅毒は、治療の難しさと経済的困難が、自殺の理由として挙げられる。他方、これと異なりハンセン病患者の自殺は、烙印と差別の結果による家族との断絶が重要な理由だった。

(5)　ある患者は、家族が長い間、自身を家に隠して治療し、世話したと証言した。

(6)　浮浪するハンセン病患者たちは、物乞いのために集団を作ったり、大きな勢力を形成したりして相助会などの団体を作った。

(7)　患者の子どもの感染に対する憂慮により、子どもを分離して養育する政策は当時様々な国で実施されたものの、乳幼児をあまりにも早く親と分離させると死亡率が非常に高まることが報告された（Lara 1930：46）。

引用・参考文献

イ・ガンスン、1960、「癩病の家族内伝染と化学療法剤 DDS による予防に関する研究」『大韓癩学会誌』大韓癩学会、1（1）、33-50頁（이강순、1960、「나병의 가족내 전염과 화학요법제 디디에스에 의한 예방에 관한 연구」『대한나학회지』대한나학회、1（1）、pp.33-50）。

イェ・ジスク、2014、「日帝下の浮浪者の誕生とその特徴──1910年代を中心に」『韓国史研究』韓国史研究会、164、29-58頁（예지숙、2014、「일제 하 부랑자의 탄생과 그 특징─ 1910년대를 중심으로」『한국사연구』한국사연구회、164、pp.29-58）。

『仁祖実録』36、1638（仁祖16）年1月28日。

韓国ハンセン福祉協会、2022、『ハンセン事業の現状と重要指標』（한국한센복지협회、2022、『한센사업 현황 및 주요지표』）。

キム・アラム、2021、「1960-70年代ハンセン人定着村の形成と『自活』の限界」『東方学誌』延世大学校国学研究院、194、53-87頁（김아람、2021、「1960-70년대 한센인 정착촌의 형성과 ‘자활’ 의 한계」『동방학지』연세대학교 국학연구원、194 、pp.53-87）。

キム・ゲハン、ハ・ヨンマ、オ・ジュングン、ハン・ソンヒョン、オ・ジュン、1968、「癩の家族内伝染に関する研究」『大韓癩学会誌』大韓癩学会、5（1）、67-72頁（김계한、하용마、오중근、한성현、오준、1968、「나의 가족내전염에 관한 연구」『대한나학회지』대한나학회、5（1）、pp.67-72）。

キム・ジェヒョン、2019a、『ハンセン人の隔離制度と烙印・差別に関する研究』ソウル大学校
　社会学科、博士学位論文（김재형、2019a、『한센인의 격리제도와 낙인・차별에 관한 연구』
　서울대학교 사회학과 박사논문）。

―――、2019b、「『浮浪癩患者』問題をめぐる朝鮮総督府と朝鮮社会の競争と協力」『民主
　主義と人権』全南大学校5.18研究所、19（1）、123-164頁（김재형、2019b、「"부랑나환자"
　문제를 둘러싼 조선총독부와 조선사회의 경쟁과 협력」『민주주의와 인권』전남대학교 5.18
　연구소、19（1）、pp.123-164）。

―――、2019c、「植民期のハンセン病患者をめぐる死と生存」『医史学』大韓医史学会、
　28（2）（김재형、2019c、『식민지기 한센병 환자를 둘러싼 죽음과 생존』『의사학』대한의
　사학회、28（2））。

―――、2021、『疾病、烙印――無菌社会とハンセン人の強制隔離』トルペゲ（김재형、
　2021、『질병，낙인：무균사회와 한센인의 강제격리』돌베개）。

―――、2022、「保健当局の身体及び社会に対する無菌化企画と疾病烙印の持続――ハンセ
　ン病事例を中心に」『社会と歴史』134、49-80頁（김재형、2022、「보건당국의 신체 및 사
　회에 대한 무균화 기획과 질병 낙인의 지속―한센병 사례를 중심으로」『사회와 역사』한국
　사회사학회、134、pp.49-80）。

―――、オ・ハナ、2016、「ハンセン人の収容施設での断種・堕胎事件に対する歴史的な淵
　源と司法的解決」『民主主義と人権』全南大学校5.18研究所、16（4）、153-200頁（김재형、
　오하나、2016、「한센인 수용시설에서의 단종・낙태 사건에 대한 역사적 연원과 사법적 해결」
　『민주주의와 인권』전남대학교 5.18연구소、16（4）、pp.153-200）。

許浚、1610、『東医宝鑑』。

国家人権委員会、2005、『ハンセン人の人権実態調査』（국가인권위원회、2005、『한센인 인권
　실태조사』）。

国立小鹿島病院、1958、『国立小鹿島病院年報』（국립소록도병원、1958、『국립소록도병원 연
　보』）。

―――、2011、『国立小鹿島病院100年口述史料集，もう一つの故郷，我々の風景』（국립소
　록도병원、2011、『국립소록도병원 100년 구술사료집，또 하나의 고향 우리들의 풍경』）。

『粛宗実録』16、1685（粛宗11）年8月4日。

小鹿島更生園、1952、『年報』（소록도갱생원、1952、『연보』）。

―――、1957、『年報』（소록도갱생원、1957、『연보』）。

シン・ジョンシク、1963a、「小児癩の統計的観察」『大韓癩学会誌』2（1）、大韓癩学会、17
　-24頁（신정식、1963a、「소아나의 통계적 관찰」『대한나학회지』2（1）、pp.17-24）。

―――、1963b、「癩家系数例」『大韓癩学会誌』大韓癩学会、2（1）、39-43頁（신정식、
　1963b、「나가계수례」『대한나학회지』대한나학회、2（1）、pp.39-43）。

シン・ドンウォン、2013、『虎患媽媽天然痘――病の日常概念史』トルペゲ（신동원、2013、『호
　환 마마 천연두：병의 일상 개념사』돌베개）。

ソウル大学校社会発展研究所、2019、『高齢化の側面から見たハンセン人の人権状況の実態調
　査結果報告書』国家人権委員会、90-91頁（서울대학교사회발전연구소、2019、『고령화 측
　면에서 본 한센인 인권상황 실태조사 결과보고서』국가인권위원회、pp.90-91）。

『世宗実録』41、世宗10（1428）年8月30日。

第Ⅱ部　病いの特別イシュー　　1　家族とハンセン病

『世宗実録』110、世宗27（1445）年11月6日。

『成宗実録』15、成宗3（1472a）年2月18日。

『成宗実録』15、成宗3（1472b）年2月29日。

大韓癩管理協会、1988、『韓国癩病史』（대한나관리협회、1988、『한국나병사』）。

大韓民国ハンセン人権弁護団、2017、『ハンセン人人権活動白書1──ハンセン人権弁護団活動報告書』（대한민국 한센인권변호단、2017、『한센인인권활동백서 1：한센인권변호단 활동보고서』）。

『中央日報』「洪文教の娘、大旺へ（홍문교딸 대왕에）」1969年5月14日。

『中宗実録』101、1544（中宗39）年1月15日。

チョン・イルリョン、2022、「解放後のハンセン人の子どもに対する差別と排除の様相──1960-70年代ハンセン人の子ども共学反対事件とアメリカ入養事例を通して」『西江人文論叢』西江大学人文科学研究所、64、5-58頁（정일영、2022、「해방 후 한센인 자녀에 대한 차별과 배제의 양상──1960-70 년대　한센인 자녀 공학 반대 사건과 미국 입양 사례를 통하여」『서강인문논총』서강대학교 인문과학연구소、64、pp. 5-58）。

チョン・ギョンヒ、カン・ウンナ、イ・ユンギョン、ファン・ナミ、ヤン・チャンミ、2017、『2017年度老人実態調査、保健福祉部、韓国保健社会研究院』（정경희、강은나、이윤경、황남희、양찬미、2017、『2017년도 노인실태조사，보건복지부，한국보건사회연구원』）。

チョン・グンシク、1997a、「韓国における近代的癩救療の形成」『保健と社会科学』韓国保健社会学会、1（1）、1-30頁（정근식、1997a、「한국에서 근대적 癩구료의 형성」『보건과 사회과학』한국보건사회학회、1（1）、pp. 1-30）。

──────、1997b、「植民地的近代と身体の政治──日帝下癩養護院を中心に」『社会と歴史』韓国社会史学会、51、211-266頁（정근식、1997b、「식민지적 근대와 신체의 정치──일제하 나요양원을 중심으로」『사회와 역사』한국사회사학회、51、pp.211-266）。

『朝鮮日報』「東光国民校生全員、登校拒否（동광국민교생 전원 등교 거부）」1958年5月9日。

定着マウルa、ハンセン人の子どもへのインタビュー調査、2019年6月21日。

──────b、ハンセン人の子どもへのインタビュー調査、2019年8月1日。

──────c、ハンセン人の子どもへのインタビュー調査、2019年9月25日。

『東亜日報』「家族まで冷愚、癩病患者自殺（가족까지 냉대，나병환자 자살）」1927年8月26日。

パク・ユンジェ、2008、「朝鮮総督府の結核認識と対策」『韓国近現代史研究』韓国近現代史学会、vol.47、216-234頁（박윤재、2008、「조선총독부의 결핵 인식과 대책」『한국근현대사연구』한국근현대사학회、Vol.47、pp.216-234）。

──────、2017、「19世紀末－20世紀初めにおける病因論の転換論と都市衛生」『都市研究』都市史学会、18、7-30頁（박윤재、2017、「19세기말－20세기 초 병인론의 전환론과 도시위생」『도시연구』도시사학회、18、pp. 7-30）。

保健社会部、1964、「癩病管理協議会」（보건사회부、1964、「나병관리협의회」）。

保健福祉部、2011、『ハンセン人被害事件の真相調査』（보건복지부、2011、『한센인피해사건 진상조사』）。

『毎日申報』「癩病に罹った乞妻殺害（나병에 걸린 걸처를 살해）」1930年10月30日。

『馬山日報』「未感児の就学反対──学区民、当局指示に立ち向かう（미감아 취학 반대─학구민，당국 지시에 맞서）」1965年2月25日。

第9章　韓国におけるハンセン人の子どもに対する烙印と差別

Cantlie, James, 1896, *Report on the conditions under which Leprosy Occurs in China, Indo-China, Malaya, the Archipelago, and Oceania: complied chiefly during 1894.*

Lara, Casimiro B., 1930, *Annual Report of the Medical Section Culion Leper Colony for the Year ending December 31, 1930 by Casimiro B Lara, Chief Physician*, unpublished mss, Culion Archives, Culion Island, the Palawan Group, the Philippines.

Link, Bruce G. and Phelan, Jo C., 2001, "Conceptualizing Stigma," *Annual Review of Sociology*, 27, pp.363-385.

Wilson, Robert, 1935, "Sterilization and Marriage of Lepers," *International Journal of Leprosy and Other Mycobacterial Diseases*, 3(2), pp.201-204.

（翻訳：咸　麗珍・田中友佳子）

補論 3
医学史と家族の交差点

愼　　蒼健

患者をめぐる「綱引き」

　医学史研究に患者の「家族」の視点が導入されたのは、比較的新しい出来事である。かつての医学史研究では、その主役は「医師」（あるいは医学者）であり、学説、診断法、治療術などの発展史が中心であった。しかし、1980年代に入ると、ロイ・ポーターの『狂気の社会史』（初版は1987年）などの出現により、「患者」研究が進展していった。医師から患者へ視点を移せば、非専門家であるが患者と密接に深く関わる人々、特に「家族」の存在が自ずと浮かび上がることになる。日本における医学史研究を牽引する鈴木晃仁によれば、精神病院に拠点をもつ医療者たちが歴史に登場して以降、家と精神病院という2つの大きなケアと拘束と医療の拠点が生まれ、その両者の「綱引き」が患者に大きな影響を与えてきた（鈴木 2020：258-281）。

　この「綱引き」は、精神医療にだけ特別な力学的現象ではない。本書に収録されているハンセン病に関連する優れた論文もまた「綱引き」現象、つまり家と入所施設の力学を丁寧に読み取ろうとしている。精神医療とハンセン病医療の患者は入院あるいは入所期間中、個人ごとに記録が残される。鈴木が取り上げる東京・王子脳病院の患者名簿と症例誌や、近年復刻された国府台陸軍病院や新発田陸軍病院の「病床日誌」、そして廣川和花が検討対象にした国立療養所菊池恵楓園所蔵の「患者身分帳」などがその記録に該当する。こうした「史料革命」を通じて、私たちは患者だけでなく、患者と家族の関係の個別性とその複雑性に遭遇し、従来の知見や歴史的認識を覆すような新たな解釈を生み出している。

二大拠点の「空白地帯」

　ここで見落としてはいけないのは、家と入院・入所施設という二大拠点の外へ追放された、あるいは逃避した、そしてさまよった人々の存在である。その

補論3　医学史と家族の交差点

一部の人々は、「行旅病人」として発見されることがある。日本では1899年に「行旅病人及行旅死亡人取扱法」（法律第93号）が公布された。この法律によれば、行旅病人とは、現代的にいえば「行旅中に歩行困難となった病人」のことであり、療養先が見つからず救護者のいない者だとされた。すでに多くの人々が指摘している通り、この行旅病人の中には（もちろん行旅死亡者の中にも）、精神・神経疾患やハンセン病の人々が紛れていた。たとえば、1926年に東京府内務部が発表した『行旅病人行旅死亡者ニ関スル調査』には、行旅病人850名の発見時疾病調査が公表されている。それによれば、「神経系疾患」が159名で最も多く（そのうち93名は「半身不随症」）、次いで「呼吸器病」が86名、「循環器疾患」が81名と続いていく。ただし、このデータでは、ハンセン病の人々が「皮膚病」に分類され、「癩病」が1名と記されているにすぎない。

　精神障害やハンセン病だけでなく、様々な原因により身体障害を抱えた人々もまた、「行き倒れ」で発見されるまで、一時的に家と施設・病院の力学が作動する場の「空白状態」に放置されていたのである。その具体的な生の片鱗は、行旅病人として発見された後に収容された施設の記録から読み解くことができる。例えば、『東京市養育院月報』の「雑報」には「収容者物語」という連載記事がある。この記事では、窮民、棄児・遺児・迷児などの他、行旅病人も多く取り上げられている。病人たちはどのようにして家族から離れたのか。施設・病院に入ることなくどう生き、行旅病人として発見されたときの状況はどうだったのか。1926年4月号（第297号）には、視覚障害と重度身体障害を抱えた子と肺病を患う父が、行旅病人として養護院に入院した経緯が詳しく描かれている。妻との死別、関東大震災による家財消失、友人宅での居候、肺病を患いながらの仕事と障害児の介護など、窮民として養護院に入院可能な状態であったにも関わらず、この父と子は「発見」されず、関東大震災によって家を失ったままさまよい続けたのである。しかし資料によれば、彼らは必ずしも路上で生きたわけではなく、友人宅での居候など、ある種の社会的相互扶助によって生存していたことが示唆される。歴史学はこのような「空白状態」を生きた病者をどう捕捉し、歴史として記述するのか。今後の課題であろう。

第Ⅱ部　病いの特別イシュー　　1　家族とハンセン病

植民地期朝鮮における「綱引き」

　次に、植民地期朝鮮の精神病者について取り上げてみたい。というのも、植民地朝鮮と「内地」を比較した場合、精神病者をめぐる「綱引き」の力に大きな差異があると考えるからである。

　朝鮮半島では、日本の植民地となった1910年に朝鮮総督府医院が設立された。この総督府医院は1928年に京城帝国大学医学部附属医院へと再編されるまで、朝鮮半島に存在する病院のセンターとして君臨し続けた。精神病者に対する「救護」は、1911年に京城の済生院にて始まったが、その事業は1913年4月に設置された総督府医院の精神病科に移管される。

　朝鮮総督府医院は定期的に『年報』を刊行しているが、精神病科の診療科報告をみると、「患者」たちの来歴情報を得ることができる。たとえば、『第3回年報』では、普通・施療を問わず入院患者の発病当時の職業として「無職業」が33％、そして患者の大多数が「行旅病者」（「病人」でなく「病者」と記述されている）、全数の3分の2が「反社会的行為ノ為メ警察官署を経由シテ」来院したと報告されている。1913年（精神病科開設）から1923年（『第10回年報』の報告対象年）までの記録を通覧する限り、精神病科患者とは、発病当時は「無職業」が多く、入院患者の大多数が「行旅病者」として発見され、地方行政単位である「府面ヨリ依託患者」として（施療）収容された人々であった（愼 2020：158-194）。

　精神病科病棟に入院した患者の多くが行旅病人であり、施療入院の大多数が朝鮮人であったが、精神病科医師たちは統計的に朝鮮人の罹病率が「内地人」に比べて低いと評価していた。その理由の1つとして、彼らは「精神病者監護法が制定されず不完全な私宅監置のまま放任されているため来院して治療を求める者が少ない」と説明している。そして、朝鮮人精神病者をより捕獲するために精神病者の反社会的行為が強調され、社会防衛的観点から朝鮮での精神病者監置法の制定を強く要求している。また、病棟の収容力が小さいため、なかなか入院許可を出せないという病院側の事情も、朝鮮人精神病者の捕捉を困難にしている理由として挙げている（『第3回年報』1917年）。その後の歴史が明らかにする通り、日本「内地」や台湾とは異なり、朝鮮では精神病者監護法が制定されなかった。そして、総督府医院・京城帝大医院以外の病院に言及する余

補論3　医学史と家族の交差点

裕はないが、1920年代以降も精神病者の入院・入所施設の収容力は「内地」と
比較すると圧倒的に弱かったといってよいだろう。

　つまり、私宅監置を実現する法的拘束力が働かず、近代的精神医学の権力も
強く作動しない空間で、植民地期朝鮮の多くの精神病者たちは生きていたのである。その具体的な生はいかなるものであったのか。植民地期朝鮮の精神医学
史研究にも「史料革命」が待たれている。

医学研究と家族

　この補論では、患者として発見される病者に焦点を当て、病者をめぐる二大
拠点の綱引きについて論じてきた。しかし、どちらの拠点においても、病者は
患者としてケアと拘束と医療を「受ける側」であり、非病者の家族は患者とし
て扱われていない。

　しかし、この補論を締め括るにあたり、非病者つまり「現時点で」病気を発
症していない家族が患者の病因を探るための調査対象となること、あるいは今
後発症する可能性がある患者として診断される可能性があることに触れておき
たい。今日のゲノム医療の現場では、クライエントとその血縁者の過去に罹っ
た病気の情報を「家族歴」として記録することは、家系内の遺伝的な病因の有
無を評価する上で有効な方法として採用されている。血縁者であっても「家族」
という意識の希薄化が進行する現在、家族歴の調査を通じて、再び「家族」を
意識化する場面が形成されている。このような事態は、遺伝学とゲノム医療に
よってもたらされる血縁者の家族化と言えるのかもしれない。

　さらに付け加えたいのだが、このような事態の進行は専門家集団だけによっ
て成し遂げられてきたわけではない。（ウェクスラー　2003）を読むと、ハンチン
トン病研究が展開された方法として、「学術的なワークショップ」や「共同研
究を通じての努力」の他、「家族と研究者間の強い連携」が挙げられている。
もはや患者と家族は医学研究において「保護されるべき」立場にとどまらない
存在となってきている。家族が研究費を調達し、組織バンクを作り、家系図を
集め、ワークショップを開催するのである。稀なケースではあるが、映画『ロ
レンツォのオイル／命の詩』（1992年公開）で描かれたように、家族が研究者以
上の研究者となり、ALD（副腎白質ジストロフィー）に効果的な1つの治療を発

第Ⅱ部　病いの特別イシュー　　1　家族とハンセン病

見したという事実もある。

　医学研究は病気の調査・発見・診断・治療を通じて、「家族」を再編する力をもっている。一方、家族は積極的に研究者と連携・協力しながら医学研究を推進している。こうして生まれる将来への「希望」は同時に、葛藤と新たな苦しみの始まりでもある。

引用・参考文献

ウェクスラー，A.／武藤香織・額賀淑郎訳、2003、『ウェクスラー家の選択──遺伝子診断と向き合った家族』新潮社。

愼蒼健、2020、「『朝鮮総督府年報』解題」『外地「いのち」の資料集（一）別巻』金沢文圃閣、158-194頁。

鈴木晃仁、2020、「昭和戦前期の王子脳病院と患者と家族の分析──医療倫理学と医学史の融合の一つの試み」『障害学研究』（16）、258-281頁。

2　家族とコロナ禍／パンデミック

第10章

「家庭」衛生の位相
──日本の近代衛生史から考える──

香西　豊子

1　コロナ禍で問われた「家庭」の衛生機能

　2020（令和2）年春より日本列島を襲った「コロナ禍」は、突発的に流行する病いに対する社会の耐性を、否が応にも考えさせることとなった。不要不急の外出を避け家にいること（ステイホーム）が繰り返し要請され、医療がひっ迫してくると、患者のケアも各家庭に委ねられることとなった。だが、はたして「家庭」（ホーム）は、人々の生存と健康を自己完結的に引き受けられる場たりえていたであろうか。

　かつて、「家庭衛生」という言葉が生きていた時代があった。明治20年代から、戦後に「家庭（の）医学」という言葉に置き換わるまでの、約半世紀間である。明治初年に翻訳語として登場した「家庭」に、出産・育児の他、家族成員の健康の維持・増進、病いの治療・看護、伝染病の予防・蔓延防止、看取り・埋葬など様々な衛生実践を紐づけ、「個人」衛生とも「公衆」衛生とも異なる独自の領域を現出させていた。「家庭」はひところ、人々の生存と健康を預かる場として、たしかに機能していたのである。

　本章では、その近代日本における「家庭」衛生の起こりと歴史を紐解き、往時「家庭」に期待されていた衛生上の機能とはどのようなものであったかを概観したい。「家庭」が衛生実践の場として機能するとはどういうことだったか、「家庭」衛生を管掌する責務はどこに見出されていたか等を確認することを通して、現代における「家庭」の衛生機能を相対視するための参照点としよう。

第10章　「家庭」衛生の位相

2　「家庭」衛生の時代

⑴　近代日本における衛生学の移入と実践

　まずは、衛生の諸実践の中に、「家庭」という特定の領域が見出されるまでの過程を押さえておこう。

　「衛生」という近代的な営みが日本で実践される萌芽は、幕末の長崎にある。1857（安政 4 ）年より「医学伝習所」で行われたオランダ海軍軍医ポンペによる講義である。ポンペは、学生に西洋近代医学の諸学科を一通り教授した後、西欧でも興隆して間もない「gezondheidsleer 健康学（Hygiëne 衛生学）」の講義に進んだ。人間が健康でいるためには、気候や飲食物・衣服・住居・運動などが重要であることを説いたのだった。しかし、病いを診て癒やすことこそ本分と考える日本の受講者らには、健康の実現方法を考える学科の意義が理解されない。そこで、ポンペは時おり学生を連れて長崎の市中を散策し、溝の悪臭や汚物の堆積を実地に指摘しながら、それら衛生の法則への侵犯が悪疫を蔓延させ人々の健康を脅かすことを説明したのだという。

　学問としての衛生学が日本に本格的に移入されるようになるのは、明治期以降である。1868（明治元）年に西洋近代医学が日本で正式に行われる医学に採用されると、その一学科としての衛生学（当初は「摂生法」「護健法」とも称された）もまた、医師養成課程の必修科目と定められた。

　1879（明治12）年には、東京大学医学部で、外国人教員チーゲルによる衛生学の講義も始まる（チーゲル 1879）。日本は明治初年より海外から流入する伝染病に翻弄され、とりわけ1877（明治10）年以降は列島各地で流行するコレラにより十数万人の死者を出していた。それもあって、講義には医学部の学生・教授の他、陸軍や内務省警視局等に配属されていた現場の医官らも多く詰めかけた（なお、チーゲルが説いたのは、個人の行う私的領域での衛生ではなく、国家の管掌する公的な衛生ないしは生命への危害の取締法〔狭義の「衛生学」や「衛生警察」・「断訟医学」〕であった）。

　こうした衛生学の勃興に並行して、衛生の実践に関する諸制度も、日本で次第に整備されていった。1873（明治 6 ）年に当局に専門の部局（文部省医務課、

185

第Ⅱ部　病いの特別イシュー　　2　家族とコロナ禍／パンデミック

後に移管され内務省衛生局）が設置され、元ポンペの門人で、米欧の医学教育制度を視察・研究して戻った長与専斎がその長に就任した。以降、伝染病対策や食品や医薬品の検査、医療者の資格審査等に関する制度が次々に始動した。

　1883（明治16）年には、半官半民の衛生啓発組織「大日本私立衛生会」の設立をみる。各種取締制度を敷設するばかりでなく、実際に健康を損ねて病み苦しむ個人にまで訴求し、その行動や考え方を衛生の法則に適う方向へと変えていく必要性が、当局や医師・医学者ら関係者（「衛生家」と総称された）に認識された結果であった。

　こうして明治10年代には、コレラやチフス、赤痢、ジフテリア、天然痘など急性伝染病の反復的流行ともあいまり、衛生学の学理ならびにその公／私にわたる実践方法が世俗に広く紹介されることとなった。「衛生」を書名に冠する翻訳書や一般向けの解説書も、この間に数十冊、続々と刊行された。

　ここまでの明治初期の衛生史の流れにおいて確認しておくべきは、衛生の実践領域がまずは当初、西欧の議論をそのまま引き継ぎ、公的（蘭 openbar, 独 öffentlich, 英 public）なものと私的（蘭 privaat, 独 privat, 英 private）なものの2つに大別されていたことである。

　前者は、「公衆」衛生や衛生公法と訳された領域で、国家や自治体を実践主体とする衛生である。土壌・大気・水など各人をとりまく環境や市場に流通する飲食物や薬物等の安全性の管理は、個々人の能力を超え出た範疇の課題である。また、人々の間で流行する伝染病の予防や鎮圧は、私権を調整するより高次の権能を必要とする。そうした政府を介在させ間接的に個々人の健康を実現するための衛生が、1つには説かれた。

　対して、後者は、書中で「私己」衛生や「個人」衛生・「自己」衛生・衛生私法と称された、個々の私人を実践の主体とする衛生である。平素の衣食住や出産・育児にまつわる注意から、伝染病流行時の清潔法や養生法・看護法まで、各人自らが健康を保つために行う技法が説明された。

　日本の衛生学ならびにその実践を考える場には、まずはこれら公／私の2つの領域（本章では以下それぞれ「公衆」衛生と「個人」衛生）が理念として想定されていたのだった。

186

⑵　衛生実践の領域としての「家庭」の発見

　では、そこへ、本章が考察対象とする「家庭」衛生は、いつ頃どのように登場したのか。

　言葉としての「家庭衛生」は、明治10年代にはすでに使われていた。たとえば、先に触れた大日本私立衛生会にも、「公衆衛生科」や「私己衛生科」「学校衛生科」「軍陣衛生科」「海上衛生科」「囚獄衛生科」「嬰児保育科」「疫病科」などと並んで、「家庭衛生科」の審事部会が設置されていた。また、1888（明治21）年には、日本で最初に「家庭衛生」という文言を書名に入れた山本与一郎『家庭衛生論』も刊行されている。

　しかし、「衛生」という言葉が実際に一般の人々にも浸透し、「女子」の周りでもそれを話題にするようになったのは、明治30年代半ば頃からのようである。衛生学者・石原喜久太郎は、1908（明治41）年刊行の自著『新編家庭衛生』の「緒論」で、新聞・雑誌に「家庭」衛生の関連記事があふれ女学校では衛生学が講義される「盛況」ぶりを前に、こう証言している。

> 　近年如此衛生てふ事は汎く世間に行き届きたれども今より八九年の前に遡りて見れば、仲々今日の如き盛況を夢みる事も出来ざりき。女子の為めに衛生思想鼓吹を専一とする私立大日本婦人衛生会の（機関雑誌として『婦人衛生雑誌』を有す）如きは特別として、其他の婦人読物に衛生に関する講話の類を掲ぐる事は極めて稀なりき（石原　1908：8）。

　「女子」に衛生の法則に適う考え方（当時の用語で「衛生思想」）を説きつける動きは、明治30年代以前にも皆無ではなかったが、例外的だったという。衛生の実践者としての女性に向けて編まれた関連書籍の刊行状況を勘案しても、「家庭」衛生は明治30年代に、衛生の１つの実践領域として認められるようになったとみて大過あるまい（**資料10-1**）。

　なお、引用中に言及されている『婦人衛生雑誌』が創刊されたのは、衛生学者・三島通良による母子衛生のロングセラー『ははのつとめ（初版）』全２巻の刊行と同じ1889（明治22）年である。私的な「個人」衛生の領域では、個々人に衛生の知識や振舞いを身につけさせることが所与の課題としてあった。だ

第Ⅱ部　病いの特別イシュー　　2　家族とコロナ禍／パンデミック

資料10-1　明治期に刊行された主な「家庭」衛生関連書籍とその内容

		妊娠	分娩	育児	病気	衣服	食物	住居	看護	その他
山本与一郎『家庭衛生論』	1888（明治21）年	○	○	○	○					
緒方太郎『家庭衛生法』	1890（明治23）年	○	○	○					○	
岡部清之助『家庭衛生新書』	1899（明治32）年	○	○	○	○		○	○	○	○
三宅秀『家事衛生』	1901（明治34）年			○						○
三宅秀・呉秀三『婦人宝典』	1904（明治37）年	○	○	○	○					○
森田忠諒『通俗家庭衛生学』	1905（明治38）年	○	○	○	○	○	○	○	○	○
天野誠齋編『家庭衛生談』	1905（明治38）年	○	○	○	○	○	○	○	○	○
下田歌子『女子の衛生』	1906（明治39）年					○				
緒方正清『夫人の家庭衛生』	1907（明治40）年					○				
石原喜久太郎『新編家庭衛生』	1908（明治41）年	○	○	○	○		○	○	○	○

（出所）　末尾に掲出した参考文献をもとに著者作成。

が、個人の中には、わが身の健康を自身で十全に実現できない者がいた。その代表は、乳幼児である。明治20年代初頭に現れたこれら書籍は、そうした「個人」衛生にほぼ無力な存在に対する責務を、女性の衛生実践の範疇に振り当て、出産・育児・看病等の項目として説いた。「家庭」衛生の語が普及する以前に女性（「婦人」をはじめ「母」「女子」等様々に名指された）に紐づけて説かれた衛生とは、つまりは、女性の一身に関する衛生ではなく、「個人」衛生の領域の空白地帯を埋めるべく、女性の衛生実践の範囲を拡張し、小児らの衛生までをも気遣わせるものだったのである。

　衛生実践の理念的領域としての「個人」衛生は、明治20年代まで、「婦人」等の拡張的な実践主体を用意することで字義を保たれていた。とするならば、そこに新たに生じた動き、すなわち、「婦人」等の主体にではなく「家庭」という場に着目して衛生実践を規定し問題化する動きは、どのような事由から起こったか。

　その初動を捉えるべく、「家庭衛生」の語を最初に書名に入れた1888（明治21）年刊行の『家庭衛生論』をあらためて繰ると、「緒言」に興味深い記述が見つかる。

第10章　「家庭」衛生の位相

　　一般公衆の衛生法は政府にて行へども自己衛生を行ふ重なる行政官とも云ふべきものは就中世の母なれば其の之を行たる母の力は与て大効ありと云ふべし。抑も一人衛生を守れば一家の衛生となり一家の衛生は施て一国の衛生となるべし。夫れ母たるものは主夫及び小児の衣食を始めとし家内万般のことに注意する役目なれば必ず衛生は心得ざるべからず（山本 1888：3）。

　ここで説かれているのは、一義的には、衛生の実践主体としての「母」の役目である。明治20年代初頭に刊行された他の書物と同じく、「母」には、わが身個人の衛生に配慮する以上の役割が期待されていた。

　おそらくその背景には、理念としての「個人」衛生が、実際のところ、衆人環視の公共的空間ではなく、家屋内の私的な空間で実践されている現実への気づきがあったのだろう。しかも、一家の中で「個人」衛生は、成員により個々ばらばらに行われるのではなく、成員間でその空白や重複を調整されながら遂行されていた。そこで衛生家は、「個人」衛生を個々の主体の実践に還元して考えるのではなく、「個人」衛生が集約的に行われる場に着目して、「家庭」衛生なる領域を創案したものと推測される。

　明治30年代以降、「家庭」衛生関連書籍の内容が、出産・育児にとどまらず、衣食住全般まで網羅するようになったのは、その間に、「家庭」衛生が衛生実践の1つの領域として実体性をもちはじめたことを裏書きしていよう。「家庭」内ですでに幼き家族成員の「個人」衛生を肩代わりしていた「母」は、結果的に、一段とその責務を拡張されることとなった。「主夫」その他の成員の「個人」衛生にまで注意を払い、かつ代行する「役目」が課されることになったわけである。

　「家庭」衛生の主宰者としての「母」は、衛生思想を理解し実践することを期待され、それゆえ、衛生家らの衛生思想普及活動の直接の対象に措定された。衛生家は言う。「一家健康は大にして一国の健康なり。全国民の健康なり。一家健康の基は主婦の衛生思想による。然則全国民の健康を謀るの道は、家庭に衛生思想を普及するにあり。主婦の責務は大なりと謂ふべし」（石原 1908：10）。

　「主婦の責務」として「家庭」衛生に割付けられた課題は、多岐にわたった。

189

第Ⅱ部　病いの特別イシュー　　2　家族とコロナ禍／パンデミック

医学や女子教育の専門家により総説的に執筆された書籍の内容を整理すると（前掲**資料10-1**参照）、そこには、①家族成員の出産、②家族成員の育成、③家族成員の健康の維持・増進、④家族成員の病いの治療・看護、⑤家族成員の病いの予防、の5つ重点課題がみてとれる。このように「家庭」衛生とは、一方では確実に、衛生の実践主体としての女性を啓発し、その日常における不断の衛生実践を通して達成される試みであった。

　しかしながら、他方で看過してはならないのは、衛生家らにとって「家庭」衛生が、単に「個人」衛生の総和的な実践領域とばかり考えられていたわけではなかった点である。「家庭」衛生は、前出の衛生家らの弁を借りれば、「個人」衛生と「公衆」衛生の間に存立し、一個人・一家・一国の健康の実現を担う揺るがせにできない衛生実践の要衝であった。「家庭」衛生は、機能的には「婦人」の行う衛生実践の延長線上に位置づくが、それは同時に、政府の掌握する「公衆」衛生とも対置・連接される独自の領域でもあったのである。「家庭」衛生という言葉が、明治20年代から30年代にかけて汎用されるようになったのは、それが「家庭」特有の衛生上の課題を指し示す用に適っていたからに他あるまい。

⑶　病理・病原・病巣としての「家庭」

　ならば、その「家庭」衛生を存立させこととなった特異な問題群とは何であったか。この点を考えるにあたり、着眼すべきは、明治30年代のとりわけ後半より、「家庭」衛生の総説の刊行に並行して、「家庭」に生じる各論的な問題を解説する書籍が、「家庭」衛生という括りで大量に出版されはじめたという事実である。

　たとえば、1904（明治37）年発刊の井上通泰監修『家庭衛生叢書』全12編（1906〔明治39〕年終刊）（**資料10-2**）や1907（明治40）年より順次刊行された『家庭衛生講話』シリーズ（**資料10-3**）がそれである。執筆者は、いずれも当代の衛生の「大家」であった。専門家が市井の人々に向けて講話する形式で編まれており、書中の漢字にはすべてルビが振られてあった。対象読者は一家の主婦に限定されてはおらず、むしろこれら膨大な言葉は「家庭」という衛生実践の場に向けられていた。

第10章 「家庭」衛生の位相

資料10-2 『家庭衛生叢書』全12編の目録（執筆者および題目）

第1編	1904（明治37）年	北里柴三郎「伝染病の話」、長与称吉「胃の摂生法」、金杉英五郎「血族結婚と聾唖との関係」、土肥慶蔵「淋病と家庭」、井上通泰「眼科衛生談」
第2編	1904（明治37）年	宮本叔「腸窒扶斯に就て」、木下正中「婦人の衛生一斑」、桐淵鏡次「婦人及小児の眼の衛生」、井上通泰「眼科衛生談（第二）」
第3編	1905（明治38）年	緒方正規「日本の室内空気に就て」、富士川游「転地療養の話」、三輪信太郎「小児の病気に就て　二三の注意」、弘田長「小児の衛生に就て」、朝倉文三「遺尿症に就て」、井上通泰「眼科衛生談（第三）」
第4編	1905（明治38）年	井上善次郎「腸胃の話」、岡田和一郎「耳の摂生」、緒方正規「乳児の衛生に就て」、呉秀三「狐憑病とヒステリーとの関係」、井上通泰「眼科衛生談（第四）」
第5編	1905（明治38）年	三輪徳寛「創傷の話」、呉秀三「神経の摂生に就て」、宮本叔「ヂフテリアの話」、岡村龍彦「皮膚の衛生」
第6編	1905（明治38）年	宮本叔「ペストの話」、大澤謙二「身心の養生」、三島通良「家庭に於て注意すべき二三の学校衛生」、木下正中「産時の創傷伝染」
第7編	1905（明治38）年	筒井八百珠「黴毒に関する家庭の注意」、遠山椿吉「家庭と黴菌と」、緒方正清「妊娠中の摂生」、井上善次郎「便秘の話」
第8編	1906（明治39）年	伊庭秀栄「婦人妊孕力の話（第一）」、木村徳衛「肝臓の話」、緒方正清「分娩時の摂生」、井上通泰「色盲の話」、瀬川昌耆「小児の身体上の監視並に感冒上の注意」
第9編	1906（明治39）年	井上善次郎「肺労の話」、伊庭秀栄「婦人妊孕力の話（第二）」、瀬川昌耆「小児の蟲及疳の話」、緒方正清「産後の摂生」
第10編	1906（明治39）年	林春雄「飲酒と血族の退化」、伊庭秀栄「不妊症の話」、大澤謙二「生殖の話」、遠山椿吉「消毒法の大意（一）」
第11編	1906（明治39）年	呉秀三「癲狂村の話（上）」、楠田謙藏「最適当なる日本婦人の結婚年齢」、遠山椿吉「消毒法の大意（下）」、林春雄「葡萄酒の話」
第12編	1906（明治39）年	賀古鶴所「聾唖の話」、呉秀三「癲狂村の話（下）」、林春雄「慢性銅中毒の話」、石原久「口内衛生に就て　二三の注意」

（出所）　井上監修 1904～1906 をもとに著者作成。

　執筆者とその論題を一覧するだけでも、そこに「公衆」衛生の領域の問題群が横滑りして持ち込まれていることは、容易に理解される。淋病・眼病・腸チフス・狐憑病・ヒステリー・ジフテリア・ペスト・黴毒・肺労・小児の蟲や疳・不妊症などの身心の病い、聾唖・創傷・便秘・色盲・癲狂等の異常、飲酒、結婚、婦人の妊孕力、摂生法・消毒法──。「家庭」は、一面で、「個人」の健康を維持・増進させる場であり、病いが生じぬよう管理され、万一家内で病い

191

第Ⅱ部　病いの特別イシュー　　　2　家族とコロナ禍／パンデミック

資料10-3　『家庭衛生講話』シリーズの目録（執筆者および題目）

第1編	1907（明治40）年	三輪徳寛『一般救急法』
第2編	1907（明治40）年	森林太郎『衛生学大意』
第3編	1907（明治40）年	林春雄『薬物の大要』
第4編	1907（明治40）年	緒方正清『妊産婦の心得』
第5編	1908（明治41）年	筒井八百珠『花柳病講話』
第6編	1908（明治41）年	賀古鶴所『耳の衛生』
第7編	1908（明治41）年	井上善次郎『伝染病大意』
第8編	1908（明治41）年	佐藤勤也『婦人病講話』
第9編	1908（明治41）年	桂秀馬『外科講話』

（出所）（文献調査にもとづき）著者作成。

　が発生したときには救護しあう場であった。だが、それは他方で、一家に住ま
う成員間で病いを発生・伝染・蔓延・遺伝させ、ときに病いを隠蔽する場ともな
る一面をもっていた。この病理・病原・病巣としての「家庭」の側面が、私的な
「個人」衛生の拡張された領域である「家庭」衛生へと、「公衆」衛生の課題を導
き入れることにもつながっていた。

　明治30年代半ば以降、「個人」衛生・「家庭」衛生の領域へと、「公衆」衛生上
の課題が張り出してきたのは、従来の公衆衛生政策が行きづまりをみせていたこ
との裏面でもある。衛生家らは明治30年代に、衛生統計上の切実な事実を突きつ
けられる。紙幅の関係から詳細は別稿に記すが、1898（明治31）年より内閣統計
局が人口動態統計や死因統計を本格的にとりはじめた結果、日本では、急性伝染
病の蔓延の陰で、慢性伝染病（らい・梅毒・結核）や脚気が多くの死者を出して
いること、ならびに欧米諸国に比して乳幼児死亡率が非常に高いことなどが判明
したのだった。

　明治初年より、急性伝染病の対策に軸足をおき、その発生動向しか統計的に捕
捉できていなかった日本の「公衆」衛生は、半ば虚をつかれる恰好となった。と
はいえ、同時代の日本の状況においては、「公衆」衛生関連の施策に投下されうる
予算は限定的で、なおかつ国民の生活実態の調査も満足になされていなかった。
そこで衛生家らは、慢性伝染病その他蔓延の実態が把握されずにきた病理や疾病
の原因の解析を進め、治療方法を探る傍ら、国民の衛生思想を悪疾

第10章 「家庭」衛生の位相

蔓延の予防的措置として援用すべく、「個人」衛生と「家庭」衛生に目を向けた。本来は「公衆」衛生の領域で受けもつべき課題を、当面、「個人」や「家庭」の責務の問題に割付けることにしたのである。

　「個人」に向けては、「自衛心」と「公徳心」とを発揚する言葉が投じられた。衛生思想を身につけ自身の身心の健全性を護ることは、病いを他者に伝播させないよう振舞うことと同様に、「公衆」の健康の実現につながる。明治30年代前半以降、衛生実践における「自衛心」と「公徳心」（とりわけ後者）の育成は、学校教育の「修身」課目の中でも、1つの重点課題に掲げられることとなった。「結核」・「花柳病」という「社会病」の蔓延や予防接種の不徹底により繰り返される天然痘の流行などを受け、「公衆」衛生は、「個人」の衛生実践のあり方を規定するモラルにまで踏み込むようになったのである。

　これに並行して、「家庭」にも、「公徳」に反しないあり方が求められた。「家庭」は、ときに伝染病を温存し増幅させる場ともなったため、都市部の貧民地区などでは警察の戸口調査の対象となった。だが、「家庭」は衛生家らに、そうして同時代に水平的に広がる悪疾の潜在的な病原・病巣と目されるにとどまらず、前時代の不衛生な習俗を踏襲し、悪疾を次の世代にまで垂直的に持ち越しかねない、それ自体が潜在的な病理の場としても問題とされた。「家庭」衛生の領域で、育児・家事・看護から結婚・妊娠の適当な年齢や結婚相手の選定など私的で個別具体的な事柄まで論題とされたのは、「公衆」の健康の質が「家庭」における衛生実践のあり方に大きく依存しているという認識からであった。

　ちなみに、日本において「公衆」衛生は、その後一層「個人」衛生や「家庭」衛生と複合化し展開されていく。衛生実践の領域ごとにではなく、「乳幼児死亡」や「結核」「花柳病」「癩」「精神病」など、個別の懸案事項に焦点を当てた領域横断的な衛生実践が検討されるようになるのである。1916（大正5）年には、乳幼児死亡率の高止まりの問題を受けて、内務省内に「保健衛生調査会」が設置され、「個人」や「家庭」の衛生実践の実態をより「公衆」衛生政策に反映させるための部会が種々立てられた。そして、1921（大正10）年からは、同調査会の予算に、国民に対する衛生思想の宣伝のための経費も計上されはじめる。小冊子（**資料10-4**）やポスター等の印刷物の配布を筆頭に、活動写真の制作・貸出、各種講習会や衛生展覧会の開催などの事業が順次展開されていった（内

第Ⅱ部　病いの特別イシュー　　2　家族とコロナ禍／パンデミック

資料10-4　内務省衛生局編『家庭衛生の心得』小冊子33冊

1919（大正8）年	永井潜・佐伯矩『栄養と食糧経済』
1921（大正10）年	瀬川昌世『冬と子供』、瀬川昌世『夏と子供』、磐瀬雄一『お産の前後』
1922（大正11）年	北島多一『国民と結核』、唐澤光徳『医師の来るまで（子供の手当）』、石原忍『近視の予防』、北島多一『マラリヤの予防』
1923（大正12）年	宮島幹之助『寄生蟲』、島峰徹『歯と健康』
1925（大正14）年	横手千代之助『住居と衣服』、石原忍『トラホーム』
1926（大正15）年	高野六郎『チフスの話』、磐瀬雄一『妊産婦の心得』、瀬川昌世『乳児の育て方』、土肥慶蔵『民族の健康』
1927（昭和2）年	高野六郎『清潔第一』、川村清一『毒な茸と食べられる茸』、三宅鑛一『異常児童の話』
1928（昭和3）年	正木不如丘『日光浴』、藤波剛一『温泉療法』、下田光造『早老の予防』
1929（昭和4）年	永井潜『生命と自然界』
1930（昭和5）年	宮川米次『寄生蟲の駆除』
1931（昭和6）年	佐伯矩『栄養と嗜好』
1932（昭和7）年	長与又郎『癌の話』、大森憲太『食物と健康』、杉田直樹『休養と睡眠』、宮川米次『胃腸病の話』、森田正馬『神経衰弱の話』
1933（昭和8）年	藤原九十郎『暖房の話』
1934（昭和9）年	刈米達夫『薬の常識』、唐澤光徳『小児急性伝染病』

（出所）（文献調査にもとづき）著者作成。

務省衛生局編　1926）。従来もっぱら大日本私立衛生会をはじめとする衛生家らの団体に担われていた衛生思想の啓発普及活動（つまりは「公衆」衛生への「個人」衛生と「家庭」衛生の接合）は、かくて国家によっても推し進められるようになるのだった。

3　「家庭」と病い——「花柳病」の事例

(1)　「家庭（うち）」を蝕む病い

　以上、本章は、衛生家らが明治30年代より、「公衆」衛生の領域に現れた新たなる問題群に対処すべく、「家庭」衛生の領域に大量の言葉を投入し、人々の振舞いを悪疾予防に資するよう変容させようとしていたことを確認した。では、「家庭」衛生の領域において、個々の悪疾は実際のところ、衛生家らにい

第10章　「家庭」衛生の位相

かなる問題として提示され、また解決のための実践を要請されていたか。ここでは、明治30年代に浮上した問題群の中でも、とりわけ「家庭」内外における水平的伝染が問題視され、さらには子どもへの垂直的な伝染もが懸念された「花柳病」を事例に考察することとしよう。

　まずは、「花柳病」という呼称についてである。これは、主に「黴毒」「軟性下疳」「淋疾」を指す総称であった。これら３疾病は、歴史的には混同されたり同一の疾病の別症状とみなされたりしたが、1897（明治30）年頃には日本でもすでに、それぞれ別個の原因菌による独立した疾病とみなされるようになっていた。にも関わらず、「花柳病」という総称は、むしろ明治30年代以降、医師や衛生家の著作物のみならず一般の文物においても広く用いられることとなった。

　近代日本の皮膚病学の権威・土肥慶蔵の弟子で「花柳病学」を研究した筒井八百珠は、その著『花柳病学』の編首で、いまだ主要３疾病の総称が「花柳病」と定まりきっていなかった1897（明治30）年の刊行当時の状況を書き記している。「花柳病、一ニ愛憐病或ハ愛慕病ノ名アリ」（筒井 1897：１）。ではなぜ、この「愛憐病」とも「愛慕病」とも称された一連の病いは、「花柳病」として定着するのか。つづけて言う。「蓋シ其病タル、花柳ニ沈匿スル者、不潔ノ交接ヲナスニ由テ発スルコト最モ其多キニ居レバナリ」（筒井 1897：１）。

　ここで重要なのは、「花柳病」が、単に性的交接により伝染する病い（今日にいうところの「性病」「性感染症」）を指していたわけではないという点である。３疾病のうち、最も患者数の多かった「淋疾」で代表させるのでも、最も症状が重篤だった「黴毒」に焦点を絞るのでもなく、総称としての「花柳病」が問題となっていた。つまり、疾病の温床としての「花柳」界のあり方こそが問題の元凶とされていたのである。

　したがって、「花柳病」への対策を講究する衛生家らが、花柳界の関係者らの振舞いを第一に問題化したのは、理の当然であった。1905（明治38）年、「花柳病」対策が「肺病」のそれに比べて進んでおらず、世の人々もさほど警戒していない状況を憂えた有志らは、『花柳病予防療法』を刊行し、「緒言」で「花柳病」問題の根深さをこう指摘した。

195

第Ⅱ部　病いの特別イシュー　　2　家族とコロナ禍／パンデミック

　　夫れ娼婦は、能く病毒を感受し、陰蔵せしめ、嫖客あれば、忽ち之れを
賦殖し、客は亦た其病毒を持ち帰りて、直ちに夫れをして、家庭の妻子に
伝播せしむ。斯の如く、転変万移、遂に社会公衆を侵害して、立派なる独立
の疾病を作り、之れに依り、妊婦に舎どれば、早産、流産、死産を来たし、
眼に移れば、失明盲目となし、睾丸、生殖器に発すれば、其繁殖作用を
妨害し、肺臓、心臓を犯かせば、不治の疾患、或は死亡の転帰を取らしむ。
…（中略）…嗚呼是れ、其罪何人に帰すべきや、世の父母たる者は、必ずや
其恐るべき疾病をして、未発に防ぐこそ、策の上策たる者にして、亦た人間
の義務たるべし（花柳病研究会編 1905：2-4）。

　引用中の中略部分には、「娼婦」との「不潔の交接」に起因する症状が延々
と記述されている。「花柳界」に発する病毒は、「客」たる男性の身心を蝕むば
かりでなく、「家庭」にまで持ち越されて妻子を侵し、ついには「社会公衆」
にまで惨害を及ぼすのだった。

　では、その「花柳病」をどう予防するか。右の引用では、「家庭」の父母に
対して、自覚を促し、かつそれを「人間の義務」と説くことに重点を置く。だ
が、衛生家によっては、「客」側ではなく「娼婦」や貸座敷の側に、「自衛」と
「公徳」とをもつよう説諭する者もあった。東京吉原病院医長であった森麻吉も、
その１人である。

　森は、「洽く全国の娼妓に、花柳病予防法の方針を教へ示し、これによりて
各　娼妓が、自然と自衛心丼に公徳心を惹き起すやうに、致したい」
（森 1904：1）との思いから、1904（明治37）年に『花柳病予防の話』を刊行した。
本文は、「（一）何故衛生法が大切でありますか」「（二）最も恐しき病気は何
病ですか」「（三）如何なる病気を花柳病と申しますか」以下全15節にわたり、
読み書きが不自由な者にも「花柳病」の予防の重要性が伝わるよう、口語の問
答形式で執筆したのだった。

　同書には、「花柳病」対策を唱える衛生家らの中でも主導的役割を果たして
いた人物が３名、序文を寄せた。「日本花柳病予防会」（当時は設立準備中）を牽
引した東京帝国大学医科大学教授の土肥慶蔵と警視庁衛生部長・警察医長の栗
本庸勝、ならびに日本医学校長兼衆議院議員で平素より「梅毒亡国論」を唱え

ていた山根正次である。

『花柳病予防の話』巻頭で、土肥は「花柳病」の問題の所在を、端的にこう指摘している。

　　花柳病とは黴毒、下疳、痲病の三者を謂ふ。蓋し、其源を花柳狭斜の巷より発するに因て名くるなり。而も其蔓延するや、一家より一郷一国に及び、遂に天下を横行し、滔々として窮極する所をしらず。其惨毒の大なること実に国家の盛衰、民人の消長に関するものあり。是れ識者の夙に憂へて已まざる所以なり（森 1904：土肥序１）。

「花柳病」は、一身に影響を及ぼすにとどまらず、「一家」「一国」「天下」にまで蔓延する。それはすなわち、支持構造がなし崩しにされる「国家の盛衰」に関わる問題であり、同時に、人口の量・質がともに脅かされる「民人の消長」の問題でもあった。続く序文で、山根正次が「抑　梅毒予防の要二あり。即一は国家的予防にして一は個人的予防是なり。個人的予防に在ては、当該営業者たる楼主の公徳的営利心の啓発と娼婦の自衛心の涵養に在り。」（森 1904：山根序１）と断じたのも、「花柳病」が当時、法制度による花柳界の営業取締りだけでは抑えきれないほど蔓延しているとの認識からであった（1900〔明治33〕年発布の「娼妓取締規則」は、「娼妓」を警察官署の所轄下に置き、第９・10条で「健康診断」を義務づけていた）。花柳界関係者らに「自衛心」と「公徳心」とを涵養することは、国家の急務だったのである。

　とはいえ、こうした貸座敷の主人や「娼婦」に向けられた説諭的な言葉が、結果的に、どれほどの実効性を有したかは疑わしい。むしろここでは、警視庁衛生部長であった栗本庸勝が、「公徳心」はおろか「自衛心」すら育むのが困難な「細民」らの窮状を熟知しつつ、それでも「娼婦」らの振舞いに「花柳病」予防の成否を委ねざるをえなかった当時の状況をこそ読みとるべきであろう。「之〔「花柳病」を指す〕を予防するに、行政の衛生法は、あまたあれども、また社会の自衛心と、公徳心とを喚び起して、実践躬行せしむるにあらざれば普及すること難かるべし…（中略）…。殊に柳暗く、花明なるの巷に、情を鬻ぎ笑を売る輩にいたりては、此書を繙き自衛心ある健康者となり、美しき其躬を

第Ⅱ部　病いの特別イシュー　　2　家族とコロナ禍／パンデミック

護るべし、公徳心ある国民として恐るべき花柳病を予防し伝染の跡を絶つべし」（[　] 内引用者注、以下同様）（森 1904：栗本序 1）。

「花柳病」をめぐっては、その後、花柳界関係者らの「自衛心」や「公徳心」を啓発する「個人的予防」とは別に、国庫から予算を捻出して「国家的予防」も強化されることとなった。1927（昭和 2）年制定の「花柳病予防法」に基づき敷設された法制度である。「伝染の虞れある花柳病に罹れることを知りて淫売を為したる者」やその斡旋をした者には懲役や罰金を科し（同法第 5 条）、かつ花柳病患者を診察した医師にその啓蒙の任を課す（同法第 6 条）こととなった。だが、この新制度も、罹患を知らなかったということを後になって言い出す者を生み出す余地を当初から残していた。終局的に、「花柳病」の患者が激減するのは、有効な治療法が普及する戦後になってからであった。

(2)　病いを駆逐する「家庭」

では、花柳界に「花柳病」が蔓延し続ける状況を横目に、「家庭」衛生の領域では、何が語られていたか。再び、明治20年代以降に刊行された「家庭」衛生の関連書籍の内容をみてみよう。

「家庭」衛生関連書籍は、多くの場合、家庭内の成員の発しうる心身の異常とその看護に紙数を割いていた。異常の種類は、発育遅滞や骨折、火傷、創傷、脱臼、失神などから食傷、頭痛、便秘、種々の伝染病まで、多岐にわたる。その中で興味深いのは、「家庭」内でひとまず予防的措置や手当てを行い、手に負えない場合は医者に往診を依頼すべきとされた異常と、「家庭」への侵入を未然に防ぎ、侵入してしまった場合には発症者を「家庭」から外に放逐すべきとされた異常の、大別して 2 種があったことである（後者の患者の収容先として言及されたのは、家屋内の隔離室か各種病院等の専用施設であった）。

「花柳病」は、このうち後者に該当するものとされた。その主たる「家庭」への侵入経路は、「不潔の交接」の他、「乳母」や「結婚」であった。「乳母」の体質が乳汁を通して乳児の心身に多大なる影響を与えるという考えは、近世期より根強くあり、それだけに「乳母」選びは、重要な育児の課題であった。初期の「家庭」衛生関連書籍にも、「乳母は遺伝病あるものは悪るし。例之ば乳母の肺病或は梅毒、貧血萎黄病等あれば哺乳する小児に伝染或は遺伝して

第10章　「家庭」衛生の位相

大なる害あるべし」（山本 1888：46）といった記述が見出せる。

「結婚」については、たとえば1907（明治40）年刊行の緒方正清『夫人の家庭衛生』で、正面から問題にされている。第21章「結婚と花柳病」と第37章「花柳病と家庭」である。「家庭」衛生において「結婚」は、医学的な弊害を生む「血族結婚」や「早婚」が多く問題とされたが、悪疾が「遺伝」するという観点から結婚相手の選定もまた、1つの論題となっていた。緒方は言う。

> 　花柳病の結婚に及ぼすべき影響は甚しき者であるにも拘はらず、我日本人は兎角之を軽視する傾がある。一体花柳病は一種の伝染病たる上に於て彼の結核の如く他に伝染蔓延して体質を悪変せしむる厭ふべき疾病である（後略）（緒方 1907：80-84）。

ここでいう「伝染」とは、花柳界における「不潔の交接」により引き起こされる一次的な「伝染」ではなく、「家庭」内の夫婦間や母子間における二次的な「伝染」である。いったん病原体が花柳界から「家庭」に持ち込まれると、それは妻や子、さらには子孫の身心の健全性までも侵していく。「若し一家の内に黴毒の者があるとしたならば、其家庭は遂に全く其黴毒の為に破壊されるもので、遂には世人にも疎まれ其家の系統は全く断絶される事になる」（緒方 1907：171）。成員の「花柳病」への罹患は、「家庭」衛生にとって、死活問題なのであった。

ならば、「花柳病」の「家庭」内への侵入は、どのように未然に防ぎうるのか。「家庭」衛生の領域において衛生家が期待したのは、花柳界に出入りする男性の「自衛心」や「公徳心」ではなく、「家庭」衛生を中心的に取りしきる「主婦」の使命感であった。

> 　此伝染病（「花柳病」を指す）の恐るべき事及び子孫に対する徳義問題は其婦たる者が深く注意し、苟くも其夫が花柳社会等に出入する場合には此点の理由を以て切諫すべき者である（緒方 1907：173-174）。

「個人」衛生と「公衆」衛生の乗り入れる「家庭」衛生という特異な領域に

199

おいて、「家庭」内の夫唱婦随の規範は無効化され、「婦」には「夫」を「切諫」する権限があるものとみなされた。たとえ「夫」であっても「婦」に悪疾を伝染させ「子孫」を苦しめることは許されない。「家庭」に病いを侵入させないこともまた、「主婦」には責務として課されていたのだった。

4 「家庭」衛生の現在

「家庭」衛生は、戦後、疾病の構造や医療・家族のあり方の変容を受け、次第に機能を縮小させていった。上下水道をはじめとする公衆衛生インフラの整備や農作物生産過程の下肥（人糞尿）利用の衰退により、消化器系統の伝染病の発生は激減した。有効な医薬品の登場や対象疾病を拡大させた予防接種の実施、人々の栄養状態の改善も、かつて日本で生じていた病いのレパートリーの大幅な縮減に寄与した。社会の中で医療が高度に専門化されるにつれ、「家庭」の衛生機能は次第に外部化され、「家庭」はもはや病む場所・死ぬ場所ではなくなった（**資料10-5**）。「家庭」に当然保有されおくべきとされた衛生思想や物品は貧弱になり、他の成員の衛生まで代補する人員がいる状態は必ずしも自明

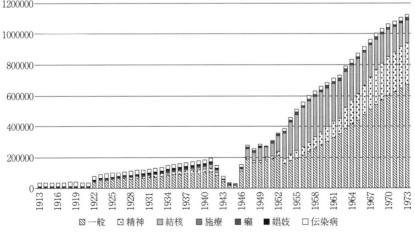

資料10-5 病院病床数の推移（種類別・積み上げ）　1913（大正2）年-1973（昭和48）年

（出所）　厚生省医務局 1976：568-569をもとに筆者作成。

ではなくなった。

　しかし、それでも問題はなかったのだ。「家庭」衛生という領域の自然消滅は、ある意味、「個人」衛生と「公衆」衛生が現代的な最適状態へと移行した帰結とみることもできた。未知の感染症の大規模流行という事態を受け、対処できなくなった「公衆」衛生が、急遽「家庭」に、種々の衛生実践を割り振ってくるまでは。

　コロナ禍を機に、「個人」衛生も「公衆」衛生も、生活習慣病の予防にばかり腐心してはいられないことが明白になった。その中で、家族や「家庭」は今後、どのような動きをみせるのか。注視していきたい。

引用・参考文献

天野誠齋編、1905、『〔十大医学博士〕家庭衛生談』新橋堂。

石原喜久太郎、1908、『新編家庭衛生』博文館。

井上通泰監修、1904〜1906、『家庭衛生叢書』全12編、博文館。

緒方太郎、1890、『家庭衛生法』梅原亀七・松村久兵衛。

緒方正清、1907、『夫人の家庭衛生』丸善。

岡部清之助、1899、『家庭衛生新書』岡部清之助。

花柳病研究会編、1905、『〔社会衛生〕花柳病預防療法』誠之堂。

川瀬元九郎、1908、『〔児童教育〕家庭衛生』新婦人社。

香西豊子、2023a、「モラル実践としての公衆衛生──三宅秀『修身衛生講話』にみる転換期の近代『衛生』のかたち」『医学史研究』103・104合併号。

────、2023b、「『公衆』衛生の来歴」『啓迪』(37)。

厚生省医務局編、1976、『医制百年史（資料編）』ぎょうせい。

下田歌子、1906、『女子の衛生』富山房。

────、1915、『家庭』実業之日本社。

新村出、1940、「家庭といふ語」『日本の言葉』創元社。

チーゲル、E.／三潴謙三訳校／谷口謙訳、1879、『国政医論』三巻、島村利助・丸屋善七。

筒井八百珠、1897、『花柳病学』南江堂。

内務省衛生局編、1919〜1934、『家庭衛生の心得』全33冊、大日本私立衛生会ほか。

────、1926、『国際連盟衛生技術官交換視察会議参考資料』内務省衛生局。

三宅秀、1901、『家事衛生』大日本女学会。

────・呉秀三、1904、『婦人宝典』第2巻、大日本女学会。

森麻吉、1904、『花柳病預防の話』通俗衛生院。

森田忠諒、1905、『通俗家庭衛生学』朝陽堂。

山本与一郎、1888、『家庭衛生論』以仁堂。

van Meerdervoot, J.L.C. Pompe, 1867, *Vijf Jaren in Japan 1857-1863*, FIRMA VAN DEN HEUVELL & VAN SANTEN.

第11章

コロナ・パンデミックによる政治と社会の重症化

藤原　辰史

1　危機はもう存在していた

　大きな事件が起きると、それがあたかもすべてを変えたかのように感じることがある。時代の変化の冷静な分析が仕事であるべき歴史学も、「あの惨事が世界を変えた」というようなバイアスからそれほど自由でいたことはない。

　たとえば、20世紀最悪と呼んでも何ら誇張ではないナチス・ドイツがもたらした災厄はどうだろうか。「劣等人種」とされたユダヤ人、スラヴ人、ロマを収容所でガス殺したり、「生きるに値しない」とされた障害者を「安楽死」させたり、「優等人種」であるアーリア人の「生活空間 Lebensraum」（生存圏とも訳される）を要求して、日本やイタリアと同盟を結び、全世界を戦争に巻き込んだりしたあの災厄の前と後では、たしかに世界は劇的に変わったように思える。

　だが、あれだけ悲惨な戦争を経験した後も、戦争も大量虐殺も、そしてそれらの思想的背景となった優生学や人種主義、障害者差別もこの惑星から消えてはいない。よく指摘されるように、ナチス・ドイツが発明したものは絶滅収容所だけであって、それ以外はほとんどすべて「既存」のものだった。優生学や人種主義は、もちろん、ナチスが登場するより前の（具体的には19世紀中頃からの）ヨーロッパにも、そして日本にも存在した。プロパガンダによる民心の煽動、たとえば、敵国への憎悪の醸成も、第一次世界大戦ですでにかなりの進歩を遂げていた。しかも、ナチスによる大量虐殺の後も、その被害者のユダヤ人を受け入れて生まれたはずのイスラエル国家は、規模こそ異なるとはいえ、パレスチナの住民を虐殺し、占領して、国際法違反と指摘されても、占領地を拡大していった。

第11章　コロナ・パンデミックによる政治と社会の重症化

　ギリシア現代史の専門家であるマーク・マゾワーは、『暗黒の大陸──ヨーロッパの20世紀』で、ナチスの為したことの多くはヨーロッパの伝統の正統に位置すると述べている。このように、ナチス以前のヨーロッパで噴出していた多くの個々の問題が、あの時代に「重症化」したとみることもできるだろう。時代とはどんな出来事を挟もうとも陸続きなのだ。そのようなことは、新大陸の発見、フランス革命、1848年革命、第一次世界大戦、ヴェトナム戦争、チェルノブイリや福島の原発事故でも多かれ少なかれ当てはまることは想像に難くない。

　では、2020年から始まった新型コロナウイルスの世界的感染爆発という大事件はどうだろうか。もちろん、現在も感染症や場合によってはワクチンの後遺症に苦しむ人も多いので、歴史化された事件とはまだいえない。軽率な歴史化は差し控えるべきだろう。ただ、この事件は、ほとんど地球全域にわたる経済活動にブレーキをかけ、多くの人間の外出を制限したという1点だけでも、空前絶後のインパクトをもたらしたことは事実である。経済史家のアダム・トゥーズは、コロナ禍の一連の経済の変動のことをロックダウンではなく、シャットダウンというべきだと主張していることも首肯できる（トゥーズ 2022）。世界各地で政府がこれほどまでに国民に直接支払いをし、まるでベイシックインカムのような援助をしたことはなかっただろう。また、コロナ禍の前にはあまり存在しなかった在宅仕事や在宅学習が広がり、外交も遠隔通信網によってなされた。「会う」ことの意義は、この間でかなり変化したことはいえるだろう。

　けれども、コロナ禍は、これから述べていくように、感染症という医学的悲劇というよりは、それまでの社会や政治の弱点がその災いをさらにひどくする、というたぐいの「社会禍」もしくは「政治禍」（藤原 2022b）というべきものでもあった。これまで、といってもそれは、近代社会の成立以降であったり、新自由主義の蔓延以降であったり、リーマン・ショックであったり、起点は様々であるのだが、社会の注目を浴びない場所で構造的に苦しみを受けて続けてきた人間の多くにとって、コロナ禍とそれに対する政府の対応はその苦しみを増幅させた。それはとりわけ、コロナ禍で「ステイホーム」ができない人々の苦しみであったといえる。

　当時「エッセンシャルワーカー」という言葉が用いられた。これなしには誰

203

もが生きていけない仕事、たとえば、看護、保育、介護、清掃、ごみ収集、食品関連業務、農業、漁業などに従事する人々や、学校に通わず家にいる子どもをケアしつつ働くという無理難題を押しつけられた親（特にひとり親の女性）などは、感染そのものが生存の成否に関わるものであった。しかも、これらの働き手は、コロナ禍以前からずっとあまりにも低すぎる賃金と極度の疲労にさらされていた。

　また、医師であり医療人類学者の美馬達哉は、突然学校の一斉休校を打ち出したり、クラスターの発生源を執拗に詳細に明らかにしたり、感染した外国人や学生、看護師などを汚れた人間のように差別したり、民衆に過剰ともいえる恐怖を植え付けたり、病原体を「中国ウイルス」と名付けてみたり、国境という国際政治的境界を移動制限の主戦場にしたりするような「感染症」という現象は、医学や生物学の対象ではなく、政治学の対象である、と喝破している（美馬 2020）。医学や公衆衛生の専門家がいくら解決を探っても、コロナ禍がもたらす害悪の多くがスルスルと抜けていくことを、まずは念頭に置きたい。

　「政治禍」は、これからみていくように、2020年の春よりもずっと前から始まっていたのである。

2　社会の危機の重症化

⑴　すでに始まっていた「黙食」

　「感染症」という現象は、政治学の現象にすぎない、という美馬の痛烈な指摘から私（筆者）が連想するのは、コロナ禍で広がったといわれる学校給食の「黙食」である。学校給食の間、「会話」を禁止し、前を向いて黙々と食べる、という指導だ。これによって、子どもたちはもちろん、担任や栄養教諭も子どもと話すことができない。静寂の中で、ただ、箸と食器がぶつかる音が聞こえたり、黒板側で流される動画の音が聞こえたりする。

　2022年10月24日に、私は、大阪の栄養教諭が集まる「栄養教職員課題別研修」で給食の歴史について講演したとき、事前に参加者に質問票を配ってもらった。現在の悩みは何かを問うた。驚くべきことに、最も多かった悩みは給与や職場環境も問題ではなく「黙食」だった。ある栄養教諭は、黙食の弊害についてこ

第11章　コロナ・パンデミックによる政治と社会の重症化

う語っていた——給食を食べるとき、子どもたちが机をつけて顔を見ながら食べることには大きな利点がある。それは、会話によって給食の時間が楽しくなるだけではなく、あるいは、子どもの給食への感想をたくさん聞けるだけでもない。前の子どもが美味しそうに何かを食べている様子を見ながら箸を動かしていると、「間違って」自分の嫌いなものを口に入れることがある、と。このような雰囲気を作ることが給食の重要な効果だというのだ。

　黙食は、給食の歴史の中では異常な事態に他ならない。連合国軍総司令部（GHQ）は、敗戦後の日本にコッペパンと脱脂粉乳を中心とする給食を導入し、子どもたちの飢えを救おうとした（藤原 2018）。その流れの中で、給食運営の責任をもつ文部省の官僚や大学の教員たちは給食の意義を論じた『学校給食読本』（1950年）を刊行した。そこで文部省の官僚は重要なことを述べていた。給食は単なる栄養補給ではない、と。顔を合わせて給食を食べることで学校の先生と生徒が豊かな関係を結ぶことができる。花を飾ったり、音楽を流したり、放送劇を流したりして給食時間を楽しむことで、子どもたちの緊張を解除するという側面について熱く語っているのだ。ところが、コロナ禍に導入された給食は、刑務所や少年院と同様に黙食であった。「話すな」「感情を出すな」と命令する人間の管理のあり方は、受刑者たちの会話によって出所後の新しい犯罪ネットワークが生まれないための方策でもある。「犯罪者モデル」の感染症と教育の管理が子どもたちの自由を侵害する。

　ただ、注意しなければならないのは上記だけではない。実は、黙食指導は、コロナ以前から徐々に広まっていた。2019年3月1日付の『AERA.dot』は、「私語禁止の『黙食』で給食が苦痛に……教員も悩む『食育はそれでいいの？』」という石田かおる記者の記事を掲載している。「おいしい」と子どもが思わず口に出すと教員に注意される、というとんでもないことがすでに学校に広まりつつあったのだ。雑誌『AERA』でこの問題が取り上げられたのは2018年で、少なくともこの時期には社会的な問題として認識されていたことになる。コロナ禍より前に黙食指導をしていたという小学生教員は次のように悩みを打ち明けている。「あと5分でも食べる時間が余分にあったら……と思いますが、カリキュラムがぎゅうぎゅうで調整の余地がありません」。ましてや、コロナ禍で黙食指導をしなければならない現場の教員たちの苦労は推して知るべしだろ

う。感染を恐れる親や、上位下達以外のヴィジョンをもちにくい教育委員会からのプレッシャーもあったに違いない。

だが、食事時間から会話と感情を奪う、という行為は、端的に人権侵害といっても何ら誇張ではない。コロナ禍で広まった黙食指導は、本章を執筆している2023年の秋も続いているところがある。そして、黙食だけではなく、給食の時間（休息と遊びの時間）がカリキュラムの詰め込みで、まるでテイラー主義の導入で労働者の休憩時間が管理されるように、どんどんと削られていること自体を、私たちは問題にしなくてはならなかったはずである。

(2) すでに始まっていた医療の減退

コロナ禍以前からの問題は、災厄の最前線である病院でも残酷なほど具現化していった。新型コロナウイルスの感染が世界でも早い段階で広まったイタリアの事例は、まさにそのことを示している。イタリア初の感染症患者に対応した医師、サン・マッテオ病院の感染症科部長のラッファエーレ・ブルーノはコロナ禍での奮闘について自著でこう述べている。

　　数週間、というよりも数ヶ月前から、私たちは立ち止まる暇もない。疲労に打ちのめされている。最後の休日、あるいは最後に家族と過ごした日がいつだったかさえ覚えていない。この悪夢が始まったころはまだ、病院では同僚への悩み相談、新規感染者の急増にまつわる議論、疲労やきついシフトについての不平不満、危機感をもたず、パンデミックなんてマスコミのつくり話だと言わんばかりに暮らす一部のイタリア人を批判する声……そんなものを耳にすることも多かった。…（中略）…いまや誰もが疲れている。全員が同じ目つきをして、目の下に同じくまをつくり、頬には同じマスクの跡。暗黙の協定を結んでいるみたいだ。わずかに残った気力を患者に捧げ、自分の人生について考える（ブルーノ＆ヴィターレ 2021：130-131）。

「私たち」にはもちろん看護師も含まれている。医療従事者のこのような極度の疲労は世界共通の現象だったのだが、もしもイタリアで医療のスリム化が進んでいなければどうだっただろうか。100万人あたりの集中治療室のベッド

第11章　コロナ・パンデミックによる政治と社会の重症化

数は8.58床だったが、8年前は12.5床だった（ブルーノ＆ヴィターレ 2021：161）。文化人類学者の松嶋健も、経済最先端のロンバルディア地方の経済効率優先の医療改革がもたらした医療崩壊について論じている（松島 2020）。脳外科のように儲かるところに重点的にお金が投じられ、感染症の部門は軽視されてきたのである。医療崩壊は、すでにコロナ禍の以前から「効率化」の名の下に準備されていたのだった。

　ギンベ財団の報告によれば、イタリアでは2010年から2019年の10年間で公的資金からの医療費拠出が370億ユーロ以上も削減しており、そのうち約250億ユーロは2010年から2015年のさまざまな金融操作による削減だ。…（中略）…スペインを除くほかの西欧諸国よりも看護師が少なく、その数は EU 平均を著しく下回る。医療に割り当てられる財源の削減により、と公立病院において、医師や看護師の数が減少した。国家会計監査庁の計算によると、2009年から2017年のあいだに、公立医療機関は8000人の医師と１万3000人の看護師を失っている。（ブルーノ＆ヴィターレ 2021：161-162）

であるからこそ、すでに重くのしかかっていた医師と看護師への負担はさらに重みを増していった。ただでさえ感染症は医療従事者の家族への負担も大きい。感染のリスクがあるからだ。３歳の息子と夫の身を案じる、ブルーノの同僚の麻酔医はこう彼に打ち明ける。「息子を実家に預けるかどうか、決めかねています。もし私が感染したら、息子の面倒を見る人がいなくなります。でも実家に預けたら、これから数カ月間、ビデオ通話でしか息子に会えなくなるんです。できるだけ気をつけるつもりですが、こんなにきついときに息子と離れ離れになるなんて……耐えられそうにありません」（ブルーノ・ヴィターレ 2021：59）。結局彼女は息子を自宅に残すことを決断する。息子への感染を恒常的に恐れながら、病院で患者を治療し、患者に会うことができない家族をケアし、家族よりも近い場所で患者の死も看取る。このような切迫感は「医師や看護師の多くが抱えている共通の不安」だとブルーノは述べている。
　問題なのは、このコロナ禍以前から存在していたはずの感染症の不安に対し、医師、看護師、医療費、病床の削減は何の役にも立たないどころか、それを悪

207

化させることだ。そして、このイタリアでさえ恵まれていた。コロナ禍以前の難民キャンプや飢餓地帯の医療従事者は、コロナ禍の先進経済国の医療従事者よりも不安は少なかったのだろうか。不安は常に存在していた。それが隠蔽されていただけにすぎない。認識が変わることで、ようやく発見される問題である。

(3) すでに始まっていた若者の生活苦

ほとんどの国で「ステイホーム」という言葉が政府によって喧伝され、自宅内で待機することが求められた。家にいることがあなたを守るだけではなく、地域と国を守ることにもつながる、というメッセージである。美馬は、「ステイホーム」というスローガンがもつ欺瞞についてこう述べている。「自宅隔離されることを心配するには、その日暮らしのホームレスであってはならない」（美馬 2020：157）。国内に限っていえば、ホームの境界こそが、コロナ禍の防波堤だった。それが、ホームから漏れ出る人々をさらなる孤立へと追いやった。政府が近代家族制度に安住してきたことの痛烈なしっぺ返しだった。

近代家族制度は、父母子（さらには祖父母）という直系血縁関係をもつ人間たちが、原則として１つの家に住むことが統治側によって想定される制度である。社会保障を通じて行政によって保護されながら、食事と睡眠による疲労の回復と、夫婦の結びつきによる生殖によって、現在ならびに未来の労働力商品と納税者を供給する装置であると言い換えてもよい。他方で、近代以前の社会ならびにそれに類する社会では、１つの家に住んでいる成員は必ずしも直系の血縁関係のある人間だけではなかった。そこには、家事や農業を担う奉公人、季節労働者や非直系の親族が住むことも、逆に子どもが父母以外の人間に（一時的にでも）育てられるということも、捨て子をもらい受けることも（沢山 2008）、子どもを別の家から養子として受け入れるということも、周辺の大人にケアをしてもらうことも、現在ほど例外的なものではなかった。

それゆえ、よく指摘されるように、コロナ禍の学校の休校や経済のシャットダウンで生活の危機に陥る人々の多くは、近代家族制度からはみ出る存在だった。ひとり親世帯（とりわけ母親の世帯）、単身世代、ネットカフェ難民、ホームレス、難民、そして入国管理局に収監されている外国人などはその典型であっ

第11章　コロナ・パンデミックによる政治と社会の重症化

た。あるいは、家族制度に組み込まれていたとしても、家族内の暴力に苦しめられている人々にとって、ステイホームはそのまま身体と精神の損害と結びついた。もちろん、家族を通じた「公助」は暴力を受ける家族には届かない。

　ここでは、「ネットカフェ難民」と呼ばれる人々について考えてみたい。日本では、リクライニングできる椅子が1個あり、ネットのつながったテレビが置いてある狭い個室、あるいは共有スペースやシャワー室をもつ「インターネットカフェ」と呼ばれる施設が、各地に展開している。そこでカプセルホテルよりもさらに安価な代金を払って、宿泊をして生活を凌いでいる人々のことを俗に「ネットカフェ難民」と呼んでいる。東京のネットカフェ難民たちの支援、そしてそのための行政への働きかけや、支援を妨害する行政への抗議などを行なってきた一般社団法人つくろい東京ファンド代表理事の稲葉剛は、著書『貧困パンデミック』の中で、まさに近代家族制度から弾き出されているがゆえに、「ステイホーム」どころか、路頭に迷わざるをえなかった人々の痛烈な言葉を引用している。

　　「ネットカフェ休業により、住む場所がなくなってしまいました」
　　「携帯も止められ不安でいっぱいです。もう死んだ方が楽になれるのかなと思ってしまいます」
　　「住む家もお金もないです。そもそも新しい感染症があることも先々週知りました。マスク買うお金ないし、そもそも売ってない。人生詰んだと思ってます」
　　「ネットカフェ暮らしでしたが、営業休止で寝泊まりする場所がなくなり、また仕事も職場が自粛すると共に退職扱いになり、所持金がほぼありません」
　　「お金がなく、携帯もフリー Wi—Fi のある場所でしか使えず、野宿です」

　　　　　　　　　　　　　　　　　　　　　　　　　　　（稲葉 2021：56）

　これらの貴重な歴史の証言は、一般社団法人つくろい東京ファンドの「緊急のメール相談フォーム」に寄せられたものの一部という。これらの言葉だけでもはや十分なほど、「自己責任」と彼らに投げかけられた誹謗が、的外れであ

第Ⅱ部　病いの特別イシュー　　2　家族とコロナ禍／パンデミック

るかがわかる。というのも、ネットカフェ難民は、新自由主義による労働権の大幅な削減と、市場競争の激化を押しつけられつつも、彼らの税金も投入されて整備されているはずの、住む場所、電気、ガス、水道、携帯電話、インターネット、マスクなどの重要なものをほとんど共有できず、自己資金で調達しなければ生きていけないからだ。

　稲葉の言葉で印象的なのは、ネットカフェから追い出された人々が連絡できたのは、フリーの Wi-Fi を路頭で拾えたからだった、ということである。たとえ携帯電話の契約が止められていても、充電された端末があれば、誰かにSOS を発信できる。インターネットという、本来は無料で誰にも使えてしかるべき公共財を企業が販売しているために、連絡さえ困難に追いやられていることが、どれほど社会を脆弱化しているか、社会的な共有物が企業の市場として囲い込まれ、機能していないことが緊急事態においてどれほど人を苦しめるのか、コロナ禍は明らかにしたのである。

　ちなみに、こうした社会の脆弱さが、ネットカフェ難民だけではなく、外国人やホームレスなど、直接給付金の対象外であった人々の生命をさらなる危機へと追いやったこともいうまでもないだろう。

3　政治の権威主義化

⑴　えっ、それ、あなたたちが言う？

　コロナ禍以前からの黙食指導、コロナ禍以前からの医療の減縮、コロナ禍以前から若者の生活条件の商品化。これまでみてきたように、どれもが新型コロナウイルスのパンデミック以前からの社会が着々と進めてきたプロジェクトであった。このプロジェクトは、できる限り公的な資金を人間がよりよく生きるために必要な公共の土台を活性化させるのに用いるのではなく、経済成長と金融操作に投じさせるためのプロジェクトであり、子どもたちができる限り効率的に市場にフィットするような教育を目指すプロジェクトでもあった。

　それゆえに、新自由主義を信奉しつつ、公共性のための支出をあれだけ渋っていた為政者たちが、パンデミックの危機下で突然公的資金を人々を生かすために用いると宣言したことは、コロナ禍以前からその問題を為政者や有権者に

第11章　コロナ・パンデミックによる政治と社会の重症化

指摘し、働きかけてきたにも関わらず、無視されてきた人々を戸惑わせた。

　たとえば、2020年6月15日の参議院決算委員会で、日本共産党の田村智子議員による当時の安倍晋三首相への質問はその好例である。田村議員は、2012年に自民党の片山さつき議員が述べた「生活保護を恥とも思わないことが問題」という発言を念頭に置きつつ、これまで一部の政党や政治家が生活保護をバッシングしてきたことが生活保護を人々にためらわせる原因となってきたので、政府から「生活保護はあなたの権利です」と呼びかけてほしい、と訴えた。すると、首相は、そのようなバッシングを自民党はしなかったと否定しつつも、「文化的な生活をおくる権利があるので、ためらわずに（生活保護を）申請してほしい。われわれもさまざまな機関を活用して国民に働きかけていきたい」と答弁した。稲葉剛が言うように、これは「珍しく明瞭な答弁」と言うべきものだった（稲葉 2021：85-86）。

　「子どもの貧困」の存在を詳細な分析によってこの世に知らしめた阿部彩は、「緊急事態と平時で異なる対応するのはやめよ」というエッセイの中で、次のように述べている。

　　私は、「ライフラインを止めてはならない」と熱弁する政治家や、仕事が減ったひとり親家庭の母親を心配顔で取材するニュース・キャスターをみて、心の奥がモヤモヤとするなんとも言えない不快感を覚えた。何故なら、これまで、もう何年も、政治家の方々や、一般市民、マスコミに対して、公共料金や家賃に対する支援策が必要だと訴えてきたが、何の反響も得られなかったからである。それが、あたかも「大問題だ」と語られているのを見て、私の正直なリアクションは「えっ、それ、あなたたちが言う？」であった（阿部 2020：141）。

公共料金が支払えなくて電気やガスが止められたり、借金をしなくてはならなかったりするのは、コロナ禍だからではない。阿部は、平時も政治家や一般市民の無関心の下でずっと続いていたことだ、と指摘しつつ、「期間限定」の寄付によるよりも、税金によって淡々と支援をすべきだと主張する。的確にも、それは、東日本大震災のとき、被害が長期にわたるとどんどん人々の関心が薄

れ、支援が途切れていくのと同様だとも述べている。

　貧困問題という、新自由主義政権下に悪化した、長期的にじっくりと取り組まなくてはならない問題を、時の流れに押されるように寄付で賄い、嵐が去るとまた忘れる。政治のヴィジョンに欠けた場当たり的な政策は、それ自体が災害である。

(2)　デジタルと統治

　比較政治を専門とする吉田徹は、コロナ禍が始まったばかりの2020年の段階で（刊行は2020年9月20日）、著書『アフター・リベラル——怒りと憎悪の政治』を上梓し、「リベラル・デモクラシー」の衰退、たとえば、民主主義を標榜する国でさえ人々が再び「強い指導者」を求めるようになった経緯を説明している。

　その「はじめに」で、吉田は、コロナ禍が政治や社会を「一変」させるのではなく、「コロナ・パンデミックをきっかけにこれまでの危機が強化されることになるだろう」と予測している。「権威主義的な政治の台頭とリベラルな政治の後退、歴史認識問題の拡大、世俗化に伴うテロやヘイトクライムの頻発、個人が煽動する社会運動といった現象」は、パンデミックによって、これらはますます強度と頻度を増していくことになる」（吉田 2020：4）。これが的確な予測だったことは、これまで述べてきた通りである。ちなみに、世俗化に伴うテロ、というのは、狂信的な宗教心に基づいたテロだと報道される事件の多くが、宗教というよりはこの世界の構造的問題に対する不満から発せられていることを意味する。

　また、吉田は、コロナ禍以前から進められてきた「デジタル・リヴァイアサン」、つまり、ビッグデータをもとに、個人個人を分析・監視するグローバルな動きについて、次のように述べている。

　　中国のみならず、韓国や台湾が有効な対策を採ることができたのは、感染者の接触確認や隔離を実行的なものとする、IT／AIによる感知（センサリング）と追跡（トラッキング）を駆使したスマートフォンやアプリやGPSを利用したからだ。これは、権威主義体制と民主主義体制がともに「デ

ジタル・リヴァイアサン」をして地続きの体制となったことを示している（吉田 2020：5）。

　こうした体制は個人を孤立させ、AIによる計算対象可能性を高めて、市場（とりわけ金融市場）に利用されやすくし、ついでに国家の管理にも利用されやすくする過程はもちろん、SNSによる潜在的顧客調査や監視カメラシステムの拡大によって、コロナ禍以前から進んできた。政治と生活をつなげる公共圏は機能不全となり、政治は統治に変更され、人々は自分の関心ばかりを追求するようになり、それを守ってくれる「強い指導者」を求めるようになる。コロナ禍はその傾向をさらに強めた。

　美馬は、新型コロナウイルスの感染者を「犯罪者」化していく過程を批判していたが、センサリングとトラッキングはまさにそれを助長し、そして、ビッグデータを握る大きな権力を肥大化していく、というわけだ。中国が「香港国家安全維持法」を制定し、「国家の分裂」や「外国勢力との結託」を犯罪行為とみなし、反政府活動を取り締まることを可能にしたのは、中国武漢のロックダウンが始まってから半年後の、2020年6月22日であったことも示唆深い。

(3)　理念なき統治

　人々の社会的紐帯を破壊して、孤立させ、ケアは機能不全があちこちで叫ばれている家庭に丸投げして、個人を市場に直接結びつける。そんな政府はコロナ禍でますます権威主義的になっていく。緊急事態になると突然「援助」のために大盤振る舞いを始める政府、そして、監視装置を利用して「犯罪者」や「感染者」を突き止め、強い指導者体制を築き上げる政府は、もちろん表裏一体である。

　コロナ禍で人々が政治に求めるのは、理念ではなく、社会防衛である。その過程で、人々の移民排斥や人種差別が過激化し、それに応えるポピュリスト政治家が選挙で勝つという構造は、様々な地域でみられていることも注視すべきだろう。

　ちょうど、水分と有機物と微生物に満たされた土壌が乾燥すると、粘着性が奪われ、サラサラの砂となって空気中に舞い上がるように、人間もまた、つな

213

第Ⅱ部　病いの特別イシュー　　2　家族とコロナ禍／パンデミック

がりを分断され粒子化されていく。家族もまたその流れから無関係ではいられない。だが、公的援助を緊急事態（や選挙前の）のバーゲンセールのようにしか掲げない権威主義的政府は、その家族にケアを任せようとするから、すさまじい皺寄せが、家庭のケアを担う人々に押し寄せる。新型コロナウイルスの世界規模の蔓延は、その皺寄せのスピードをさらに上昇させたのである。

4　無縁社会の重症化と抵抗

　人と人のつながりを「縁」と表現するならば、現代社会は「無縁社会化」の進行中ともいえるだろう。

　2018年に実施された日本の内閣府の調査では、イギリス、フランス、ドイツ、アメリカ、韓国、スウェーデンと日本に住む19歳から23歳の若者のうち、悩みを誰にも相談しないと答えた日本の若者の割合は約20％に上った。なんと、2位の韓国を約12％も引き離したのだった。

　逆に「将来希望があるか」という問いに対して「希望がない」と答えた日本の若者に至っては、40％弱のハイスコアをたたきだした。これも2位の韓国を17ポイント以上引き離した。2010年の流行語大賞に選ばれた「無縁社会」は、「流行」で終わっていなかったのである（藤原 2022a）。コロナ禍に寄せられた若者の「人生詰んだ」という言葉は、もちろん、このような無縁社会を説明する過不足ない表現である。イギリスの「孤独省」の大臣に次いで世界で2番目に「孤独」を扱う「孤独・孤立対策担当大臣」が2021年2月に設置された日本もまた、リベラル・デモクラシーの衰退とデジタル・リヴァイアサンの勃興、そして、人間の粒子化の王道を進んでいる。

　すでに述べたように、学校の現場では、給食を食べた子どもが「おいしい」と口にするだけで注意されている。大人たちがレストランや居酒屋で大いに会話を楽しんでいる一方で、子どもたちは会話が禁止される。ご飯を食べながら会話ができる場所は、コロナ禍では唯一自宅なのだが、企業も省庁も両親ともに残業をさせて家庭に帰そうとしない。

　興味深いのは、子どもたちの縁が切られ続けている中、全国の子ども食堂が2019年の3719件から、2020年に4960件、2021年に6014件、2022年に7363件と着

第11章　コロナ・パンデミックによる政治と社会の重症化

実に増えていることだ。コロナ禍では弁当を配布するだけの食堂も多かったが、それでも弁当を渡して声をかけることで何とか人間的関係を修復していく試みが各地でなされた。ただこうしたことも、政府の公的ケアの行き届かなさの表れであるとともに、人々の無縁社会化に対するささやかな抵抗、非政府的な自治空間の形成ともいうべきだろう。だが、この「抵抗」も、コロナ禍が始まりではない。2016年には子ども食堂は319件だったが、2018年にはすでに2286件にまで急上昇していたのである。

　新型コロナウイルスの蔓延の下で虐げられた人々やその仲間たちは、「ホーム」から外へ出た。各地で多くの抵抗がみられた。たとえば、2020年5月25日、アメリカでは、警官がジョージ・フロイドの首を膝で抑えて窒息死させ、同年8月23日には、警官が黒人を背中から8発発砲したことがきっかけとなって、「ブラック・ライヴズ・マター」の運動が爆発的に広まった。参加した人数は、1500万人から1600万人ともいわれる大規模デモンストレーションであった。だが、多くの人々が勘違いしているようにこの運動は2016年ごろから存在していた（カーン＝カラーズ＆バンデリ 2021）。人種差別だけではなく、ジェンダーや貧困問題など様々な社会問題を多角的に捉えるこの運動にとって、感染症は起爆剤でしかなかった。

　コロナ禍が政治と社会の問題を一層悪化させたということは、コロナ禍が落ち着きをみせはじめても、問題は深刻なまま続いていることを意味する。たしかに、コロナ禍が政治と社会の問題点を人々に知らしめたが、こうにまでなってしか認識できない私たちの鈍感さの代償は、あまりにも高かったといわざるをえない。

引用・参考文献

阿部彩、2020、「緊急事態と平時で異なる対応するのはやめよ」村上陽一郎編『コロナ後の世界を生きる――私たちの提言』岩波書店、140-150頁。

稲葉剛、2021、『貧困パンデミック――寝ている『公助』を叩き起こす』明石書店。

カーン＝カラーズ，P.＆バンデリ，A.／ワゴナー理恵子訳、2021、『ブラック・ライヴズ・マター回想録――テロリストと呼ばれて』青土社。

沢山美果子、2008、『江戸の捨て子たち――その肖像』吉川弘文館。

トゥーズ，A.／江口泰子訳、2022、『世界はコロナとどう闘ったのか？――パンデミック経済危機』東洋経済新報社。

中村鎮編、1950、『学校給食読本』共同通信社。

パペ，I.／田浪亜央江・早尾貴紀訳、2017、『パレスチナの民族浄化——イスラエル建国の暴力』法政大学出版局。

藤原辰史、2018、『給食の歴史』岩波書店。

————、2022a、「各自核論　無縁希望社会　日本近代問い直す時期」『北海道新聞』2022年1月27日付。

————、2022b、「政治禍としてのコロナ禍——現場政治の生成」『社会思想史研究』(46)、49-65頁。

ブルーノ，R.＆ヴィターレ，F.／田澤優子訳、2021、『イタリアからの手紙——コロナと闘う医療従事者たちの声』ハーパーコリンズ・ジャパン。

マゾワー，M.／中田瑞穂・網谷龍介訳、2015、『暗黒の大陸——ヨーロッパの20世紀』未來社。

松島健、2020、「イタリアにおける医療崩壊と精神保健——コロナ危機が明らかにしたもの」『現代思想』48 (10)、117-135頁。

美馬達哉、2020、『感染症社会——アフターコロナの生政治』人文書院。

吉田徹、2020、『アフター・リベラル——怒りと憎悪の政治』講談社。

資料・関連ホームページ

石田かおる「私語禁止の『黙食』で給食が苦痛に…教員も悩む『食育はそれでいいの？』」『AERA.dot』(2019年3月1日) https://dot.asahi.com/articles/-/127561?page=1 (2024年8月6日最終閲覧)

第12章

コロナ禍が浮き彫りにした労働と家族、そして家族ケアの課題
——病いに強い社会への展望——

緒方　桂子

1　本章の課題

　2020年1月に日本国内で最初の新型コロナウイルス感染症（以下、コロナ）の感染者が確認されて以降、2023年5月にその感染症法（「感染症の予防及び感染症の患者に対する医療に関する法律」）上の位置づけが「5類感染症」へと変更されるまで、コロナは私たちの生活や人生に強く深刻な影響を与えた。本章は、そういった危機的な生活の中で営まれた雇用労働、家族との生活、そして家族ケアの状況に鑑みながら、今後のあるべき労働法や社会法を構想する上での基本的な考えを描こうとするものである。本章にいう「ケア」とは、主に育児、介護、看護を指し、「無償ケアワーク」とはケアを必要とする者（依存者）をその家族が無償でケアする行為、「有償ケアワーク」とは、看護師、保育士、介護職従事者等が職業として有償でケアする行為を指す。また両者を指して「ケアワーク」と呼ぶ場合もある。

　本章が、雇用労働との関係を考えながら家族および家族ケアを論じようとするのは次の理由による。労働力調査2022によれば、日本の15〜64歳の労働力人口比率は2022年平均で80.6％であり、男女別にみると男性は86.7％、女性は74.3％である。「病いに強い社会」を展望するとき、その社会を構成する者の大部分が就業しているという事実を考慮する必要があるのは当然である。

　もっとも、コロナ危機は、雇用労働以外の働き方、とりわけフリーランサーと呼ばれる個人事業主の働き方と生活にも大きな打撃を与え、深刻な社会問題を引き起こした。働く者とその家族、そして家族ケアについて考えるというのであれば、本来、雇用労働以外の働き方をする就業者を含めて今後の社会を展

望すべきであろう。しかし、日本において、雇用労働に従事している者は全就業者の約9割を占め、自営業者および家族従事者は1割程度である。この割合はここ10年をみてもほとんど変化がない。そこで本章では雇用以外の働き方をする者をも含めた検討は今後の課題とし、雇用労働に従事している者（「労働者」あるいは「雇用者」と呼ぶ）を中心に検討することにする。

　以下では、まず、コロナ禍で明らかになったケアの重要性とその負担の偏りについて明らかにする（2）。次に、その原因を検討し（3）、それを踏まえて「病いに強い社会」へ向けた今後の検討課題を示すことにする（4）。

2　コロナ禍で明らかになったケアの重要性とその負担の偏り

　日本では、2023年5月7日をもって対処方針2021が廃止されるまで（新型コロナウイルス感染症対策本部決定 2023、以下同本部決定に関しての引用は対処方針とする）、コロナ禍に対して様々な施策が展開された。

　このうちケアとの関係で次の3つの施策をみておこう[1]。すなわち、コロナ禍におけるコロナ罹患者に対するケア（主に看護）、子どもに対するケア（主に育児）、高齢者に対するケア（主に介護）に関わる施策である。

⑴　ケアに関わるコロナ禍での施策
1）コロナ罹患者とその家族

　まず、コロナ罹患者に対する看護についてである。コロナ罹患者に対しては当初感染症法に基づき入院治療で対応していたが、第1回目の緊急事態宣言（2020年4月7日〜5月6日）前後から東京・大阪など大都市を中心に医療供給体制がひっ迫する地域が現れ、入院治療不要と診断された軽症者については宿泊施設または自宅における療養に切替えられることになった[2]。

　その後、宿泊施設・自宅療養が原則的な扱いとなり、新規感染者数が最多となったいわゆる第7波（2022年7月1日〜9月30日）には自宅療養者の数は156万人強（2022年8月24日付）に達した（NHK 2022）。

2）育児に関わる負担の増加と家族

　次に、子どもに対するケアについてである。2020年2月27日、安倍首相（当時）

が新型コロナウイルス感染症対策本部会議の席上で、突如、３月２日からの全国一律の小中学校の一斉臨時休校を要請した（毎日新聞 2020）。保育所や放課後児童クラブ等についても保育の縮小や臨時休園等の方針が示された（対処方針 2020b）。こういった対応方針は１年後の2021年１月まで続き、対策本部が「一律に臨時休校を求めない」、保育所等について「原則開所を要請する」といった方針を示したのは同月７日であった（対処方針 2020d）。

　もっとも、地域の感染状況によっては臨時休校や閉所が行われることもあり（2022年２月10日厚労省発表によれば2022年２月３日には保育園等の777ヶ所が休園）、そのような場合には子をもつ家族は個別に対応する必要があった。保育所等が休園した場合の対応方針が示されたのは、さらに１年後の2022年２月である。そこで初めて、「休園した園の児童を他の園や公民館等で代替保育を行う際の財政支援を行うことにより、市区町村に対し、地域の保育機能を維持することを要請する」とされた（対処方針 2021b）。

３）コロナ禍における高齢者の介護をめぐる状況

　この点に関しては、まず、日本の高齢者介護の現状を確認しておこう。

　厚生労働省が３年ごとに実施している国民生活基礎調査（大規模調査）によれば、介護や支援を必要とする高齢者（以下、要介護等高齢者）を介護する者は、要介護等高齢者と「同居」している者が圧倒的に多く、次いで、「別居の家族等」または「事業者」となっている。この傾向は、コロナ禍前の2019年とコロナ禍にあった2022年とでそう大きく変わらない。厚労省調査2019では「同居」が54.4％、「別居の家族等」が13.6％、「事業者」が12.1％であり、同2022ではそれぞれ45.9％、11.8％、15.7％である。[3]

　このように日本における要介護等高齢者介護の中心は「家族」（同居または別居の家族）であり、事業者による介護は家族介護では対応できない場合または対応できない部分を補うといった位置づけにあることがうかがわれる。このことは、事業者による介護がスムーズにいかなくなれば、要介護等高齢者およびその家族は途端に危機的な状況に陥る可能性を孕んでいる。

　こういった状況の下で、国がコロナ禍で行った対応は、家族の介護負担が増えないように、介護施設に対して事業継続の要請を出すというものであった。すなわち、2021年に出された対処方針2020d は「高齢者、障害者等特に支援が

必要な方々の居住や支援に関するすべての関係者（生活支援関係事業者）の事業継続を要請」した。これを受けて、厚生労働省老健局高齢者支援課等は、同日、各都道府県等の民生主幹部（局）宛てに事務連絡「介護サービス事業所によるサービス継続について（その2）」を発し、サービス提供にかかる人員基準や介護報酬等の特例を活用した柔軟なサービス提供、サービス継続に必要な費用を補助するサービス継続支援事業の活用を呼びかけた。

　国が行ったサービス継続支援事業等の対策には一定の効果があったようである。老人福祉・介護事業（介護事業者）の倒産等の状況をみると、たしかに、2020年はコロナ感染拡大による利用控えや感染防止の対策費用等が負担となり、倒産（118件）および休廃業・解散（455件）がその時点での過去最高を記録した。しかし、2021年にはコロナ関連の支援効果で、倒産（81件）、休廃業・解散（428件）へと減少している。

　とはいえ、その効果は持続的なものであったとは言い難い。2022年には、国からの支援の効果が薄れる一方で、利用者数は回復せず、そこに物価高、コストアップなどが重なった。2022年の倒産（143件）、休廃業・解散（638件）は2020年を上回る過去最高を記録している（東京商工リサーチ 2023）。

(2) 増えた家族の負担と「女性不況」の発生

　このように、コロナ禍によって保健医療・医療供給体制はひっ迫し、就労する有償ケアワーカーの労働環境は過酷なものとなった（日本看護協会 2020；自治労・衛生医療評議会 2022）。また、ひっ迫した医療施設から振り分けられたコロナ軽症患者および保育園や「児童ケア施設」としての性格（金井 2021：195）をもつ学校の閉鎖により行き場を失った子どもは家族にケアされることになり、家族の負担は増加した。

　介護を必要とする要介護等高齢者については、もともと同居ないし別居の家族がそのケアを主に引き受けていたが、コロナ感染が広がる中で介護事業者が提供する介護サービスの利用が控えられるようになり、家族の負担はさらに増加した。そして、そういった傾向は、介護事業者の経営を圧迫し、倒産、休廃業・解散の動きを促している。いうまでもなく、介護事業者の倒産等は家族のケア負担をより一層重いものとする。[4]

ところで、有償ケアワーカーである看護師の92％、訪問介護員の78.6％、施設介護職員の70.1％は女性である（内閣府 2021：15）。また「家族」の中における介護、看護、育児を含む家事負担の大部分は女性（母、妻、娘）が負っている（総務省 2022）。家族ケア負担の増加は、雇用労働に従事する女性労働者にとって「離職」という選択肢を考える契機となった。[5] また、もともと家族ケアに配慮し、働き方を調整してきた者、具体的にはパート労働、有期契約労働、派遣労働といった非正規雇用のかたちで就労してきた労働者[6] は、家族ケア負担の増大に加え、コロナ対策による経済活動低下を理由とした雇用調整による失職（たとえば、株式会社コード事件・京都地判令4・9・21裁判所ウェブサイト〔大阪高判令5・4・21控訴棄却。判例集未掲載〕）やシフトカットにより実質的な失業状態に陥るという負の影響を被ることになった（竹信 2022：26；労旬 2021：7）。こういった不利益はシングルマザーや障害をもつ家族を抱える者により大きく現れた（湯澤 2021：28）。このような状況を「女性不況」（She-cession）と呼ぶ研究者もいる（周 2020）。

コロナ禍がケアワーカーに与えた影響は現在のみならず将来にも及ぶ危険性が高い（国連声明 2020；国連提言 2020）。心身の健康への悪影響、職業上のキャリア形成や再就職でのデメリット、収入減少に伴う生活の困窮（それは将来受給する老齢年金保険給付額にも影響を及ぼすだろう）。これではまるでケアワーク・ペナルティとでも呼ぶべき状況ではないか。そしてそのペナルティを受ける者の多くは女性なのである。

3　ケア負担の苛酷化・偏在化の原因

⑴　「日本型福祉社会」と社会のジェンダー構造

コロナ禍がケアワーカー、そして特に女性に不利益が集中した原因についてはすでにいくつかの分析が出ている。もちろんコロナ禍で生じた諸問題は一過性のものにすぎないと考えることができないわけではない。しかし原因として指摘された点はいずれも納得のいくものである。

原因に関する見解として大きく以下の3点を挙げることができる。

第1に、日本の社会保障体制にその原因を求める見解である。近年進められ

てきた医療保険・医療提供体制の本格的削減を批判（渡辺 2022：119）する見解や1980年代以降日本の社会保障制度の骨格を作ってきた「日本型福祉社会」に大きな原因があると指摘する見解（大沢 2020：221）が挙げられる。

第2に、日本社会における女性に不利なジェンダー構造に原因を求める見解である。そこではジェンダー化された社会規範に原因を求める見解（近江 2021：46）やコロナ禍以前からある政府や企業による女性労働者の役割に対する過小評価、差別・抑圧、ケアをはじめとする社会的に必要な諸活動の無視・軽視に原因があるとする見解（蓑輪 2022：43；浅倉 2022：13等）が主張されている。

これら2つの見解は相互に矛盾するものではない。コロナ禍のどの面に重点を置いてみるかという問題である。この点で大沢真理の示す、「日本の社会保障システムは『自助』を基調としつつ『男性稼ぎ主』を優遇し、金融危機や大規模感染症など急激なショックに対して脆弱性を募らせていた。特に保健医療体制では感染症への対応力があらかじめ削がれていた」ところをコロナ禍が襲ったとする捉え方（大沢 2021：132）は当を得たものだろう。

(2) 日本における家族ケアと仕事との両立支援制度の弱点

1）両立支援制度の概要

第3は、日本における家族ケアと仕事との両立支援が抱えていた弱点が顕在化したとの見方である（緒方 2021a：110）。少し詳しく説明しよう。

日本では、育児介護休業法が家族ケアと仕事との両立支援制度を定めており、育児に関して、育児休業、子の看護休暇、所定労働時間の短縮の他、選択的措置（所定労働時間の制限、フレックスタイム制度の導入、始終業時刻の変更等）、時間外労働の制限、深夜業の制限がある。家族介護に関してもほぼ類似の制度が予定されており、介護休業、介護休暇の他、選択的措置制度（所定時間外労働の制限、フレックスタイム制度の導入、始終業時刻の変更、介護サービス費用の助成等）、時間外労働の制限、深夜業の制限がある。

しかしながら、これらの制度は、いずれも、コロナ禍への対応策として機能するものとは言い難いものであった。

まず、育児休業は、原則として、1歳未満の子についてのみ取得することが

第12章 コロナ禍が浮き彫りにした労働と家族、そして家族ケアの課題

できる（育介休法第5条）。また、子の看護休暇は小学校就学前の子のケアをする場合にのみ取得することができ、その日数も1年間に5日にすぎない（同法第16条の2）。所定労働時間の短縮は、育児休業を取得していない労働者が3歳未満の子をケアする場合について認められている制度である（同法第23条）。また、始業時刻変更や所定外労働の制限等、選択的措置制度を使うことができる労働者は、小学校就学前の子どもを養育する労働者である（同法第24条）。

　日本の育児と仕事との両立制度は、対象となる子どもの年齢が低く設定されているために、小学校就学年齢以上の子のケアのための制度として利用することはできない。小学校が休校措置をとったならば、子どものケアのために家族（仕事をしている母親など）は仕事を休むなどの対応が必要になる。

　また、子の看護休暇は幼稚園や保育所が休園した場合に利用できる可能性はあるが、コロナ禍で明らかであったように、年5日ではまったく足りない。加えて、所定労働時間の短縮や子の看護休暇期間中、経済的な補償がなされるか否かは、労使間の契約による。育児休業の場合には雇用保険から「育児休業給付」（雇用保険法第61条の7）が支給されるが、所定労働時間の短縮や子の看護休暇の場合には、現在のところ、それに相当する制度はない。

　次に、介護に関わる両立制度は、そもそも対象となる家族が負傷、疾病または身体上もしくは精神上の障害により、少なくとも2週間以上継続して常時介護を必要とする状態でなければ利用することができない（育介休法第2条3号、同施行規則第2条）[7]。コロナに罹患した場合のように、一時的な病気に罹患した家族について利用することは想定されていない。

　また、利用できる状況があったとしても、介護休業は対象家族1人につき、最長93日、最大3回まで分割して取得できるとされており、新型コロナウィルスの感染拡大状況に応じて、臨機応変に使うことができる制度ではない。介護休暇として認められている日数も年5日にすぎない。

　経済的な補償に関して、介護休業の場合には、雇用保険から「介護休業給付」（雇用保険法第61条の4）が支給されるが、介護休暇の場合、子の看護休暇と同様に、それに該当する制度はない。

2）日本における「両立支援」の弱点

　日本の既存の制度は、突発的、一時的な家族ケアの必要が生じた場合に対応

223

第Ⅱ部　病いの特別イシュー　　2　家族とコロナ禍／パンデミック

するための制度として貧弱である。コロナ禍の下で生じたように、保育ないし教育施設が閉鎖してしまうと、途端に、両立支援制度そのものが機能しなくなる。また、ある程度の生活介助が必要ではあるものの、常時の介護を必要としていない家族のケアに関しては、そもそも両立支援の利用は法的に保障されていない。

　このような法制度の状況の下で、先述したように日本の社会保障システムが「自助」を基調とした「男性稼ぎ主」を優遇するようなシステムであるならば、十分なリソースが配分されない保健医療体制や保育、介護体制の下で就労する有償ケアワーカー（看護師、保育士、介護職従事者等）や家族ケアの負担の大部分を引き受ける女性（母、妻、娘）がコロナ禍で過酷な状況に陥ったのはある意味当然であったろう。

⑶　さらなる課題

　以上、3点の課題に加え、本章では、次の2点も課題として付け加えたいと思う。1つは、これまで日本においては職業としての有償ケアと家族による無償ケアとの関係を適切に関連づけ、その関連を織り込んだ政策論が立てられていなかったことである。両者の関係は有償ケアが不足すれば無償ケアの負担が増大するという「量」的な関係だけでなく、「質」をめぐっても生じうる。

　もう1つは、「家族」という集団とその中の「個人」との関係をいかに整序するかという点についての議論が理論的に詰められていないことである。この問題は上述の「日本型福祉社会」にも関わるが、コロナ禍において緊急に必要になったケアに関わる事柄を国家は「家族」という集団に丸投げし、家族もそれを家族の中で処理しようとした。そして家族のうちの一部のメンバーだけが大きく負担を被ることになった。もちろん国家の提供するリソースが不足するために、家族とその中の個人が対応することはありうる。緊急時にはなおさらである。しかしそれはいったいどのような意味をもついかなる性質の行為なのか。この問題を突き詰めないままに、個人の自発的な選択に基づく愛情ゆえの行為だと漠然と了解し当然のこととする長い習慣がケアワーク負担の偏在を招いてきたように思う。[8]

4　私たちは何を考えるべきか

(1)　基本的な視点

本章は「病いに強い社会」を構想するために必要な課題を提示することを目的とするものであるが、この問題を考えるにあたってはいかなる指針をもって臨むかが重要であろう。

この点、本章では憲法第13条が定める「個人の尊重」を実現することを指針とすべきとの立場に立つ。個人の尊重は「人間の尊厳理念$^{(9)}$」に由来する思想であり、ここでいう「個人」とは憲法が定める自由や平等、また生存権や労働権といった基本的人権を享有する主体（憲法第11条）のことである。

もっとも、「個人」というとき、どのような者を想定するのかという疑問もありえよう。近年、人間にとっての必然的な営みであるケアに関わる負担が一部の者に偏り、その者が社会的に脆弱な状況（二次依存の状態ともいう）に陥っているにも関わらず、そのことを等閑視して「個人」として一括りして「正義」を語ることへの疑問が提示されている（「ケアの倫理」、キテイ 2010）。

しかし、本章の構想は、ケアに関わる者が性別、職業、家族関係等に関わらず、その人間としての尊厳を尊重され、幸福を追求することできる社会を目指すというものである$^{(10)}$。ここでは、ケアを受ける者（依存者）とケアを行う者（二次依存者）の尊厳を尊重することで、結果として、「病に強い社会」を作り出すことを目指している。

(2)　「日本型福祉社会」との訣別

私たちが克服すべき第1の課題は「日本型福祉社会」との訣別である。

社会保障と家族との関係について、一般に、先進資本主義諸国においては、第二次大戦後の急速な経済成長の下で進展した家族の変化・変容が、家族の担う「自助機能」の限界を露呈させる中で、家族の生活保障機能や家庭機能の低下を公的・社会的に補完するものとして社会保障の制度と政策が整備されて発展してきたとされる。

ところが、日本においては、西欧諸国に準ずる福祉国家体制を指向した時期

もあったものの、オイルショック後の経済不況の到来とともにその政策構想は
破綻し、1970年代後半には低経済成長下の財政赤字削減を理由とする「福祉見
直し」論が浮上する。そして1980年代には、家族は≪社会保障による援助の対
象≫から≪社会保障の抑制の支え手≫さらには≪社会保障の担い手≫となり、
≪自立・自助の精神をもつ個人を基礎としつつ、それを「相互扶助の精神」に
基づいて第一次的に支援・援助するものとしての家族≫と位置づけられるよう
になる。このように家族のもつ自助的な無償ケアの機能が、福祉供給システム
の一環として社会的にビルト・インされた状況を「日本型福祉社会」と呼ぶ（原
田 1992：42；利谷 1982：42など）。

　日本の社会保障システムの基盤が「日本型福祉社会」にあるとの指摘はまっ
たく合点のいくものである。コロナ禍に喘ぐ社会に向けて「まず、自分でやっ
てみる」と自助を強調した菅首相（当時）の所信表明演説を引くまでもなく、
コロナ禍におけるケアについての施策は家族に対して自助を強く要請するもの
であった。たしかに、小学校等が休校した場合の保護者たる労働者への対応策
として小学校休業等対応助成金が設けられるといった施策も行われたが、効率
的かつ有効な施策と言い難いものであったのは（緒方 2021a）、前提に自助原則
の発想があったからだろう。[11]

(3)　社会のジェンダー構造と労働法の役割

　第2に、日本社会のジェンダー構造を解体することである。この点、女性に
不利に作用する日本社会のジェンダー構造を維持・強化している原因として、
法が想定する「労働者像」を指摘することができる。

　労働法は性平等の実現に重要な価値を置き、母性保護のための規定は別とし
て、基本的には法規定もその解釈も性に中立的である。しかし法の及ぼす影響
は性中立的ではない。その顕著な例として使用者からの一方的な命令によって
義務づけられる時間外労働及び転居を伴う転勤を挙げることができる。家族の
中でケア責任を背負う女性労働者がこれらの命令に従うことは容易なことでは
ない。自身のケアワークを期待する依存者（子どもや要介護者等）を見捨てる
ことはできないからである。しかし、判例・通説は契約自由の原則（就業規則法理）
を根拠に使用者のそういった命令権を肯定する（代表的な判例として、日立製作

所武蔵工場事件・最判平3・11・28民集45巻8号1270頁、東亜ペイント事件・最判昭61・7・14労判477号6頁）。それに耐えうるのは依存者のいない労働者か、依存者をケアする者（たとえば妻）のサポートを受けることのできる労働者（たとえば夫）だけである。これが判例・通説の考える「労働者」なのである。

　家族における性別役割分業を前提とした労働者像については、「男性稼ぎ主モデル」「妻付き男性モデル」、最近では「ケアレスマンモデル」と呼ばれ（浅倉 2022：55；竹信 2022：31など）、問題の深刻さとその克服の重要性が説かれる。しかしその克服には困難を伴う。その原因の1つは前項で指摘した「日本型福祉社会」にある。自助を原則とする社会においては、性別役割分業は家族の生存戦略として有効だからである。女性労働者は自発的に転居転勤のない人事コースや時間の都合がつきやすい（とされる）非正規労働を選択し、家庭内の無償ケアワークを引き受ける。本章が日本型福祉社会論からの訣別を重視する理由はここにある。

　しかしおそらくそれだけで社会におけるジェンダー格差の問題が解消されるとは思えない。日本における家族的結合の強さやそれに対する社会的期待の強さ、育児や介護といった家族ケアをプライベートな問題だとする意識は相当に根強いからである。このような中で労働法学がとりうるアプローチとして、フェミニズムの立場から主張される「ヴァルネラビリティ・アプローチ」[12]や「ドゥーリアの原理」[13]は検討に値する。要は、家族ケアの責任を果たすために社会的に脆弱な状況に陥っている場合、すなわちケア責任を負うがゆえに生じている依存状態（二次依存）にある場合に優遇措置や社会的な補償を与え、それによって実質的な平等を実現するという考え方である。労働法学ではさらにこれを進め、人は誰でもケア責任を負う当事者となりうるという現実を基礎として、「家族ケアの責任を負いながら働く者」を法の想定する労働者像として捉えるべきである（緒方 2015：37、緒方 2022：35）。

(4)　有償ケアワークに対するディーセントワーク・アプローチ

　第3に有償ケアワークの改善である。有償ケアと無償ケアは密接に関係している。これは考えてみれば当然のことであった。それにも関わらず、コロナ禍になるまでこの問題に無頓着でありすぎたように思う。

第Ⅱ部 病いの特別イシュー　　2 家族とコロナ禍／パンデミック

　まず量的な問題である。有償ケアが不足すれば無償ケアで対応するしかない。しかしそれだけではない。有償ケアを利用する費用が高額である場合、あるいは、有償ケアの質が利用者の要求水準に満たない場合にも家族による無償ケアは誘発される。つまり、有償ケアの価格や水準といった質的な問題もまた無償ケアのあり方を規定している。

　有償ケアを利用する側からいえば、良質で入手しやすい価格設定の有償ケアが望ましい。しかし、有償ケアにかかる費用（あるいは当該制度を支える社会保険料（健康保険料や介護保険料など））は有償ケアワーカーの労働条件に直結する。労働条件の悪さゆえに有償ケアワークに就く者が減少すると、有償ケアの供給量や質の問題が生じる。それを補うために行われる無償ケアワークは、当人の雇用労働を抑制する方向に作用する。ここに生じる負のスパイラルが解決すべき重要な課題であることは明らかだろう。

　この問題に関しては、ILO が2018年に示した「ディーセントワークの未来のためのケアワークとケアジョブ」（ILO, Care work and care jobs for the future of decent work, 2018）は参考に値する。そこでは、有償・無償ケアワークの関係性を前提に、有償ケアワークをディーセントな働き方に転換していくことで無償ケアの負担を減らし、それを女性の就労状況の向上につなげていくという構想が示されている（矢野 2023：74）。説得力のある極めて重要な見解である。

(5)　仕事と家族ケアとの両立支援と基本的な思想

　第4に、仕事と家族ケアとの両立を支援する制度とそれを支える思想の再定位が必要である。

　まず、日本においては、仕事と家族ケアとの両立が一般的な労働者の権利として十分に確立していない。もちろん、育介休法が定める利用資格に該当するならば、その限りで権利性は保障される。しかし、その範囲は決して広くはない。今回のコロナ禍のように、保育園や小学校等の保育、教育機関あるいは介護施設等が閉鎖してしまった場合や訪問介護を引き受けていた介護職従事者が訪問介護を引き受けることができなくなった等の事情が生じた場合に、仕事かケアかの二者択一を迫られ、離職を選択した労働者が少なくなかったのは、仕事と家族ケアとの両立が労働者の基本的な権利として位置づけられていなかっ

たことによるものである。

　この点に関して、韓国のように、家族ケアの対象者が広く、柔軟に利用できる制度になっていれば、仕事と両立しながら家族ケアを行う労働者の権利はより広く保障される可能性がある。あるいは、ドイツのように、ドイツ民法第275条3項の解釈を通じ、家族をケアする必要が生じた場合に、それを理由に欠勤すること、そして、同法第616条等を通じ、その間について失われる収入を補償すること、すなわち「家族ケア優先」の法解釈が、労働者及び使用者および社会にとって当然のこととして受け入れられていれば、家族ケアのために離職を選択する労働者は今よりももっと少なかっただろう（緒方 2021a：119）。

　第2に、労働者が家族ケアと仕事との両立を継続する重要な要因となる金銭的な補償及びその水準についてである。日本は、コロナ危機への対応として、小学校休業等対応助成金制度を創設し、事業主に対し、労働者に従前の賃金の100％を保障する有給休暇制度を設け利用を促すよう求めた。家族ケアを行う労働者に対し金銭的な補償を行うことは、育児休業ないし介護休業を取得した場合に行われる雇用保険からの保険給付を除き、これまでの日本の法制においてはみられなかったことである。労働者による家族ケアに対する金銭的な補償が、今回のコロナ危機への対応にとどまらず、より普遍的な制度として展開するならば、仕事とケアの両立はより容易なものになるだろう。

⑹　個人と家族との境界——3つめの「公私二分論」？

　最後に、個人と家族との関係はどうあるべきかに言及しておきたい。一般に、家族は公的世界である国家との関係において私的世界であるとされる。いわゆる公私二分論に則った考え方であり、このように境界線を引くことによって国家が私的世界に介入し、私的世界の自由を剥奪・侵害することを防止する。この意味で公私二分論は重要な意義を有する。しかし他方、公私二分論は公的世界による私的世界への関与を抑制する口実ともなりうる。フェミニズムにおいて同論の克服が論じられるのはこの文脈においてである。

　この点について、公私二分論には位相の異なる2つのものがあるとされる。1つは「国家」と「市民社会」の区別という位相であり、もう1つは「市民社会」のうちにある「市場」（職業に関わる経済活動などの領域）と「家族」の

区別という位相である（オルセン 2009：89）。

　後者の公私区分は示唆的である。そこで、これをもう一歩進めて「家族」のうちに「個人」と「家族（個人以外の構成員）」の区別という位相で公私二分論を構想することを考えてみたいと思う[14]。こうすることで、後者の公私区分においては「家族」の中に閉じ込められる「個人」を解放し、本章が価値を置く「個人の尊重」の実現を構想する。

　「家族」を「公」と呼ぶのは違和感があるかもしれない。しかしそれはあまり重要ではない。重要なのはこの位相での公私を設定することで、労働権や生存権といった社会的人権を含む基本的人権の享有主体としての「個人」を括り出し、その固有の権利や自由の不可侵性を示しうること、そして個人の私的領域の不可侵性ゆえに個人は他者（家族構成員）に対するケアを義務として転嫁されず、依存者のケアにおいては国家の提供する社会保障制度や企業の配慮義務、他の家族が活用できる家族ケアのためのリソースを優先させるべきとの考えを導きうることにある。このことはもちろん愛情に基づくケアを介して家族構成員と関係性を結ぶことを否定するものではない。自律した個人による愛情を基礎にした関係性の実現は当然に可能である。

　また、今回のコロナ禍のような緊急事態においては家族／個人が国家の機能を代替することもありうるが、この場合には当該個人の自由と基本的人権を実質的に保障するかたちでの代償措置の提供が必要になるということを意味する。たとえば小学校休業等対応助成金については、特別有給休暇制度を設けた事業主に助成金を支給するのではなく、当初から労働者本人に休業請求権を認め、また直接に経済的補償を行うべきであったし、当該権利の行使に際して生じる解雇その他の不利益取扱いに対して厳しく臨むべきであった（緒方 2021b）。

　本章では今後取り組むべき課題を5点提示した。これらの課題を克服し、真の意味での個人の尊重理念を目指す営為の先に「病いに強い社会」が展望できるように思う。

　　＊　本章は、2024年度南山大学パッへ研究奨励金 I ―A―2［研究代表者：緒方桂子］の
　　　助成によるものである。

第12章　コロナ禍が浮き彫りにした労働と家族、そして家族ケアの課題

注

⑴　本章の「ケア」の範囲には含めていないが、コロナ禍の下での家事負担増加の問題も
　ある。政府はコロナ対策開始当初の2020年2月から事業主に対してテレワーク（在宅勤務）
　の推進を強力に呼びかけた。経済界に対して要請された「在宅ワーク率70％」に沿って
　多くの企業が在宅勤務を実施した。落合・鈴木 2020によれば、男女ともに（そして女性
　の方がより多く）家族の在宅勤務により家事負担が増えたとする。

⑵　当初、重症者等に対する入院医療の提供に支障をきたす恐れがあると判断する都道府
　県において軽症者は宿泊施設または自宅での療養とされていたが（対処方針 2020b）、同
　緊急事態宣言解除後から軽症者等は宿泊施設・自宅療養が基本となった（対処方
　針 2020c）。患者の健康状態の把握は電話等情報通信機器を用いて遠隔で行われた。各都
　道府県は患者に居宅から外出しないことを求めるとともに食事提供・日用品支給を行っ
　た（感染症法44条の3に基づく措置）。

⑶　同居の家族は厚労省調査2001では71.1％であったものが、同2010では64.1％となり、
　同2022では45.9％になっているのであるから、全体的には同居の家族による介護は減少
　傾向にあるといえる。他方、事業者による介護は同2001では9.3％であったが、同2022で
　は15.7％になっているのであるから、事業者による介護は増加傾向にある。こういった
　傾向については、もちろん事業者による介護が普及してきたという面もあろうが、より
　決定的なのは要介護等高齢者のいる世帯の構成割合の変化であろう。すなわち、同2001
　では要介護等高齢者の単独世帯割合は15.7％であったが、同2013では27.4％に、そして
　2022では30.7％にまで上昇している。また、核家族世帯割合もそれぞれ29.3％（うち、
　夫婦のみの世帯18.3％。以下、同じ）、35.4％（21.5％）、42.1％（25％）へと上昇し、
　逆に、三世代世帯はそれぞれ32.5％、18.4％、10.9％と大きく減少している。このよう
　な状況の下では、「同居の家族」が主たる介護者である割合が減少し、事業者による介護
　が増加するのは、ある意味、当然であろう。

⑷　本章では、障害をもつ家族メンバーを抱える家族の状況については言及していないが、
　その深刻さはいうまでもない。たとえば、児玉真美、2023、「コロナ禍で障害のある人と
　家族が体験していること」公益財団法人日本学術協力財団、116頁以下参照。本章が問題
　視する福祉の家族依存の問題が障害者医療においてより鮮明に現れている。

⑸　高橋 2021はJILPTが実施したパネル調査のデータをもとに、コロナ離職者には女性が
　多いこと、49歳以下の者が多いこと、非正社員が多いこと、飲食店・宿泊業、サービス
　業勤務者が多いこと、事務職、サービス職に従事していた者が多いことを指摘している。

⑹　たとえばコロナ禍直前の2019年における非正規労働者率は男性で22.8％、女性で56％
　であり、非正規雇用を選択した理由のうち「家事・育児・介護等と両立しやすいから」
　は男性で1.1％、女性で13.5％となっている（総務省統計局・令和元年労働力調査年報
　https://www.stat.go.jp/data/roudou/report/2019/index.html）。（2024年3月30日最終閲覧）

⑺　介護休暇及び介護休業の取得の要件である「要介護状態」と、介護保険法が定める要
　介護区分とは直接的には関連づけられているわけではない。しかし、厚生労働省が目安
　として示す基準は、介護保険制度の要介護状態区分が「要介護2」以上、あるいは、そ
　れに相当するような状態が継続している場合である。厚生労働省「よくあるお問い合わ
　せ（事業主の方へ）」のうち「対象家族が要介護状態にあるかどうかは、どのように判断

231

されるのですか。」への回答参照（https://www.mhlw.go.jp/stf/seisakunitsuite/bunya/koyou_roudou/koyoukintou/ryouritsu/otoiawase_jigyousya.html#01）。（2024年3月30日最終閲覧）

(8) 三田尾隆志、2021、「イギリス2014年ケア法の介護者支援施策」木下秀雄・武井寛『雇用・生活の劣化と労働法・社会保障法』日本評論社、259頁以下は非常に示唆に富む研究であるが、その冒頭に挙げられたイギリスのエピソード＃ClapForOurCarersとその対象が「医療従事者」と報道されたことは象徴的かもしれない。イギリスのCare Act 2014第10条3項は無償ケアワーカーも含んでいる。

(9) 国際人権規約（1966年第21回国連総会にて採択、1976年発効。日本は1979年に批准）前文参照。

(10) 労働法学分野から人間の尊厳理念について論じるものとして、沼田稲次郎、1980、『社会権的人権の思想』日本放送出版協会、同、1982、「八〇年代における社会保障の課題」沼田稲次郎他編著『現代法と社会保障』総合労働研究所、参照。

(11) 自助原則と社会保障政策との関係については、二木立、2021、「『自助・共助・公助』という分け方は適切なのか？」社会運動 No.422、70頁以下参照。

(12) アメリカのフェミニズム法学者であるマーサ・ファインマンが提唱する、脆弱性（ヴァルネラブル）を有する主体に「敢えていえば特別扱いや優遇措置」を与え平等を実現するという構想。小田川大典、2016、「池田報告へのコメント」日本法哲学会編『ケアの法 ケアからの法』法哲学年報2016、有斐閣、24頁以下参照。

(13) アメリカのフェミニズム哲学者キテイが提示する、ケアは報われて当然の社会的貢献であり、ケア労働に対する補償の社会化と普遍化を提起する見解（キテイ 2010：305以下参照）。

(14) この発想は、野崎綾子、2003、『正義・家族・法の構造転換』勁草書房から得た（同書68頁等）。もっとも個人を単位とする社会の構想自体は目新しいものではない。たとえば、落合恵美子、2004、『21世紀家族へ（第3版）』有斐閣、227頁以下、山田希、2022、「私的領域・プライベート空間における諸問題」『法の科学』（53）、42頁など。

引用・参考文献

浅倉むつ子、2022、『新しい労働世界とジェンダー平等』かもがわ出版。

近江美保、2021、「COVID—19とジェンダー——『危機』と『構造』」『平和研究』56、46頁以下。

大沢真理、2020、「アベノミクスがあらかじめ深めた『国難』」『公法研究』（82）、221頁以下。

————「生き延びるためにジェンダー平等——パンデミック時代の生活保障システム」『世界』2021年11月号、132頁以下。

緒方桂子、2015、「ケアと労働——労働法の解釈学における『ケアの倫理』の可能性」ジェンダー法学会編『ジェンダーと法』12、37頁以下。

————、2021a、「家族ケアを行う労働者の雇用と生活の保障——日本，ドイツ及び韓国における新型コロナウイルス危機下の家族ケアと仕事との両立」『南山法学』45(1)、91頁以下。

————、2021b、「韓国における新型コロナ危機と女性労働者問題——解題」『労働法律旬報』（1991）、6頁以下。

————、2022、「西谷自己決定論とフェミニズム、そしてケアの権利——多様性のなかの価

値の序列」『労働法律旬報』（1999＋2000）、35頁以下。

─────、2023、「ケアワークをめぐる労働者と家族と国家──コロナ禍から展望するこれからの労働法学」『法律時報』95(9)、16頁以下。

落合恵美子・鈴木七海、2020、「COVID─19緊急事態宣言下における在宅勤務の実態調査──家族およびジェンダーへの効果を中心に」『京都社会学年報』（28）1頁以下。

オルセン，F. E. ／寺尾美子編訳、2009、『法の性別──近代法公私二分論を超えて』東京大学出版会、89頁以下。

金井利之、2021、『コロナ対策禍の国と自治体──災害行政の迷走と閉塞』筑摩書房。

キテイ，E. F. ／岡野八代・牟田和恵監訳、2010、『愛の労働あるいは依存とケアの正義論』白澤社。

竹信三恵子、2022、「女性を置き去りにした〈働き方改革〉とコロナ禍対策」『女性労働研究』（66）、26頁以下。

利谷信義、1982、「家族法と社会保障」沼田稲次郎・小川政亮・佐藤進編『現代法と社会保障──社会的人権思想の展開』総合労働研究所、35頁以下。

原田純孝、1992、「日本型福祉と家族政策」上野千鶴子・鶴見俊輔・中井久夫・中村達也・宮田登・山田太一編集委員『変貌する家族6　家族に侵入する社会』岩波書店、39頁以下。

蓑輪明子、2022、「コロナ禍が浮き彫りにしたジェンダー視点の変革の必要性──日本の産業構造転換とジェンダー」『女性労働研究』（66）、43頁以下。

矢野昌浩、2023、「『ケアと労働法』に関する覚書──ディーセントケアワークのために」沼田雅之・大原利夫・根岸忠編著『社会法をとりまく環境の変化と課題』旬報社、74頁以下。

湯澤直美、2021、「コロナ禍におけるシングルマザーの労働と子育て」『学術の動向』26 (11)、28頁以下。

渡辺治、2022、「コロナ禍の中の新自由主義──その歴史的位置・構造・矛盾」『法の科学』(53)、119頁以下。

労旬、2021、「特集　シフト制労働者──新型コロナ禍における実態を通して」『労働法律旬報』No.1992、7頁以下。

資料・関連ホームページ

NHK、2022、「新型コロナと感染症・医療情報」（2022年 8 月26日付）https://www3.nhk.or.jp/news/special/medical/（2024年 3 月30日最終閲覧）

厚生労働省「国民生活基礎調査」（数字は調査年度）。

「国際連合『政策提言──新型コロナウイルスの女性への影響』」（国連提言）2020年。https://www.gender.go.jp/policy/no_violence/pdf/20200427_1.pdf（内閣府仮訳）（2024年 3 月30日最終閲覧）

国連女性機関 アニタ・バティア副事務局長声明（国連声明）「女性と COVID─19　各国政府が今すぐできる五つのこと」2020年。

自治労・衛生医療評議会、2022、「2022年度アンケート調査結果レポート　コロナ禍における医療従事者の実態」。https://www.jichiro.gr.jp/.assets/5c7a2b2cd51e1efe939ab6e374e7ee88.pdf

周燕飛「コロナショックの被害は女性に集中（続編）」JILPT リサーチアイ第47回（2020年）

第Ⅱ部 病いの特別イシュー　　2　家族とコロナ禍／パンデミック

https://www.jil.go.jp/researcheye/bn/047_200925.html（2024年3月30日最終閲覧）

新型コロナウイルス感染症対策本部決定「新型コロナウイルス感染症対策の基本的対処方針」、2020a、（令和2年3月28日）

同上、対処方針、2020b、（令和2年4月7日変更版）

同上、対処方針、2020c、（令和2年5月4日変更版）

同上、対処方針、2020d、（令和3年1月7日変更版）

―――「新型コロナウイルス感染症対策の基本的対処方針」、2021a、（令和3年11月19日）

同上、対処方針、2021b、（令和4年2月10日変更版）

―――「新型コロナウイルス感染症対策の基本的対処方針の廃止について」（令和5年4月27日）

総務省「令和3年社会生活基本調査」（2022年）

総務省統計局「労働力調査（基本集計）2022年（令和4年）平均」（2024年3月30日最終閲覧）

高橋заミ二「コロナ離職と収入低下」JILPTリサーチアイ第63回（2021年）https://www.jil.go.jp/researcheye/bn/063_210527.html（2024年3月30日最終閲覧）

東京商工リサーチ「2022年の介護事業者　休廃業・解散が過去最多、コロナ感染防止の利用控えや物価高が直撃――2022『老人福祉・介護事業』の休廃業・解散調査」（2023年1月27日）https://www.tsr-net.co.jp/data/detail/1197335_1527.html（2024年3月30日最終閲覧）

内閣府「コロナ下の女性への影響と課題に関する研究会報告書」（2021年4月28日。座長：白波瀬佐和子東京大学教授）15頁参照。

日本看護協会、2020、「看護職員の新型コロナウイルス感染症対応に関する実態調査」。https://www.nurse.or.jp/nursing/kikikanri/covid_19/research/index.html（2024年3月30日最終閲覧）

『毎日新聞　デジタル版』（2020年2月28日20時1分配信）

補論4

コロナ禍、感染、家族のようなもの

浜田　明範

　2020年以降の新型コロナウイルス感染症のパンデミックは、私たちの生活に様々な影響を与えた。流行の初期段階には、県境をまたいだ移動の自粛が盛んに呼びかけられていた。お盆や正月に実家に帰って家族の絆を確認する代わりに、ビデオ通話などを用いた「オンライン帰省」が推奨されることもあった。この感染症によって病院で亡くなった人に対しては、故人からの感染を予防するために、通常行われるようなかたちで最期の別れができないということもあった。家族にしてみれば、死に目に会えないことが、故人の死をより一層痛ましいものにしていたことだろう。これらの経験に鑑みれば、コロナ禍は、個々人の身体にダメージを与えるだけでなく、本来あるべき実践を妨げることで、家族のあり方にダメージを与えてきたともいえるかもしれない。

　同時に私たちは、そこで想定されている「本来あるべき家族のすがた」が、それほど固定的でも自然なものでもないことも知っている。「家族」であると認められないために、長年連れ添っていたにも関わらず死に目に会えない人は、コロナ禍の以前から存在した。それは今でも変わらない。毎年、一同に会して話をすることが理想であると考える家族は、2020年代の日本に限定しても、それほど一般的ではないかもしれない。時代や場所が異なれば、家族のあり方はさらに多様になりうる。だから、単一の定義によって括り出される固定的な1つの「家族」があるのではなく、それ自体、家族的に類似している多様な「家族のようなもの」が無数に生成し続けていると考えた方が、目の前の現実を理解するためには有用であろう。

　このように考えると、コロナ禍は、単に本来あるべき家族のあり方を抑圧していただけではなく、これまでとは異なる種類の「家族のようなもの」を生産していたことにも気づかされる。出発点として、「家族感染は防ぎづらい」という前提について考えてみよう。

　日本における新型コロナウイルス感染症への対応においては、いわゆる「ク

第Ⅱ部　病いの特別イシュー　　2　家族とコロナ禍／パンデミック

ラスター」と呼ばれる、大規模に感染を拡大させるイベントを防ぐことに力が入れられていた。そのようなイベントが起こりやすい特徴である三密をできるだけ避けることが推奨され、また、三密を軽減するためのガイドラインの作成が種々の業界団体に求められた。しかし、感染者に対する聞き取りを通じて感染経路を確認してみると、少なくとも一次的には、「クラスター」を通じた感染よりも家族の間での感染の方が多いことが早いうちからわかっていた。にも関わらず、家族感染を防ぐための措置よりも「クラスター」を防ぐための措置が重視されていたのは、防ぎづらい家族感染を避けるために、家庭にウイルスを持ち込まないことが重要だとされていたからだった。

　狭い空間の中で生活や寝食をともにする家族の間では、感染を防ぐことが難しい。コロナ禍においてあらためて明らかになったこの特徴を逆側から眺めるならば、家族とは、「ウイルスや病原体を共有している者の集団である」ともいえよう。もちろん、家族のすべての成員と「ウイルスや病原体を共有している」とは限らない。私（筆者）は、長年にわたって同居していない実家の父母とは、おそらくそれほど多くの「ウイルスや病原体を共有して」はいない。そのため、「ウイルスや病原体を共有している者の集団」は、あるべき「家族」の姿にピッタリ重なり合うものというよりは、感染症と並置したときに現れる「家族のようなもの」の１つのあり方として考えるべきであろう。では、このようなウイルスや病原体を交換しあう者の集団としての「家族のようなもの」は、どのような広がりをもっているのだろうか。

　2020年の秋、応援の意味も込めて職場近くの行きつけの店でランチを食べていた私は、５人ほどの30代くらいの女性が集まって、隣のテーブルで楽しそうに会話をしながら食事をとっているのを見て、閉口させられていた。人と会って話をするのは楽しい。それはよくわかる。でも、それで私にまで害が及ぶのは困る。そもそも、あなたたちにとっても、自分や家族の身を危険にさらす行為ではないか。私の中の「マスク警察」がそのような声をあげていた。

　店の外に出たとき、「マスク警察」に代わって「人類学者」が顔を出した。子どもを載せるための椅子が取り付けられた数台の自転車が停まっていた。この自転車は彼女たちのものに違いない。揃って椅子がついているということは、皆、子どもがいるのだろう。もしかしたら、同じ幼稚園か保育園に通っている

補論4 コロナ禍、感染、家族のようなもの

ママ友の集まりなのかもしれない。子が0歳のときから保育園に通わせていた私は、保育園が感染を防げない場所であること、同じ保育園に通う園児たちもまた「ウイルスや病原体を共有している集団」であることを身をもって知っていた。何かしらの感染症が流行るたびに子は熱を出し、嘔吐し、ときに妻や私に感染させた。寝食をともにする生活の場である保育園もまた、この意味で「家族のようなもの」であった。そうであるならば、ママ友たちもこの「家族のようなもの」の一部だとも考えられる。家庭と保育園の両方に属する子どもたちを通じて、互いに、ウイルスや病原体を交換してきているからだ。だから、彼女たちは声を出して食事をしていても新たなリスクにさらされることはない。誰かが感染しているとすれば、すでに感染は広がっているだろうし、家族や自分が感染することはどうせ防げないからだ。彼女たちを心配する素振りをみせていた私の中の「マスク警察」は完全に沈黙していた。

「家族のようなもの」は、保育園や幼稚園以外にも存在している。黙食をはじめとする種々の感染対策が行われていたとしても、小中高の各種学校は多かれ少なかれ「家族のようなもの」といえるだろう。あるいは、決まった人間が日々集まって仕事をする職場も「家族のようなもの」といえるかもしれない。他方で、徹底した感染対策を行うことで院内感染が防がれていれば、病院の同僚は、お互いを戦友のように思っていたとしても、これまで述べてきたような意味での「家族のようなもの」とはいえない。感染対策が緩和されていく過程で、会食をする場合には、久しぶりに会った人ではなく、日々顔を合わせている「いつものメンバー」で行うようにという推奨がなされたが、この「いつものメンバー」も「家族のようなもの」である。すでに一定程度ウイルスや病原体を共有している蓋然性があるからこそ、会食が新たなリスクをそれほど高めることにはならないと判断されたのだ。私たちは、日々、異なる範囲に重なり合いながら広がっている無数の「家族のようなもの」に同時に属しているといえるかもしれない。

このように、コロナ禍において最も顕著に現出した「家族のようなもの」は、生活と／や寝食をともにするがゆえに、ウイルスや病原体を共有している集団である。逆にいえば、この要件さえ満たしていれば、「家族のようなもの」は必ずしも人間に限定されるものではない。

237

第Ⅱ部 病いの特別イシュー　　2 家族とコロナ禍／パンデミック

　ダナ・ハラウェイは、『伴侶種宣言』の冒頭で、飼い犬のカイエンヌと彼女がウイルスを共有してきたことについて述べている（ハラウェイ 2013：3-5）。ハラウェイはカイエンヌを伴侶と呼ぶが、この伴侶もまた「家族のようなもの」の1つのあり方であろう。新型コロナウイルスは、人間ではなく、他の哺乳類にも感染することが知られている。このことは重大な意味をもっている。人間だけに感染するのであれば、ワクチンの接種率を高めることで根絶できるかもしれない。しかし、野生動物にも感染するのであれば、根絶の可能性は限りなく低くなる。あるいは、ウイルスはそれらの動物の中で変異を蓄積し、より強力な毒性をもつ株へと変容するかもしれない。「家族のようなもの」の範囲は、人間という種を超えて広がっていく。

　とはいえ、このウイルスが必ずしもすべての種に感染するわけではないことも注目に値する。だから、いかに私がカブトムシと生活をともにしていても、彼女と私はこれまで述べてきた意味での「家族のようなもの」ではない。これは、必ずしも悲劇というわけではない。「家族のようなもの」ではないがために、万が一のときには、殲滅しなければならないという覚悟をもつことなく、安心して彼女と生活をともにすることができる。反対に、ガーナ南部で調査をしているときには、ハマダラカはマラリア原虫を共有している「家族のようなもの」であったがために、憎むべき敵として徹底的に排除すべき存在であった。ウイルスや病原体が、その性質に基づいて、どこの誰を「家族のようなもの」に含めるかを決めうることがよくわかる。

　感染との関係で現れてくる「家族のようなもの」に目を向けると、異なる場所で出会う人間や人間以外のものと、それぞれ別々の「家族のようなもの」を構成している私の姿がみえてくる。コロナ禍が私たちに垣間見せてくれたことの1つは、そのような多様な「家族のようなもの」を探求することが、私たちの生のあり方の解明につながるという見通しであった。

引用・参考文献
ハラウェイ，D. J.／永野文香訳、2013、『伴侶種宣言——犬と人の「重要な他者性」』以文社。

終　章
「家族と病い」の歴史から浮かび上がる現代社会

土屋　　敦

1　「家族と病い」の歴史を多角的に描き出すために

　本書は、「家族と病い」のあり方の歴史の一端を読み解くために編まれた。その際に本書は、「家族と病い」のあり方の歴史をめぐって、近世から近代、そして現代へという時間軸を縦軸としながら、日本と欧州、東アジアという比較軸を横軸として、同主題に関する歴史を多角的に検討するために編集された。その際に、本書で我々がこだわった点が何点かある。

　1つ目のこだわりは、マクロな分析とミクロな分析の両面から「家族と病い」の歴史を照らし出していくことを重視した点である。本書では、タイトルに「疾患」や「病気」、「疾病」といった言葉ではなく、「病い」という言葉を使用している。序章でも述べた通り、本書ではこの「病い」という言葉を、「疾病を病人の側からみる」病人史として、また「病人側」の経験から歴史を描き出すというミクロな分析の研究視座を表す言葉として使用した。こうしたミクロな視座から「家族と病い」を描いていく作業は、第2章鈴木論文や第8章蘭論文などにおいて特になされている。

　2つ目のこだわりは、この「家族と病い」の歴史を、社会の周縁部での生活を余儀なくされた人々の生活に焦点化しながら主題化することである。特に第1部「Ⅱ　家族のいない子どもの病い」では、近代における「家族と病い」を描く際に新中間層の形成と拡大などの近代家族そのものを主題化するのではなく、実親家族が不在、ないしは実親と分離されて施設で養育を受ける子どもの病いに焦点化するかたちで議論を組み立てた。

　本書の3つ目のこだわりは、「家族と病い」の歴史を描く際に、とりわけハ

ンセン病の歴史に多くの紙幅を割きながら同主題を検討した点にある。本書では、第Ⅱ部「1　家族とハンセン病」で、ハンセン病の歴史を「家族と病い」の視座から検討した。本書からは、ハンセン病をめぐる差別が病者本人の家族からの拒否や排除を伴うと同時に、病者の血縁者自体の社会からの排除も伴うかたちで展開されたことが、各論者の複層的な視座から明らかにされている。

　最後に、本書の4つ目のこだわりは、「家族と病い」の歴史から現在社会のあり方を照らし、今後の社会のあり方を構想するための議論に重点を置いた点である。そうした課題に特に取り組んだのは、第Ⅱ部「2　家族とコロナ禍／パンデミック」においてである。本書に収録された3論文では、パンデミックの歴史が整理されるとともに、今後の社会のあり方をめぐる議論が戦わされた。

　以上、本書で特にこだわった点を列挙してきたが、本書を閉じるに当たって、以下では本書を構成する4セッションの議論から得られた知見を整理して提示しておきたい。

2　「日本近世の死と病いと家族」──マクロ・ミクロ両方の視座から

　第Ⅰ部「1　日本近世の死と病いと家族」でまず明らかにされたのは、近世社会における「家族と病い」を検討する上での前提である「多死社会」のあり方を読み解く作業であった。

　第1章平井論文「死が身近な社会の中の家族──歴史人口学的アプローチ」では、陸奥国安達郡仁井田村の人別改帳の分析から、数え6歳で母を亡くした「かの」のライフコースが再現され、「かの」の家族関係が死別や離別、移動など流動性に富んだ、実親子関係に限定されない家族関係であったことが明らかにされた。またその上で同論文では、1720〜1870年までの仁井田村の人別改帳の分析から、数え15歳を迎えるまで両親と祖母などの大人の構成員が同じであった子どもは17％に過ぎず、8割以上が家族メンバーの出入りの中で育ったこと、60歳まで生きた者の9割が子どもか孫の死に直面した経験を有することなどが明らかにされた。

　第2章中島論文「徳川時代における疱瘡／コレラと家族──死亡クライシスから感染症、そして病いへ」では、疱瘡（天然痘）やコレラなどの感染症が人々

のライフコースや家族形成に及ぼす影響、そして人々が感染症を「病い」として受容する過程の分析がなされた。同論文では、肥後国天草郡高浜村における宗門改帳『宗旨御改影踏帳』と肥前国彼杵郡野母村における宗門改帳『野母村絵踏帳』の分析から、同村々におけるコレラ流行と死亡率や出生率との関連に関する検討がなされた。高浜村の分析からは、1807（文化4）年12月から1808（文化5）年1月の間に疱瘡で亡くなった69人のうち15歳未満の死亡は20人に過ぎず、子どもの死亡は少数であったことが明らかになった。またこの高浜村諏訪に当時あった82軒のうち疱瘡によって家頭が死亡した家は14軒あり、うち10軒は継承者が家を継ぎ、3軒は別家入となり、1軒は絶家したことが明らかにされた。また同論文では、後者の野母村におけるコレラの分析から、コレラ流行年ごとに男女別の死亡率が異なっていたこと、またコレラ流行年においては、男子死亡率よりも女子死亡率が総出生率に関連していたことが明らかにされた。

　また第3章鈴木論文「幕末の日記史料にみる「家」と看護——看護とジェンダーをめぐって」では、駿河国富士郡大宮町の造酒屋「桝屋」9代目当主弥兵衛による『袖日記』の分析から、近世社会にあっても女性が介護において重要な役割を担っていたことが指摘された。同指摘は、近世日本における病いと介護をめぐる研究潮流において大きな意味を有している。日本近世史における同主題をめぐる研究は、柳谷慶子による『近世の女性相続と介護』（2007年、吉川弘文館）が1つの到達点とされてきたが、同書の中では近世期の介護の担い手の中心に女性がいた訳ではなく、女性に専ら介護責任が帰せられるのは近代以降とされていた。鈴木論文は、こうした近世から近代社会への通説に一石を投じる作業であったといえる。

3　「家族のいない子どもの病い」——社会の周縁部での生活を余儀なくされた人々の生活から

　第I部「2　家族のいない子どもの病い」の主眼は、貧困児や浮浪児、孤児など、社会の周縁部での生活を余儀なくされ、「近代家族」による養育規範から最も隔てられた子どもの養育規範の変遷から、「家族と病い」の近代を問う試みであった。

　第4章内本論文「イギリス1834年新救貧法下における家族型施設養育の展開

とその意義」では、新救貧法下のイギリスにおいて19世紀半ばになされた子どもの大規模収容施設の問題化過程において浮上したのが、施設内における感染症の頻発であったことが指摘された。その上で同論文では、そうした大規模収容施設の問題への対処策として実践に移されたのがコテージホームと呼ばれる児童施設の形態であり、そこでは施設環境をより「家庭的な環境」にするために、大規模施設を少人数（15〜20人）のユニットに分け、そこで養育父母もしくは養育母親による「近代家族」に擬した養育が行われ始めたことが指摘された。

　また第5章田中論文「植民地朝鮮末期の香隣園における「病い」と疑似家族——「父子」「兄弟」関係に基づく孤児養育」では、「植民地近代論」を踏まえつつ、植民地末期孤児院における育児規範が疑似的な「父子」や「兄弟」関係の形成といった視座から検討された。同論文では、同時期における孤児院の男性中心の疑似家族が近代的養育にいかなるかたちで用いられ、母性的養育と異なる面を有していたのかが明らかにされた。

　また第6章土屋論文「乳児院における母性的養育剥奪論の盛衰——1960〜80年代における施設養護の展開から」では、乳児院など実親家族から離れて生活する子どもに見られるとされた病理を指摘する学説（「母性的養育剥奪論」／「愛着理論」）の盛衰過程が検討された。同論文では、こうした「家族がない子ども」の施設養護が、第二次世界大戦後から1980年代に至る過程の中で母性的養育剥奪論や愛着理論との関係下に「脱病理化」されていく軌跡が描き出された。

4　「家族とハンセン病」——「家族と病い」の歴史という視角から

　「家族と病い」の歴史を描く際にハンセン病に多くの紙幅を割いたのは本書のこだわりの一つであったことは先述の通りである。

　第7章廣川論文「戦前期日本のハンセン病者と家族——九州療養所「患者身分帳」の分析から」では、国立療養所菊池恵楓園所蔵の『患者身分帳』から、療養所の設置と1931年のハンセン病法の改正（昭和6年法律第58号「癩予防法」）が、〈療養所—本籍地—家族〉関係、および〈病者—家族〉の関係に及ぼした影響の解明がなされた。同論文では、1931年改正法により療養所には病者を包摂で

きない家族にとっての病者送出先という性格が加味されたことが確認された後に、しかし同法が直ちに〈病者─家族〉関係を疎遠化させたとはいえないこと。また入所資格の拡大にともない〈病者─家族〉関係を維持した状態で入所する者が増加し、その家族関係がある程度維持された可能性があることが指摘された。

また第8章蘭論文「ハンセン病をめぐる〈家族〉の経験──ある兄妹の語りから」では、1組の兄と妹の語りから、家族メンバーのハンセン病罹患によって在郷家族／世帯において何が起こり、在郷家族と病者はどのような状況を生きたのか、また病者は療養所内でどのような〈家族〉的人間関係を築いたのか、という問いが検討された。同論文からは、家族は家族内に病者がいることで社会から排除されるがゆえに、病者の世間から「隠蔽」したことに関する語りが検討される一方で、家族に代わるオルタナティヴな人間関係（〈家族〉的なもの）としての療養所生活に関する語りも見い出された。

また第9章金論文「韓国におけるハンセン人の子どもに対する烙印と差別」では、韓国におけるハンセン病者を親に持つ子どもに対するスティグマと差別が主題化されるとともに、近代的な防疫制度の導入に伴い家族内の親から子どもへの感染が強調されるようになったことが指摘された。そうした過程の中でハンセン病者の子どもは「未感児」という用語で呼称されるようになるとともに、「分校」への通学や酷いいじめ、学校・軍隊・社会生活での差別、そして結婚差別などを経験するようになったことが指摘された。

5 「家族とコロナ禍」──過去から現代社会を照らし今後の社会を展望する

また、「家族とコロナ禍」セッションにおける課題は、過去のパンデミックの歴史から現代社会を照らし、今後の社会を展望することであった。

第10章香西論文「「家庭」衛生の位相──日本の近代衛生史から考える」では、コロナ禍で叫ばれたステイ・ホームをめぐる議論に引き付けながら、「家庭衛生」の歴史が明らかにされた。同論文では、この「家庭衛生」自体は明治10年代から既に使われていたものの、それが一般の人々にも浸透していくのは明治30年代半ば以降であること、また「家庭衛生」においてその実践主体として措

定されたのは「母」であることが指摘された。その上で同論文では、特に明治
30年代に浮上した衛生をめぐる問題群の中でも「花柳病」に着眼するとともに、
「家庭衛生」の中ではそうした「花柳病」の予防は「主婦」の使命であり、「家
庭」に病いを侵入させないことも「主婦」の責務とされていった諸相が描き出
された。

　また第11章藤原論文「コロナ・パンデミックによる政治と社会の重症化」で
は、コロナ禍で浮かび上がってきた社会問題の性質が、様々な国々や地域にお
ける主題と関連付けられながら論じられた。同論文では、コロナ禍が家族の覆
いであるところの「社会」のさらなる崩壊と「ホーム」へのさらなる荷重といっ
た、「すでに起こっていたことの重症化」という性質を有するものであったこ
とが指摘された。また同論文では、コロナ禍において問題化された問題群の背
景には、現在社会において進行する「無縁社会の重症化」があるとの診断がな
されるとともに、それでもコロナ禍においても拡大した子ども食堂の実践に注
視しながら、それを無縁社会への「抵抗」と捉える視座が提示された。

　また第12章緒方論文「コロナ禍が浮き彫りにした労働と家族、そして家族ケ
アの課題——病いに強い社会への展望」では、ドイツ・韓国・日本におけるコ
ロナ対策の制度比較研究を行ってきた同氏によって、「病いに強い社会」を構
築するための構想が提示された。同論文では、コロナ禍で明らかになったこと
に「ケアの重要性と負担の偏り」があること、またその負担が特に女性に偏っ
ていることが問題化された。同論文では、そうしたケア負担の背景には、新自
由主義的政策や「自助原則」の強調、ジェンダー構造をめぐる問題（女性労働
者に対する差別、性別役割分業、無償ケアワークなど）があるとの診断が下された。
その上で同論文では、旧来の「公私二分論」に代えて、個人の自由と生存の保
障や不可侵性、自律した個人による愛情などを基礎とした新しい「公私二分論」
の下に社会を再編していく必要性が論じられた。

6　「家族」の歴史を「病い」という窓を通して見る

　以上、駆け足で本書で得られた知見を整理してきたが、近世から近代、現在
という時間軸、および欧州・東アジア・日本という比較軸を通して「家族と病

終　章　「家族と病い」の歴史から浮かび上がる現代社会

い」の歴史を辿る中で特に見えてくるのは、「病い」は家族問題の歴史が顕著
なかたちで表出化する契機としてあり、その際に社会の差別構造が場合によっ
ては強化される引き金ともなり得ること。また「病い」への対処をめぐっては、
特にジェンダー化された実践が極めて容易に編みこまれやすい、という点で
あった。本書では、以上の問題群の歴史的変遷のごく一部を解明出来たに過ぎ
ないが、今後「家族と病い」の歴史という視座から今後益々の研究蓄積がなさ
れていく必要があるだろう。

245

索　引

あ　行

愛情原則　*157*

愛着理論　*103*

アタッチメント障害　*104*

安倍晋三　*211*

家　*25*

『家なき天使』　*88*

イギリス新救貧法　*68*

一般救貧法　*133, 140, 142*

医療崩壊　*207*

陰性癩患者　*171, 173*

衛　生　*185*

栄養摂取量　*64*

エッセンシャルワーカー　*59, 203*

エッセンシャルワーク　*59*

オルタナティヴな人間関係　*158*

か　行

賀川豊彦　*90*

核家族制　*20*

隔　離　*130, 134*

隔離の強化　*133, 135*

家族型施設養育　*83*

家　庭　*184*

「家庭」衛生　*184*

花柳病　*195*

疑似家族　*86*

牛　痘　*49*

京城保育院　*89*

キリスト教　*90*

近代家族規範　*105*

近代家族制度　*208*

か　行（右列）

栗本庸勝　*196*

ケア負担　*157*

軽快退所　*139, 140, 142*

権威主義　*212*

孝義録　*47*

校区学校　*73*

皇国臣民　*96*

「公衆」衛生　*186*

公　助　*209*

合同家族制　*19*

公徳心　*193*

国立小鹿島病院　*170*

孤　児　*86*

「個人」衛生　*186*

コテージホーム　*78*

（ハンセン人の）子ども共学拒否運動　*163*

子どもの貧困　*211*

コレラ　*35, 46, 129*

さ　行

再　婚　*64*

再生産平等主義　*158*

座　頭　*51*

自衛心　*193*

ジェンダー　*3, 20, 21, 40, 47, 48, 215, 244, 245*

ジェンダーギャップ指数　*59*

「私己」衛生　*186*

児童養護施設　*108*

死亡クライシス　*29*

社会的排除　*156*

恤救規則　*133*

出生時平均余命　*61*

247

索　引

種　痘　*50*

主　婦　*189*

職業訓練　*72*

植民地朝鮮　*86, 180*

女　子　*187*

女性の超過死亡率　*63*

新型コロナウイルス　*203*

人口転換　*15*

新自由主義　*210*

心理指導員　*110*

ステイホーム　*203*

生活保護　*211*

精管切除手術　*168*

政治起源説　*133, 141*

清　聴　*95*

全国乳児福祉協議会　*107*

た　行

大風子油混合剤　*167*

滝沢馬琴　*56*

『瀧澤路女日記』　*55*

多死社会　*15*

脱　走　*98*

担当保育制　*111*

チーゲル（Tigel, Johann Heinrich）　*185*

『朝鮮王朝実録』　*164, 165*

朝鮮総督府　*87, 166*

直系家族　*25*

直系家族制　*19*

ディーセントワーク・アプローチ　*227*

定着マウル　*163, 170-173*

デジタル・リヴァイアサン　*214*

伝染病　*91, 185*

伝染病予防令　*167*

『東宝医鑑』　*165, 166*

東北農村　*25*

特異児童　*92, 93*

特別救貧法　*134*

土肥慶蔵　*196*

な　行

長与専斎　*186*

ナチス　*202*

ナッソーシニア夫人（Nassau Senior, Jane Elisabeth）　*76*

日本型福祉社会　*221*

妊産婦死亡　*62*

ネットカフェ難民　*208*

は　行

発達指数（DQ）　*114*

母　*189*

方洙源（バンスゥォン）　*86*

ハンセン人　*162*

ハンセン人被害事件の真相究明及び被害者生活支援等に関する法律（ハンセン人被害者法）　*162, 163*

ハンセン病　*128, 145, 162*

肥後国天草郡高浜村　*31*

肥前国彼杵郡野母村　*35*

香隣園（ヒャンニスォン）　*86*

病毒伝播ノ虞　*133, 134, 139*

婦　人　*188*

ブラック・ライヴズ・マター　*215*

浮浪児　*86*

分散ホーム　*80*

分離学校　*73*

平均寿命　*14*

疱瘡（天然痘）　*31, 48*

訪問医療　*119-122*

ボウルビィ（Bowlby, john）　*103*

母子分離　*113*

ホスピタリズム　*104*

母性愛批判　*105*

248

索　引

母性的養育剥奪論　*103*

ポンペ(van Meerdervoort, Johannes Lijdius
　　Catharinus Pompe)　*185*

ま　行

マクロな分析　*239*

未感児（保育院）　*169, 170*

未感染児童　*130*

ミクロな分析　*239*

陸奥国安達郡仁井田村　*21*

無料診療所　*119-121*

黙　食　*204*

や　行

病い（illness）　*4, 29, 239*

山根正次　*197*

優生保護法　*146*

ユーラシア・プロジェクト　*16*

養　生　*129*

ら　行

癩予防ニ関スル件　*132, 133, 146*

癩予防法　*133, 146*

らい予防法　*146*

陸軍特別志願兵制度　*89*

リベラル・デモクラシー　*214*

療　養　*129, 131, 139, 143*

療養ノ途　*132-134*

両立支援制度　*222*

歴史人口学　*15, 30*

劣等処遇の原則　*70*

レットサム(Lettsom, John Coakley)　*119-*
　　121

老　衰　*52*

わ　行

ワークハウス　*69*

ワークハウス学校　*71*

249

■執筆者紹介 （執筆順、＊は編者）

＊田間　泰子	大阪公立大学名誉教授		序章
平井　晶子	神戸大学人文学研究科教授		第1章
中島　満大	明治大学専任講師		第2章
鈴木　則子	奈良女子大学研究院生活環境科学系教授		第3章
鬼頭　宏	上智大学名誉教授		補論1
内本　充統	京都橘大学発達教育学部教授		第4章
田中友佳子	芝浦工業大学システム理工学部准教授		第5章
＊土屋　敦	関西大学社会学部教授		第6章・終章
野々村淑子	九州大学大学院人間環境学研究院教授		補論2
廣川　和花	専修大学文学部教授		第7章
蘭　由岐子	追手門学院大学名誉教授		第8章
金　宰亨	김재형　国立韓国放送通信大学校文化教養学科副教授		第9章
愼　蒼健	東京理科大学教養教育研究院教授		補論3
香西　豊子	佛教大学社会学部教授		第10章
藤原　辰史	京都大学人文科学研究所准教授		第11章
緒方　桂子	南山大学法学部教授		第12章
浜田　明範	東京大学大学院総合文化研究科准教授		補論4

■訳者紹介

咸　麗珍	함려진　韓国社会福祉歴史文化研究所研究員		第9章
田中友佳子	上記参照		第9章

Horitsu Bunka Sha

〈家族〉のかたちを考える ②

家族と病い
──────────
2024年12月20日　初版第1刷発行

監修者　比較家族史学会

編　者　田間泰子・土屋　敦
　　　　（たま やすこ）（つちや あつし）

発行者　畑　　光

発行所　株式会社 法律文化社
　　　　〒603-8053
　　　　京都市北区上賀茂岩ヶ垣内町71
　　　　電話 075(791)7131　FAX 075(721)8400
　　　　https://www.hou-bun.com/

印刷／製本：亜細亜印刷㈱
装幀：谷本天志
ISBN 978-4-589-04375-7

Ⓒ2024　比較家族史学会, Y.Tama, A.Tsuchiya
Printed in Japan

乱丁など不良本がありましたら、ご連絡下さい。送料小社負担にて
お取り替えいたします。
本書についてのご意見・ご感想は、小社ウェブサイト、トップページの
「読者カード」にてお聞かせ下さい。

JCOPY　〈出版者著作権管理機構　委託出版物〉

本書の無断複写は著作権法上での例外を除き禁じられています。複写される
場合は、そのつど事前に、出版者著作権管理機構（電話 03-5244-5088、
FAX 03-5244-5089、e-mail: info@jcopy.or.jp）の許諾を得て下さい。

比較家族史学会 監修

〈家族〉のかたちを考える
全6巻
Ａ５判・上製・カバー巻
3巻以降は年1巻ずつ刊行

グローバルな視野が求められる現代において、学会の原点である「歴史」と「地域」の比較軸から〈家族〉を捉える。法学・社会学・文化人類学・歴史学・教育学・人口学・民俗学など専門領域を異にする研究者の叡智を結集。

① 〈産みの親〉と〈育ての親〉の比較家族史
床谷文雄・宇野文重・梅澤 彩・柴田賢一 編　　　　　　　　　[近刊]

② 家 族 と 病 い　　　田間泰子・土屋 敦 編

③ 系 図 と 継 承　　　高橋基泰・米村千代 編

④ 家 族 と 暴 力　　　李 璟媛・税所真也 編

⑤ ＬＧＢＴと家族　　　三成美保・渡邉泰彦 編

⑥ 生殖技術と家族　　　野辺陽子・日比野由利 編

――――――――法律文化社――――――――
表示価格は消費税10％を含んだ価格です